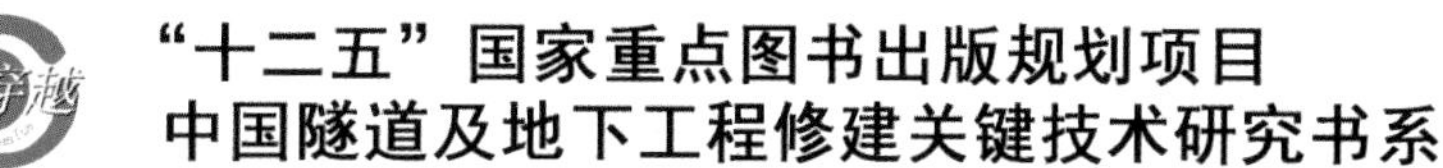

中铁隧道勘测设计院有限公司

地铁工程测量技术指南

张先锋 等 编著

内 容 提 要

本书系统总结了地铁工程施工阶段和运营阶段所需进行的主要测量工作,重点阐述了施工期间测量工作程序、方法及精度控制要求和施工安全监测、结构保护性监测的要求。全书内容包括:平面控制测量、地面高程控制测量、设计图复核、联系测量、土建施工测量、竣工测量、轨道工程测量、设备安装及装修测量、监控量测及测量项目管理。

本书可供从事地下工程施工测量相关技术人员使用,也可供高等院校相关专业学生阅读参考。

图书在版编目(CIP)数据

地铁工程测量技术指南 / 张先锋等编著. —北京:人民交通出版社, 2013.12

ISBN 978-7-114-11030-6

Ⅰ.①地… Ⅱ.①张… Ⅲ.①地下铁道测量 – 指南 Ⅳ.①U231 – 62

中国版本图书馆 CIP 数据核字(2013)第 282607 号

书　　名: 地铁工程测量技术指南
著 作 者: 张先锋　等
责任编辑: 卢　珊
出版发行: 人民交通出版社
地　　址: (100011)北京市朝阳区安定门外外馆斜街 3 号
网　　址: http://www.ccpress.com.cn
销售电话: (010)59757973
总 经 销: 人民交通出版社发行部
经　　销: 各地新华书店
印　　刷: 北京市盛通印刷股份有限公司
开　　本: 787 × 1092　1/16
印　　张: 14.5
字　　数: 340 千
版　　次: 2013 年 12 月　第 1 版
印　　次: 2013 年 12 月　第 1 次印刷
书　　号: ISBN 978-7-114-11030-6
定　　价: 86.00 元

丛书编委会

本书编委会

序

地铁在缓解城市交通、开发地下空间、保护环境等方面具有非常明显的优势，近年来在我国得到了迅猛发展，已在三十多个大中城市修建或运营。在未来的二十年里，我国的城市地铁建设还将得到持续发展，建设规模将进一步扩大，发展前景广阔。地铁工程是一项技术复杂、规模巨大、工期较长的地下工程，一条地铁线路常常被划分成数十个标段进行施工，对标段衔接、隧道贯通、限界控制、设备安装、轨道铺设具有很高的精度要求，而地铁工程测量则是保证地铁施工精度的重要手段。在地铁工程测量中，涉及全球卫星定位、地面测量、地面地下间的联系测量、地下隧道测量、竣工测量、铺轨测量、设备安装测量、监控量测等十多项测量技术和工艺，因而需要地铁工程测量做到规范化、系统化、统一化，以确保其在地铁精确施工方面起到应有的保障作用。

本书选题准确，抓住了地铁工程测量中的主要工作、关键技术，具有一定的实用性、全面性、统一性以及可靠性等。编者自20世纪90年代以来一直从事地铁工程测量工作，有着长期地铁测量工程实践经验和技术积累，了解地铁工程测量的实际需要和测量技术发展前沿，在本书中详细阐述了地铁工程测量十多项专项测量工作内容、实施方法及精度需要等，其内容全面、方法合理、针对性强。特别是本书运用大量实际实例，深入浅出、生动直观地介绍了各项地铁测量工作的具体实施过程，这对于促进地铁工程测量实践运用、提高地铁施工精度、确保分别施工的几十个标段在竣工后能够准备贯穿成一个整体具有重要作用。鉴于本书是一本从地铁工程测量实际工作中进行的技术总结，因而对于地铁建设中的工程测量具有很强的参考价值和借鉴意义，具有较强的适用性、指导性。本书中所阐述的地铁测量方法必将提高地铁建设的施工精度，期望能在我国地铁建设中发挥相应的作用。

中国工程院院士 王梦恕

2013年8月

前言

21世纪是隧道及地下空间大发展的时期，随着我国经济的飞速发展和城市化进程的加快，在特大城市、大城市以及城市群中，将会有越来越多的适合大容量快速轨道交通建设的交通走廊出现。如今，各地的地铁建设如雨后春笋般蓬勃发展。从1965年北京开建第一条地铁至今，我国城市地下空间的开发利用取得了举世瞩目的成就，地铁交通行业步入了一个跨越式发展的新阶段。中国已成为世界上地铁建设里程最长、建设城市最多、建设速度最快的国家。同时，这也给地铁工程测量工作者带来了新的课题。与其他工程类测量工作相比较，城市地铁工程测量有其特殊的要求和方法，需要不断地研究、总结和提高，从而促进地铁工程建设的发展。本书融汇了近二十年来城市地铁工程测量领域的大量实践经验、工程案例、技术总结、工艺创新，征求了全国多所高校知名教授、行业内著名专家等的大量意见、建议，力求给读者奉献一部翔实、全面、科学、参考性强的地铁工程测量手册，供相关人员学习参考。

全书共有绪论和十章，内容涵盖了地铁工程施工各阶段和运营阶段所进行的主要测量工作，对施工期间测量工作程序、方法以及精度控制和施工安全监测、结构保护性监测的要求作了全面阐述。关于具体测量实施中的桩点埋设、提交测量成果资料等内容，参见《城市轨道交通工程测量规范》(GB 50308—2008)，本书中不作详细论述。

本书在编写过程中得到了南京地铁公司陶建岳教授和西安科技大学胡荣明教授的针对性指导。许多工程测量行业的专家也对书稿提出了宝贵的意见和建议，在此谨致以衷心的感谢！

由于编者水平有限，书中难免存在不足之处，缺点和错误也在所难免，恳请读者予以批评指正。同时，希望工程测量工作者根据工程测量理论发展和技术水平的提升，对本书内容提出修正意见，以不断完善。希冀本书的出版能为推动地铁工程测量技术的发展贡献绵力。

编　者

2013年9月

目录

绪论

地铁工程测量属于地下工程测量，是工程测量学的一个分支，是测绘学科在地下工程建设中的实际应用。它主要研究地下具体几何实体的测量描绘和几何实体测设，以建筑工程、设备设施为研究服务对象。目前，国内有把工程测量按行业划分成铁路工程测量、公路工程测量、地铁工程测量等，其中，地铁工程测量又按规划设计、施工建设和运行监测细分为3个阶段，也有按专业划分成桥隧工程测量、建筑地下工程测量、矿山测量、海洋工程测量等，但几乎每一行业或专业测量都和地下工程测量有密切的联系。

开展地铁工程测量的主要目的是通过有效的测量手段、方法，准确定位地铁建筑实体的三维位置，保证地下建（构）筑物严格按照规划设计就位，确保建筑结构限界。为此，需要建立一套完整的地铁工程测量技术规范和程序，以指导地铁各个阶段的测量和评判精度。

第一节　地下工程测量发展概述

地下工程测量的发展与实际的测量仪器、技术和工程的需要有着密切的关系。市场推出了新型仪器、软件，应尽快将其应用到实际工程中去；反之，遇到特殊工程，应开发新的测量仪器、软件，研究新的测量技术与方法，来满足工程的特殊要求。只有如此相互促进和不断技术创新，才能推动地下工程测量不断向前发展。实践证明，理论方法和测量仪器的发展总是相辅相成的，地下工程测量也遵循着这个规律。

一、地下工程的发展简况

随着经济快速发展、人口高速增长以及人类生态环境的变化，世界各国为了提高土地利用率与节省土地资源、疏导交通、减少环境污染等，都在积极开发地下空间。1991年，城市地下空间利用国际学术会议在东京召开，会议上通过的《东京宣言》中提出，“21世纪是人类地下空间开发利用的世纪”。1998年以“地下城市”为主题的地下空间国际会议在莫斯科召开。在工程实践方面，英国、瑞典、挪威、加拿大、日本、美国、芬兰等国在地下空间利用领域已达到相当的规模和较高水平。地下空间的开发利用，已成为世界性发展趋势。

我国人口众多、土地资源相对稀少、城市人口居住密集，开发利用地下空间也成为我国发展的必然趋势。然而，我国在地下工程实践方面起步较晚，工程实践理论和技术相对薄弱。但随着地下空间开发利用理念的转变，地下工程施工实践越来越多，特别是在地下交通运输工程，如市政隧道、公路隧道、铁路隧道、地铁、地下管沟工程（如给水、排水、雨水、电力、电信、煤气、热力综合管沟通道)方面的工程实践呈现出快速发展的趋势。近几十年来,地下工程暗挖施工技术如盾构法、顶管法、沉管法应用在地铁、上下水道、电力通信、市政公用设施等各种隧道建设中显现出明显优势;在建造穿越水域、沼泽地和山地的公路和铁路隧道或水工隧道中,盾构法、顶管法和沉管法因其在特定条件下的经济技术合理性而得到广泛采用。地下工程测量技术伴随地下工程的发展而发展,对推动我国地下空间开发起到了很大作用。

二、地下工程测量常用的理论方法

地下工程测量方法取决于工程施工方法,受到沿线工程地质和水文地质条件、环境条件以及地下工程的功能要求、线路平纵位置、工程埋深等诸多因素制约,其理论方法同样基于现有大地测量误差理论及方法,在现有工程测量方法的基础上,根据工程所处区域特点加以改进,其主要理论方法介绍如下。

1. 测量误差与平差理论

测量平差是用最小二乘法原理处理各种观测结果的理论和计算方法,通过一定测量条件下进行有限次的观测,并根据所得的结果求出与真值最为接近的估计值。最小二乘法配置,包括了平差、滤波和推估。附有限制条件的条件平差模型称为概括平差模型,它是各种经典和现代平差模型的统一模型。测量误差理论主要表现在对模型误差的研究上,主要包括:平差中函数模型误差、随机模型误差的鉴别或诊断;模型误差对参数估计的影响,对参数和残差统计性质的影响;病态方程与控制网及其观测方案设计的关系。

2. 控制网的优化设计

传统的控制网设计,主要是解决方案的可行性,能否满足精度要求,而很少顾及是不是最优的、最好的方案。优化设计则是在满足工程基本质量要求的前提下,通过一定的数学方法,以寻求最优的方案为目的。随着电子计算机技术的发展和测量仪器与技术的进步,测量控制网优化设计的内容日益丰富,方法日渐完善。

控制网的优化设计方法有解析法和模拟法两种。由于采用 GPS 定位技术和电磁波测距,控制网的几何图形概念与传统的测角网等有很大的区别,除特别的精密控制网可考虑用专门编写的解析法优化设计程序作网的优化设计外,其他的控制网都可用模拟法进行设计。

模拟法优化设计的软件功能和进行优化设计的步骤主要是:根据设计资料和地图资料在图上选点布网,获取控制网点近似坐标;模拟观测方案,根据仪器确定观测值精度,进一步模拟观测值;计算控制网的各种质量指标,进一步计算坐标未知数的协方差阵或部分点坐标的协方差阵;将计算出的各质量指标与设计要求的指标比较,使之既满足设计要求,又节省大量人力物力;通过改变观测值的精度、改变观测方案或局部改变网形等方法重新作上述设计分析,直至获取一个较好的结果。

3. 变形监测与数据处理

根据变形观测数据绘制变形过程曲线是最简单而有效的数据处理方法,由过程曲线可作趋势分析。如果将变形观测数据与影响因子进行多元回归分析和逐步回归计算,则可得到变形与显著性因子间的函数关系,此结果除作物理解释外,也可用于变形预报。多元回归分析需要较长的一致性好的多组时间序列数据进行。若仅对变形观测数据进行处理,则可采用灰色系统理论或时间序列分析理论建模。前者可针对小数据量的时间序列,对原始数列采用累加生成法变为生成数列,有减弱随机性、增加规律性的作用。

三、地下工程测量仪器的发展

地下工程测量仪器可分通用仪器和专用仪器。

1. 通用仪器

通用仪器中常规的光学经纬仪、光学水准仪和电磁波测距仪逐渐被电子全站仪、电子水准仪所替代。电脑型全站仪配合丰富的软件,向全能型和智能化方向发展。带电动发动机驱动和程序控制的全站仪结合激光、通信及 CAD 技术,可实现测量的全自动化,被称作测量机器人。测量机器人可自动寻找并精确照准目标,在 1s 内完成一个目标点的观测,像机器人一样对成百上千个目标点作持续和重复观测,可广泛用于变形监测和施工测量。GPS 接收机已逐渐成为一种通用的定位仪器在工程测量中广泛应用。将 GPS 接收机与电子全站仪或测量机器人连接在一起,称超全站仪或超测量机器人。它将 GPS 的实时动态定位技术与全站仪灵活的三维极坐标测量技术完美结合,可实现无控制网的各种工程测量。

2. 专用仪器

专用仪器是工程测量学仪器发展最活跃的部分,主要应用在精密工程测量领域,其中包括机械式、光电式及光机电(子)结合式的仪器或测量系统;其主要特点是,高精度、自动化、遥测和持续观测。

用于建立水平的或竖直的基准线或基准面,测量目标点相对于基准线(或基准面)的偏距(垂距),称为基准线测量或准直测量。这方面的仪器有正、倒锤与垂线观测仪,金属丝引张线,各种激光准直仪、铅直仪(向下、向上)、自准直仪以及尼龙丝或金属丝准直测量系统等。

在距离测量方面,涉及中长距离(数十米至数公里)、短距离(数米至数十米)和微距离(毫米至数米)及其变化量的精密测量。以 ME5000 为代表的精密激光测距仪和 TERRAMETER LDM2 双频激光测距仪,中长距离测量精度可达亚毫米级;目前许多短距离、微距离测量都实现了测量数据采集的自动化,其中最典型的代表是铟瓦线尺测距仪 DISTINVAR、应变仪 DISTERMETER ISETH、石英伸缩仪、各种光学应变计、位移与振动激光快速遥测仪等。采用多谱勒效应的双频激光干涉仪,能在数十米范围内达到 0.01μm 的计量精度,成为重要的长度检校和精密测量设备;采用 CCD 线列传感器测量微距离可达到百分之几微米的精度,它们使距离测量精度从毫米、微米级进入到纳米级。

高程测量方面,最显著的发展是应数液体静力水准测量系统。这种系统通过各种类型的传感器测量容器的液面高度,可同时获取数十个乃至数百个监测点的高程,具有高精度、遥测、自动化、可移动和持续测量等特点。两容器间的距离可达数十公里,可应用于如跨河与跨海峡的水准测量;通过一种压力传感器,两容器之间的允许高差从过去的数厘米可达到目前的数米。

与高程测量有关的是倾斜测量(又称挠度曲线测量),即确定被测对象(如桥、塔)在竖直平面内相对于水平或铅直基准线的挠度曲线。各种机械式测斜(倾)仪、电子测倾仪都向着数字显示、自动记录和灵活移动等方向发展,其精度达微米级。

三维工程测量技术是以电子经纬仪、全站仪、近景摄影仪、激光扫描仪、雷达等为传感器,在计算机和软件的支持下形成的。三维工程测量系统分为三大类,以电子经纬仪或全站仪为传感器的工程大地测量系统;以近景摄影机为传感器的工程摄影测量系统;以激光扫描仪为传感器的激光扫描测量系统。工程大地测量系统发展最早,应用较广,如美国研制的 AIMSRT 系统,其三维测量精度达 0.05mm;瑞士和法国联合研制的 RMS200 系统,在抛物面天线三维测量,抛物面焦距值与设计值之差为 1mm,功效提高 3 ~4 倍;德国研制的 IMS 系统,在飞机表面三维测量,位置和高程精度均达到 ±0.1mm;瑞士研制的 SPACE 全自动工程测量系统,望远镜内装微型 CCD 摄影机,能进行数字图像处理,每小时可测 500 点三维坐标,点位精度小于 0.1mm;武汉大学冯文灏教授等研制的基于测角仪器的联机工程测量系统,在大型物体表面三维测量,点位和高程精度达到 0.5mm 以内;解放军信息工程大学测绘院李广云教授等研制的工程测量系统精度达到 0.5mm。工程摄影测量系统通常以近景摄影的方式实现,其优点是通过像片提供大量信息,施测周期短,可在瞬间完成测量的全过程,可对动态目标进行测量,可以多重摄影,有多余观测值,精度可靠,最好的相对精度可达百万分之一。这对于复杂多变的地质环境条件下的地下工程测量是非常有利的,在短时间内获取海量的测量数据,不但大大节省了财力、人力和物力,还能使测量的精度大幅提高。激光扫描测量系统是以激光扫描仪为传感器的三维工程测量系统,激光扫描"点阵"可再现所测物体的三维立体景观,可直接用于点对点的量测,利用拟合软件,点阵可转换成三维模型、二维平面图、等高线图或断面图等,也可以同时用于 CAD 及相关应用。因激光扫描仪具有扫描范围大、速度快、分辨率高、建模快、拼接好的特点,这就为矿山开采沉陷的动态监测、开采损害的评价提供了先进的技术手段,从而更能客观、科学、有效地指导矿山的安全生产。

具有多种功能的混合测量系统是工程测量专用仪器发展的显著特点,采用多传感器的高速铁路轨道测量系统,用测量机器人自动跟踪沿铁路轨道前进的测量车,测量车上装有棱镜、斜倾传感器、长度传感器和计算机,可用于测量轨道的三维坐标、轨道的宽度和倾角。液体静力水准测量与金属丝准直集成的混合测量系统在数百米长的基准线上可精确测量测点的高程和偏距。

综上所述,工程测量专用仪器具有高精度(毫米、亚毫米)、快速、遥测、无接触、可移动、连续、自动记录、微机控制等特点,可作精密定位和准直测量,可测量倾斜度、厚度、表面粗糙度和平直度,还可测振动频率以及物体的动态行为。

四、地下工程测量发展趋势展望

科学技术的不断进步,使得地下工程测量技术得到了持续改进与更新。在科技迅速发展的社会背景下,地下工程测量技术也正朝着智能、自动、先进、网络化等方向发展,为我国工程建设行业的进步增加了基础保障。展望未来,地下工程测量学将在以下方面将得到显著发展。

(1)测量机器人将作为多传感器集成系统在人工智能方面得到进一步发展,其应用范围将进一步扩大,影像、图形和数据处理方面的能力进一步增强;由于人为测量范围有限,且人在测量过程中所涉及的领域较为狭窄,这对于大范围的隧道与地下工程测量将造成一定的影响。今后的隧道与地下工程测量中将会以机器人代替人类实施测量,既安全又便捷。

(2)信息系统。对于一些数据复杂、施工面广阔的隧道与地下工程,需要运用到计算机技术。在使用过程中应积极建立一个有效的信息系统,协助完成各方面的测量工程。在实际运用中,信息系统常常与大地测量、地球物理、工程与水文地质以及土木建筑等学科相结合,解决工程建设中以及运行期间的安全监测、灾害防治和环境保护等各种问题。

(3)多传感器的混合测量系统将得到迅速发展和广泛应用,如 GPS 接收机与电子全站仪或测量机器人集成，可在大区域乃至国家范围内进行无控制网的各种测量工作。

(4) GPS、GIS、激光扫描、雷达技术将紧密结合工程项目，在工程测量过程中，可以与勘测、设计、施工管理等多方面的工作有效结合起来，充分发挥出新型技术在工程测量中的积极作用，为地下工程质量的提高创造条件。

(5) 大型和复杂结构建筑、设备的三维测量、几何重构以及质量控制，将是地下工程测量学发展的一个特点。

(6) 数据处理中数学物理模型的建立、分析和辨识，将成为隧道与地下工程测量学专业教育的重要内容。

工程测量学的发展，主要表现在从一维、二维到三维、四维，从点信息到面信息获取，从静态到动态，从后处理到实时处理，从人眼观测操作到机器人自动寻标观测，从大型特种工程到人体测量工程，从高空到地面、地下以及水下，从人工量测到无接触遥测，从周期观测到持续测量等各方面的进展。

随着测绘科学技术的迅速发展，地下工程测量的技术和方法也在不断地创新和进步，同时地下工程的设计、施工、管理等对测绘工作的要求也在不断地提高。随着我国地下空间的开发利用，服务于地下工程测量的测绘工作，从理论到实践上，必将进一步完善，新技术、新方法也将在地下工程测量中得到更广泛的应用。

第二节　地铁工程测量的特点和主要内容

一、地铁工程建设特点

1. 工程地质环境复杂

地铁工程地质环境复杂，特别是我国南方城市工程地质、水文地质复杂多变，地铁线路穿过海积、海冲积、软弱地层，穿过河流、破碎带、砂性土、地裂缝、地下水丰富的地区，给施工带来极大的不便。

2. 工程周边环境复杂

地铁沿线道路、建筑物、构筑物、地下管线、市政设施环境复杂，不可预见的因素多。

3. 工程建设投资大工期长

地铁造价在6亿元/km左右，一条线修建下来要100多亿的投资，投资额巨大。工期大都在5～6年。在当前建设各方面条件比较成熟的条件下，完成一条地铁线也要4年的时间。

4. 工程技术复杂

地铁修建是土建、机电设备安装综合性系统工程，工程本身涵盖建筑、结构、限界、环控、排水、机电、信号、轨道等三十多个专业领域，同时工程本身不断向更深、更长、更大、更险、更难的方向发展，基坑和隧道深度、跨度、长度在不断刷新纪录。

5. 工程协调量大

地铁工程参建单位包括：建设、勘察、设计、施工、监理、测量、监测、检测、材料、设备供应等，专业多、项目多、环节多、接口多，作业交叉，组织协调量大；还需有规划、土地、公安、环保、交通等政府部门的配合；同时，工程与周边居民、居委会、单位、市政设施部门利益攸关，沟通协调难度大。

6. 变形控制标准严格

为确保工程自身及周边建筑物、构筑物、交通设施、桥梁、隧道、道路、管线、地表水系等周边环境稳定与安全，需要严格控制其变形，如地表沉降一般要控制在30mm内。

7. 安全风险大

地铁多建在城市密集区，周边环境复杂，建设所需的机械设备庞大、品种多，多处于地表之下，地质条件复杂，不可预见的因素多，建设过程中，各种危险因素识别相当困难，建设风险高。

二、地铁工程测量的特点

1. 测量工作量大

地铁工程大多在地下，为了降低工程造价和运营安全，施工误差、安装误差、贯通误差、建筑限界、设备限界、车辆限界、铺轨等都有严格规定，这样给施工和设备安装误差的裕量都很小，这就给测量精度提出了更高的要求，需要大量的重复测量和多级复核来保证精度。

2. 复测或补测工作多

建设工期长，地面控制网受城市发展、地表沉降、地铁自身施工等的影响，点位容易破坏和变形，需要定期进行复测或补测，以满足施工的正常需要。

3. 测量精度难控制

(1)地铁工程测量受施工环境影响较大，使测量精度不容易提高。如隧道内黑暗、潮湿、有粉尘等，造成通视条件不好；点位埋设在衬砌或底板上，受施工机械来回碾压、碰撞，极容易破坏变形；先布设施工导线，等开挖到一定距离后，再布设控制导线以及辅助横通道短等，造成导线边短或长短不一。

(2)地铁工程施工面狭窄，通道较小，一般只能前后通视，所以控制测量网型比较单一，大多采用导线直伸测量形式，不利于提高测量精度。

(3)盾构施工往往采用单向掘进，没有高等级控制点对导线进行有效约束，点位误差的累积越来越大，当达到一定的长度时，要进行陀螺定向修正方位，或采取其他措施提高精度。

(4)由于地铁工程的特殊的需要，往往采用一些特殊的测量方法，如竖井联系测量、铺轨基标测量、CPⅢ测量、限界测量等，并采用特种仪器设备，如陀螺经纬仪、垂准仪、测量机器人、测量自动导向系统等，才能满足精度要求。

三、地铁工程测量的内容

地铁工程测量的内容多，涉及工程的全过程。在规划、可行性研究、设计阶段，测量工作应提供各种比例尺地形图、管网图、既有建筑图，并按设计要求进行初测或定线测量；施工阶段测量要做各种控制工作来指导施工，保证所有建(构)筑物位置正确并不侵入限界；运营阶段测量工作应进行运营期间地铁长期稳定变形监测及保护区内特定段的保护监测等。

1. 初测

由于我国各大中城市目前一般都已具高等级平面、高程控制网和大比例尺的地形图，也有各类地下管线、地下建筑物较完整的资料。初测时，在可行性研究、方案研究、初步设计基本上，可利用地形图、地下管线、地下建筑物的资料进行设计。

多数情况下,初测只是为确定初步设计方案,对线路经由的地段进行导线、水准测量,对必要地段初步放线,进行部分地形、地物和地下管线的补测工作,为初步设计提供基础资料。

2. 定测

定测工作,主要是将设计方案由纸上定线实测到现场,收集施工设计所需的测量资料,验证设计的正确性,具体内容如下。

(1)对初测的地面导线和水准点进行补、检测。为了获取定测可靠的测量起始数据,对全线地面已有的导线和水准点进行检测、补充和加密,以方便定测使用。

(2)中线测量,此项工作是将初步设计的纸上定线方案,依据初测或地面控制测量的导线点、水准点实地放线,并进行线路中线测量和高程测量,以确定建筑物与线路的相互关系,判断纸上定线是否合理,为优化设计创造条件,并作为设计线路平、纵断面的依据。

(3)断面、地下管线、地下构筑线的测量,应对车站及其出入口、风井和施工竖井进行定位测量,并测出断面图及地下管线、地下构筑物、地质钻孔的位置,为施工设计提供相应的测量资料。

(4)根据规划建筑红线,进行红线放线测量,为地铁拆迁和征地提供依据。

(5)对初测中没有完成的过江过河段水下地形、断面进行补测。

3. 施工测量

(1)地面平面控制测量

结合地铁线网规划和线路走向,地面平面控制测量应在开工前完成。平面控制网,可在城市一、二等控制网的基础上建立,由两个等级组成,一等为卫星控制网,二等为精密导线网,并与城市原有坐标系统保持一致,布设方法与城市建设的平面控制网一样,通常要结合线路走向、施工方法进行收集资料、现场踏勘、选点埋石、观测、处理、平差等工作。

(2)地面高程控制测量

在地铁建设中,高程控制测量与平面控制测量有同等重要的作用,是地铁高程和隧道贯通的保障。高程控制网由一、二等水准网组成,并与城市原有高程系统保持一致,布设测量过程与平面控制测量基本一致。

(3)联系测量

在地铁工程建设中,由于现场场地条件、工法的限制,需要在从狭小的竖井、风井、吊出井、斜井、预留口等处,通过特殊的方法和设备,把地面的坐标、方位、高程传递到地下,这一测量过程叫联系测量。

(4)土建施工测量

①地面控制网加密测量:地面平面和高程控制网的密度不一定能满足施工的需要,需要在卫星网或精密导线、一等水准的基础上加密至车站、区间附近,以方便施工。

②地下控制网延伸测量:通过联系测量传递的坐标、方位、高程,随着施工进度,通过导线、水准的方式向前延伸,满足施工控制的要求。

③放样测量:放样测量是施工过程中的一项常规工作,会涉及每一道工序,往往是根据图纸计算出放样点的坐标、高程,通过控制点来做放样测量。

④贯通测量:在隧道贯通后,测定实际的横向、纵向和竖向贯通误差,判断贯通精度,并对误差进行调整,以满足施工的要求。

⑤竣工测量:主要包括建筑限界测量、设备限界测量、轨道竣工测量等。通过贯通后的控制点或中线点测定建筑限界(也叫断面测量)特定点的坐标,方法有断面法、解析法、激光扫描法等;通过限界检测车测定设备限界;测定轨道施工后的轨面高程、高差、轨道中线等。

(5)轨道工程测量

轨道测量,主要是测量铺轨控制基标和加密基标。基标的精度在地铁测量中要求较高,属于精密工程测量范畴。控制基标测量前,应根据铺轨综合图,计算控制基标的理论坐标、高程,根据控制点按照精确放样的方法测出控制基标。加密基标是在控制基标的基础上进行的加密放样测量。现在国内部分城市地铁在轨道施工测量中采用高速铁路CPⅢ测量技术。

(6)设备安装及装修测量

地铁设备安装及装修工程涉及面广、要求定位准确,尤其是相对位置关系需保证,如在建筑限界的基础上必须保证设备限界。因此,做好该阶段的测量工作是确保装修、设备准确安装的基础。测量的依据是地下控制点、中线,在铺轨后,往往将轨面高程和轨道中线作为测量依据。

(7)监控量测

为了保护地铁自身和影响范围内既有建筑物、地下管线等周边环境的安全,必须将地铁工程施工引起自身和周边环境变形、形变量限制在一定范围内。监控量测(简称监测)是通过各种手段、方法相结合,对工程自身和周边环境变形、形变量测量、分析的过程,为工程决策、设计修改、工程安全管理、对周边环境影响程度等提供第一手的资料和依据。监测分为施工监测和第三方监测。

4.运营监测

(1)稳定性变形监测

受工程地质条件、施工方法和施工过程中诸多不确定因素的影响,以及运营阶段动荷载和振动的作用,地铁运营后的一定时期内,结构和周边环境往往还会发生一定的变形。因此,在运营阶段,为保证线路运营安全和为线路维护提供数据支持,应对地铁运营线路进行监测。稳定性变形监测应根据地质条件、水文地质条件的不同,选择竖直位移、水平位移、净空收敛等监测项目。监测频率应根据各自的实际情况确定,一般新线投入运营的初期应以较高的频率进行监测,第1年监测频率宜为4次,每季度观测一次,第2年每6个月观测1次,以后每年观测1~2次。当结构存在病害、地质条件差、变形量大等情况时,应根据实际情况加密监测频率。

(2)地铁保护监测

在保护区内,当有新建工程开挖、扰动、与地铁接口等地段应进行专项的保护性监测。采用的监测方法应以自动化监测方法为主,以人工传统监测方法为辅。

第一章

平面控制测量

第一节　概述

地面平面控制测量是工程建设中各项测量工作的基础和依据,控制网精度高低直接决定着结构的几何位置是否准确与线路的贯通质量。在工程规划设计阶段,要建立地形测图控制网;在施工阶段,要建立施工控制网,以控制工程的总体布置和各建筑物轴线之间的相对位置,满足施工放样的需要;在运营管理阶段,根据需要建立变形观测控制网,用来控制建筑物的变形观测,以鉴定工程质量,保证安全运营,分析变形规律和进行相应的科学研究。因此工程平面控制测量具有非常重要的意义。

一、工程平面控制网的特点

地铁工程平面控制网的建立,应与工程线路实际走向一致,并与城市原有控制点坐标系统一致,特殊情况可以建立独立地方坐标系统,但应与国家坐标系统进行联测,其主要特点如下。

(1)控制网的大小、形状、点位分布,应与工程的大小、形状相适应,满足工程施工需要,点位布设要结合施工放样要求,尽量在施工作业附近布设成对控制点,以利于互相检核。

(2)平面控制网由两个等级组成,一等为卫星定位控制网,二等为精密导线网,并分级布设。卫星定位控制网在城市一、二等控制网的基础上建立,精密导线网以卫星定位控制网为起算。控制网在施测过程中必须遵循“从整体到局部,先控制后加密”的原则,以提高整个控制网的精度和实际测量的精度。

(3)卫星定位控制网依据城市地铁线网规划既可布设成地铁专用网或骨架网,也可布设成某条线路的单独网。

(4)由于工程建设周期长,地面控制网点往往位于工程施工周边,因施工降水、地下水位变化等原因难免会发生变形,因此需要定期对控制网进行复测,评价控制网的可靠性,确保平面控制网的精度。

二、工程平面控制网的建立

工程控制网的建立步骤与其他测量控制网建设步骤基本相同,一般分为控制网设计、选点埋石、外业观测和内业处理、技术总结等。

(1)工程地面平面控制网的设计:需根据所建设工程的需要,明确建立控制网的目的、要求、控制范围,收集和了解工程所在地现有的国家(城市)一、二等控制点,确定控制网的图形和参考基准;在收集的地形图上刺点规划,并现场踏勘。根据现场踏勘情况调整点位位置,保证点位选取的合理性和适用性。

(2)选点埋石:根据工程施工以及规范对点位埋设要求,建立观测墩、台和观测标志,不同位置可埋设不同类型的标石。

(3)外业观测:按照设计控制网精度等级和观测技术要求进行观测,按观测数据评定观测精度,对于不满足规范要求的需进行补测,也可根据需要,进行控制网的优化。

(4)内业处理:对观测成果进行计算机处理,严密平差计算,对平差成果进行精度评定,并提交合格的技术总结报告。

第二节　卫星定位控制网测量

卫星定位控制网是地铁控制测量的首级网。在卫星定位控制测量前,应根据城市地铁线路规划设计,收集、分析线路沿线现有城市控制网的标石,包括点之记、平面控制网及水准网的网图精度等有关资料,并按静态相对定位原理进行控制网设计。

一、卫星定位系统简介

具有全球导航定位能力的卫星定位导航系统称为全球卫星定位系统,作为目前最成熟、应用最广泛的卫星定位体系,美国全球卫星定位系统(Global Positioning System,简称 GPS)已经深入到日常生活中的各个方面,该系统由美国政府于20 世纪70 年代开始进行研制,于1994 年全面建成,原是美国国防部为了军事定时、定位与导航目的所发展,后来随着冷战的结束,美国提高了民用 GPS 信号的精度,使 GPS 得到了迅速发展。GPS 是一个中距离圆形轨道卫星定位系统。它可以为地球表面绝大部分地区(98%)提供准确的定位、测速和高精度的时间标准。

除了美国的 GPS 系统,欧盟的“伽利略”系统是世界上第一个基于民用的全球卫星导航定位系统,它使用多制式的接收机,能获得更多的导航定位卫星的信号,可以极大地提高导航定位的精度。该计划将由 32 颗中高度圆轨道卫星和 2 个地面控制中心组成,其中 27 颗卫星为工作卫星,3 颗为候补卫星。2003 年,中国参与了伽利略计划,后来由于各种原因淡出了该计划,转而自主研发“北斗二号”导航体系,而伽利略计划的正式运营也一再延期。

我国的北斗系统是全球第三套成熟的导航系统,与 GPS 系统不同的是,北斗除了定位外,还支持卫星通信功能,应用上更为广泛。2000 年,中国北斗导航试验系统建成运行,成为继美国、俄罗斯之后世界上第三个拥有自主卫星导航系统的国家。不过早期的北斗一号系统包括4 颗卫星,相对于 GPS 来说精度较低,而且不支持移动定位,而后续的北斗二号卫星体系性能不弱于美国 GPS 系统,计划于2020 年覆盖全球,届时将由 5 颗静止轨道卫星和 30 颗非静止轨道卫星组成。

全球定位系统的主要特点如下:

(1)全球、全天候工作

该系统可以进行全天候工作,不会受天气的影响;因此,不论在什么地方,处于什么环境下,只要可以接收到信号,就能进行定位导航工作。

(2)定位精度高

应用实践已经证明,卫星定位相对定位精度在50km以内可达10^{-6}m,100~500km可达10^{-7}m,1000km可达10^{-9}m。在300~1500m工程精密定位中,1h以上观测的平面位置误差小于1mm,与ME-5000电磁波测距仪测定的边长比较,其边长较差最大为0.5mm,较差中误差为0.3mm。

(3)观测时间短

随着卫星定位系统的不断完善,软件的不断更新,目前20km以内相对静态定位仅需15~20min;快速静态相对定位测量时,当每个流动站与基准站相距在15km以内时,流动站观测时间只需1~2min,然后可随时定位,每站观测只需几秒钟。

二、卫星定位控制网测量基本要求

鉴于卫星定位在社会各行各业中有着广泛应用,尤其是在工程建设领域,由于线路长、已知点少,用常规测量手段不仅布网困难,而且难以满足高精度的要求。目前,国内已逐步采用卫星定位技术建立线路首级高精度控制网,然后用常规方法布设导线加密。实践证明,在几十公里范围内的点位误差只有2cm左右,达到了常规方法难以实现的精度,同时也大大缩减了工期。卫星定位技术在隧道测量中也具有广泛的应用前景,卫星定位测量无需通视,减少了常规方法的中间环节,具有速度快、精度高的优点。

1. 卫星定位控制网布设的基本要求

工程卫星定位控制网的布设要满足卫星空位测量规范的基本要求,同时要兼顾工程建设的需要。其布设要求必须遵循以下原则。

(1)卫星定位控制网内应重合3~5个现有城市一、二等控制点,且控制点应均匀分布。

(2)卫星定位控制网应沿线路两侧布设,控制点宜布设在隧道口、竖井及车站附近,各控制点应至少有2个通视方向。

(3)所选站点应尽量避免误差和干扰因素,宜便于利用。选点的基本要求如下:

①测站四周开阔,高度角15°以上不存在成片的障碍物。测站上应便于安装卫星定位接收机和天线,可方便地进行观测。

②远离大功率的无线电信号发射源,以免损坏接收机天线。与高压输电线、变电器等强磁场应保持一定距离,避免干扰。

③测站应远离高楼、围墙、广告牌、山坡及大面积平静水面等信号反射物,以免出现严重的多路径误差。

④测站应位于地质条件良好、点位稳定、易于保存的地方,并尽可能兼顾交通条件。

2. 主要技术指标

卫星定位控制网的主要技术指标,应符合表1-1的规定。

卫星定位控制网的主要技术指标　　表1-1

平均边长(km)	最弱点的点位中误差(mm)	相邻点的相对点位中误差(mm)	最弱边的相对中误差	与现有城市控制点的坐标较差(mm)	不同线路控制网重合点坐标较差(mm)
2	±12	±10	1/100000	≤50	≤25

3. 作业基本技术要求

卫星定位控制网测量作业技术要求,应满足表1-2的规定。

卫星定位控制网测量作业基本技术要求　表 1-2

项　目	要　求
接收机类型	双频或单频
观测量	载波相位
接收机标称精度	$\leqslant(10\text{mm}+2\times10^{-6}\times D)$（$D$ 为相邻点间距离）
卫星高度角(°)	≥15
同步观测接收机(台)	≥3
有效观测卫星数(颗)	≥4
平均重复设站数(次)	≥2
观测时段长度(min)	≥60
数据时段长度(min)	≤10
点位几何图形强度因子 PDOP	≤6

采用静态定位技术施测，同步作业图形之间采用网连接的方式，为保证该网的高精度和高可靠性，应从以下两个方面进行加强。

(1)保证时段长度：保持规范规定的时段长度≥60min。

(2)加强网的结构：为增加多余观测，每个点必须有 3 条及以上的不同时段的独立基线相连。

三、卫星定位控制网测量作业程序

负责卫星定位测量的单位，在获得了测量任务后，需要根据项目要求和相关技术规范进行测量工程的技术方案设计。关于技术方案设计的具体内容，将在下面相关章节作详细介绍。

1. 测绘资料收集整理

在外业测量开始之前，现有测绘资料的收集与整理也是一项极其重要的工作。需要收集整理的资料，主要包括：测区及周边地区可利用的已知点的相关资料（点之记、网图、成果表、技术总结等）、测区的地形图、地质资料、测区总体建设规划和近期发展方面的资料等。

2. 踏勘、选点、埋石

在完成技术设计和测绘资料的搜集与整理后，需要根据技术设计的要求对测区进行踏勘，并进行选点埋石工作。控制点应选在利于长久保存、交通方便的地方，离开线路中线或工程主体结构外边缘距离不宜小于 2 倍的结构埋深。控制点上方应视野开阔，避开多路径效应影响，周围 50m 范围之内不宜有无线电发射装置等。

3. 星历预报

根据测区的地理位置以及最新的卫星星历，对卫星状况进行预报，作为选择合适的观测时间段的依据。所需预报的卫星状况有：卫星的可见性、可供观测的卫星星座、随时间变化的 PDOP 值、随时间变化的 RDOP 值等。对于个别有较多或较大障碍物的测站，需要评估障碍物对卫星定位观测可能产生的不良影响。

4. 制订作业计划

根据卫星状况、测量作业的进展情况以及测区的实际情况，确定出具体的作业方案，以作业指令的形式下达给各个作业小组，根据情况，作业指令可逐天下达，也可一次下达多天的指令。作业方案的内容，包括作业小组的分组情况，卫星定位观测的时间段以及测站等。

5. 外业观测

外业人员应严格按照作业指令的要求，开始外业观测。在进行外业观测时，外业观测人员除了严格按照作业规范、作业指令进行操作外，还要根据一些特殊情况，灵活地采取应对措施。作业指挥员可根据外业观测的具体情况调整原来的作业计划，各卫星定位观测小组应及时按照指挥员作业指令调整外业观测。

6. 数据传输、转储、备份

每天外业观测结束后，应及时地将观测数据传输到计算机中，并根据要求进行备份，在数据传输时需要对照外业观测记录手簿，检查所输入的记录是否正确。特殊情况下，数据传输与转储应根据条件及时进行。

7. 基线解算与质量评估

对所获得的外业数据及时地进行处理，解算出基线向量，并对解算结果进行质量评估。作业指挥员需要根据基线解算情况作下一步卫星定位观测作业的安排。

8. 技术总结

根据整个卫星定位控制网的布设及数据处理情况，进行全面的技术总结、整理成果报告。

9. 项目成果验收

报送最终成果资料、邀请项目建设单位、监理单位和其他需要的相关单位、人员进行成果验收等。

四、卫星定位控制网测量外业观测

1. 测前准备

作业前应对卫星定位接收机和天线等设备进行常规检查。为避免在外业中出现的不能按时开机、仪器故障和电源故障等各种情况，卫星定位在初测前应检视仪器外观状态，检查电源、钢卷尺、观测记录表、介绍信等，检查主机的历元采样间隔、高度角设置、内存容量，检校对点器、气泡，并进行通电检验。在正式观测前应对主机进行预热和静置。

2. 外业观测

(1) 观测作业的基本要求如下：

①观测前编制出卫星可见性预报表，其内容包括可见卫星号、卫星高度角和方位角、最佳观测卫星组的最佳观测时间、点位几何图形强度因子 PDOP 等。

②作业前根据实际情况编制作业调度表。

③在 GPS 点位或墩标上架设天线，保证天线严格对中与整平，其对中误差应小于 2mm。每时段观测前、后，各量取天线高一次，两次互差应小于 3mm，取两次平均值作为最后结果。

④天线定向标志，应指向正北方向。

⑤开机观测。天线架设完成后，经检查接收机与电源、接收机与天线间的连接情况无误后，应严格按规定的时间开机作业，保证同步观测同一组卫星；并逐项填写外业观测手簿。

⑥按《城市轨道交通工程测量规范》(GB 50308—2008) 附录 A 表 A. 0. 5 的规定逐项填写外业观测手薄。测量手簿应全面记录测站的相关信息，应该现场填写，并有可追溯性，以便内业计算时使用。手簿中应记录测站名称(测站号)、观测时段号、观测日期、观测者、测站类别(新选点、原等级控制点或水准点)、观测起止时间、接收机编号、对应天线号以及天线高三次量取值和量取方式等。

(2) 观测期间，必须在接收机有关指示灯与仪表正常时，进行测站、时段信息的输入；应注意观察接收机的工作状况、可视卫星个数、信号质量、存储介质及电源情况等,并做好记录;不得随意关机并重新启动,不准改动卫星高度角的限值,不准改变数据采样间隔和仪器高等信息;不应在接收机 10m 之内使用对讲机、手机等。观测时段结束时,经检查记录表、资料等无误后,方可关机迁站或等待下一时段的开机。

五、基线解算精度控制

1. 卫星定位测量数据处理软件

卫星定位数据处理,可以采用与接收机配套的商用软件,也可以采用经有关部门试验鉴定并经业务部门批准的其他数据处理软件,如科傻 GPS、GPSSurvey 等。卫星定位数据处理,包括基线处理、三维自由网无约束平差、约束平差和联合平差。

2. 卫星定位基线解算

卫星定位基线解算,就是利用卫星定位观测值,通过数据处理,得到测站的坐标或测站间的基线向量值。基线解算的过程,实际上主要是一个平差的过程,平差所采用的观测值主要是双差观测值。在基线解算时,平差要分 3 个阶段进行,第 1 阶段进行初始平差,解算出整周未知数和基线向量的实数解(浮动解);在第 2 阶段,将整周未知数固定成整数;在第 3 阶段,将确定了的整周未知数作为已知值,仅将待定的测站坐标作为未知参数,再次进行平差解算,解求出基线向量的最终解——整数解(固定解)。软件内部基线解算流程如图 1-1 所示。

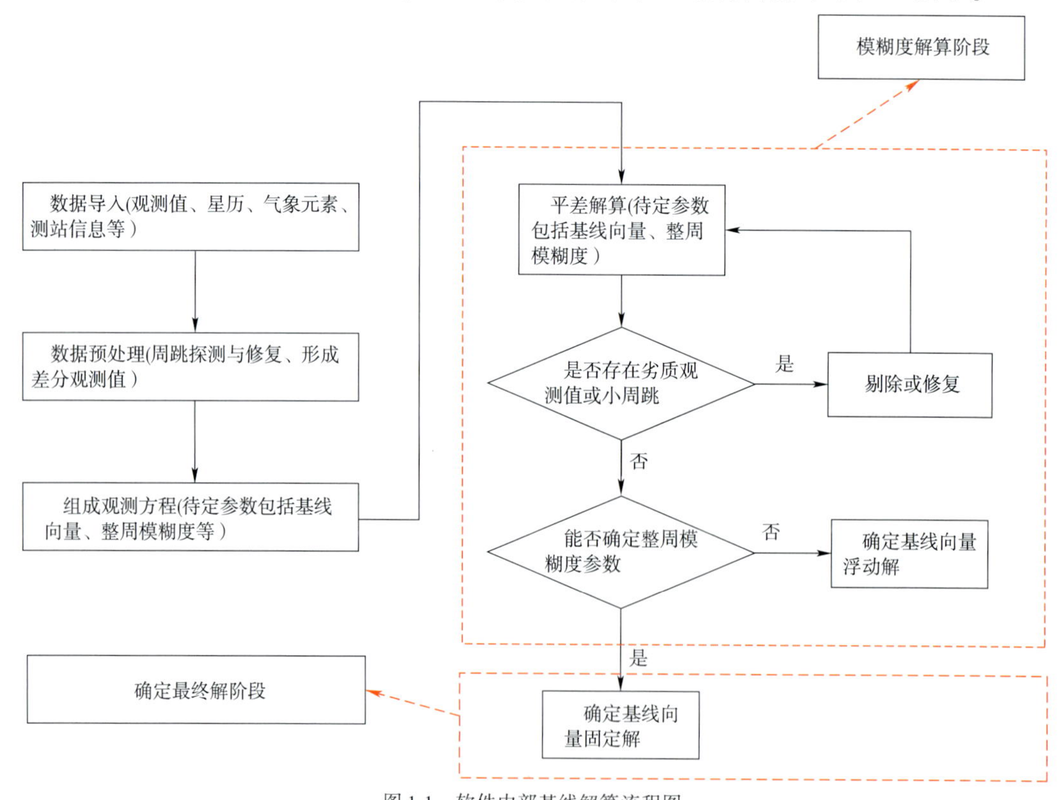

图 1-1　软件内部基线解算流程图

(1)卫星定位基线解算的过程

卫星定位基线解算的流程,如图 1-2 所示。

①原始观测数据的导入。在进行基线解算时,首先需要导入卫星定位原始观测值数据。一般说来,各接收机厂商随接收机一起提供的数据处理软件都可以直接处理从接收机中传输出来的卫星定位原始观测值数据,而由第三方所开发的数据处理软件则不一定能对各接收机的原始观测数据进行处理,要处理这些数据,首先需要进行格式转换。目前,最常用的格式是 RINEX 格式,对于按此种格式存储的数据,大部分的数据处理软件都能直接处理。

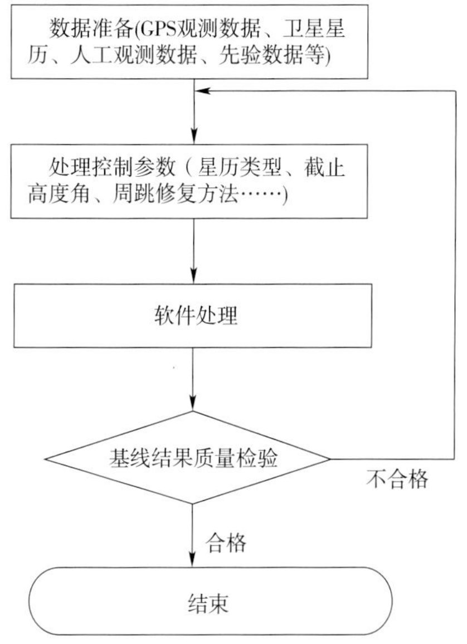

图 1-2　卫星定位基线解算流程图

②外业输入数据的检查与修改。在导入了卫星定位观测值数据后,就需要对观测数据进行必要的检查,检查的项目包括:测站名、点号、测站坐标、天线高等。对这些项目进行检查的目的是为了避免外业操作时的误操作。

③设定基线解算的控制参数。基线解算的控制参数用以确定数据处理软件采用何种处理方法来进行基线解算,设定基线解算的控制参数是基线解算时的一个非常重要的环节,通过星历类型、截止高度角、历元间隔等控制参数的设定,可以实现基线的精化处理。

④基线解算。基线解算的过程一般是自动进行的,无需过多的人工干预。

⑤基线质量的检验。基线解算完毕后,基线结果并不能马上用于后续的处理,还必须对基线的质量进行检验,只有质量合格的基线才能用于后续的处理,如果不合格,则需要对基线进行重新解算或重新测量。基线的质量检验需要通过 RMS、RDOP、RATIO、同步环闭合差、异步环闭合差和重复基线较差来进行。

(2)卫星定位基线处理应满足的要求

根据卫星定位控制网外业观测数据进行基线解算,全部数据应经过同步环、异步环和重复边检核,并应满足下列要求后方可进行网平差计算。

①卫星定位控制网相邻点间基线精度计算公式为

$$\sigma = \sqrt{a^2 + (bd)^2} \tag{1-1}$$

式中:σ——标准差,即基线向量的弦长中误差(mm);

a——固定误差(mm);

b——比例误差系数(1×10^{-6});

d——卫星定位控制网中相邻点间的距离(km)。

②同步环各坐标分量及全长闭合差应满足下列各式要求

$$\left.\begin{aligned} W_x &\leqslant \frac{\sqrt{N}}{5}\sigma \\ W_y &\leqslant \frac{\sqrt{N}}{5}\sigma \\ W_z &\leqslant \frac{\sqrt{N}}{5}\sigma \end{aligned}\right\} \tag{1-2}$$

$$W=\sqrt{W_x^2+W_y^2+W_z^2} \tag{1-3}$$

$$W\leqslant\frac{\sqrt{3N}}{5}\sigma \tag{1-4}$$

式中：N——同步环中基线边的个数；

W——环闭合差。

③异步环(独立基线构成的独立环)各坐标分量及全长闭合差应满足下列各式要求

$$\left.\begin{aligned}W_x&\leqslant2\sqrt{n}\sigma\\W_y&\leqslant2\sqrt{n}\sigma\\W_z&\leqslant2\sqrt{n}\sigma\end{aligned}\right\} \tag{1-5}$$

$$W\leqslant2\sqrt{3n}\sigma \tag{1-6}$$

式中：n——独立环中基线边的个数。

④重复基线的长度较差应满足下式的要求

$$d_S\leqslant2\sqrt{n}\sigma \tag{1-7}$$

式中：n——同一边复测的次数，通常等于2。

⑤控制网的测量中误差

外业观测数据检验合格后，应对卫星定位控制网的观测精度进行评定。

控制网的测量中误差计算公式为

$$m=\sqrt{\frac{1}{3N}\left[\frac{WW}{n}\right]} \tag{1-8}$$

式中：m——控制网的测量中误差(mm)；

N——控制网中异步环的个数；

n——异步环的边数；

W——异步环环线全长闭合差(mm)。

控制网的测量中误差 m 应满足相应等级控制网的基线精度要求，并符合 $m\leqslant\sigma$ 的规定。

(3)影响卫星定位基线解算结果的因素

影响基线解算结果的因素主要有以下几条：

①基线解算时所设定的起点坐标不准确、起点坐标不准确，会导致基线出现尺度和方向上的偏差。

②少数卫星的观测时间太短，导致这些卫星的整周未知数无法准确确定。当卫星的观测时间太短时，会导致与该颗卫星有关的整周未知数无法准确确定，而对与基线解算来讲，对于参与计算的卫星，如果与其相关的整周未知数没有准确确定的话，就将影响整个卫星定位网解算的结果。

③在整个观测时段里，有个别时间段里周跳太多，致使周跳修复不完善。

④在观测时段内，多路径效应比较严重，观测值的改正数普遍较大。

⑤对流层或电离层折射影响过大。

(4)影响卫星定位基线解算结果因素的判别及应对措施

对于影响卫星定位基线解算结果因素，有些是较容易判别的，如卫星观测时间太短、周跳太多、多路径效应严重、对流层或电离层折射影响过大等；但对于另外一些因素却不好判断了，如起点坐标不准确等。

①基线起点坐标不准确的判别及应对措施。

判别：对于由起点坐标不准确所对基线解算质量造成的影响，目前还没有较容易的方法来加以判别，因此，在实际工作中，只有尽量提高起点坐标的准确度，以避免这种情况的发生。

基线起点坐标不准确的应对方法：要解决基线起点坐标不准确的问题，可以在进行基线解算时，使用坐标准确度较高的点作为基线解算的起点，较为准确的起点坐标可以通过进行较长时间的单点定位或通过与 WGS-84 坐标较准确的点联测得到；也可以采用在进行整网的基线解算时，所有基线起点的坐标均由一个点坐标衍生而来，使得基线结果均具有某一系统偏差，然后，再在卫星定位网平差处理时，引入系统参数的方法加以解决。

在进行卫星定位网的约束平差或联合平差时，起算数据质量的检验是很必要的，由于在卫星定位网平差中所用的起算数据一般为点的坐标，因此，在这里主要介绍对起算点坐标的检验。

a. 方差检验法。在进行三维无约束平差时，要进行方差估计，调整观测值的权，直至检验后的单位权方差与先检验的单位权方差相容。在进行约束平差时，以三维无约束平差所得到的检验后单位权方差作为先检验的单位权方差，逐个加入起算数据进行平差解算，同时检验后的单位权方差与先检验的单位权方差之间的相容性，当在加入了某一起算数据后发现它们不一致，则说明该起算数据可能存在质量问题。

b. 附合路线法。附合路线法是从一个起算点通过一条由卫星定位基线向量组成的卫星定位导线推算另一个起算点的坐标，将此坐标与已知值比较，根据它们差异的大小来判断起算点的质量。为准确地判断起算点质量的好坏，一般需要采用多条附合路线。

c. 检查点法。在进行平差解算时，不将所有起算点坐标固定，而是保留一个点作为检查点，平差后比较该点坐标的平差值和已知值，根据它们差异的大小来判断起算点质量的好坏。为准确地判断起算点质量的好坏，一般需要轮换地将各个起算点分别作为检查点。

②卫星观测时间短的判别及应对措施。

判别：关于卫星观测时间太短这类问题的判断比较简单，只要查看观测数据的记录文件中有关对与每个卫星的观测数据的数量就可以了，有些数据处理软件还输出卫星的可见性图，见图 1-3，这就更直观了。

卫星观测时间短的应对方法：若某颗卫星的观测时间太短，则可以删除该卫星的观测数据，不让它们参加基线解算，这样可以保证基线解算结果的质量。

③周跳太多的判别及应对措施。

判别：对于卫星观测值中周跳太多的情况，可以从基线解算后所获得的观测值残差上来分析。目前，大部分的基线处理软件一般采用的双差观测值，当在某测站对某颗卫星的观测值中含有未修复的周跳时，与此相关的所有双差观测值的残差都会出现显著的整数倍的增大。

周跳太多的的应对方法：若多颗卫星在相同的时间段内经常发生周跳，则可采用删除周跳严重的时间段的方法，来尝试改善基线解算结果的质量；若只是个别卫星经常发生周跳，则可采用删除经常发生周跳的卫星的观测值的方法，来尝试改善基线解算结果的质量。

④多路径效应严重、对流层或电离层折射影响过大的判别及应对措施。

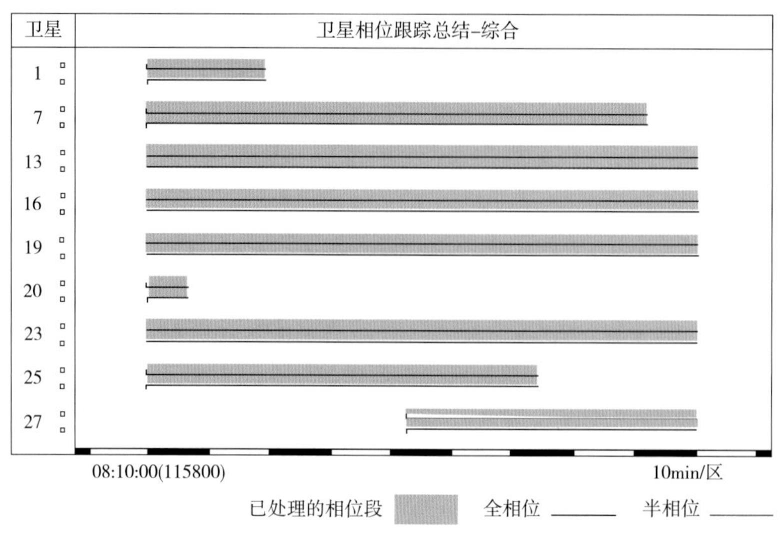

图 1-3　卫星的可见性图

判别:对于多路径效应、对流层或电离层折射影响的判别,也是通过观测值残差来进行的。不过与整周跳变不同的是,当路径效应严重、对流层或电离层折射影响过大时,观测值残差不是像周跳未修复那样出现整数倍的增大,而只是出现非整数倍的增大,一般不超过 1 周,但却又明显地大于正常观测值的残差。

多路径效应严重的应对措施:由于多路径效应往往造成观测值残差较大,因此,可以通过缩小编辑因子的方法来剔除残差较大的观测值;另外,也可以采用删除多路径效应严重的时间段或卫星的方法。

对于对流层或电离层折射影响过大的问题,可以采用下列方法:

a. 提高截止高度角,剔除易受对流层或电离层影响的低高度角观测数据。但这种方法具有一定的盲目性,因为,高度角低的信号,不一定受对流层或电离层的影响就大。

b. 分别采用模型对对流层和电离层延迟进行改正。

c. 如果观测值是双频观测值,则可以使用消除了电离层折射影响的观测值来进行基线解算。

(5)利用残差图精化基线处理

残差图是在基线处理过程中的有力工具。在基线解算时经常要判断影响基线解算结果质量的因素,或需要确定哪颗卫星或哪段时间的观测值质量上有问题,残差图对于完成这些工作非常有用。所谓残差图就是根据观测值的残差绘制的一种图表。

①正常残差图形式(图 1-4)。图 1-4 是一种常见双差分观测值残差图的形式,它的横轴表示观测时间,纵轴表示观测值的残差。正常的残差图一般为残差绕着零轴上下摆动,振幅一般不超过 0.1 周。

②含有周跳的残差图一般形式。图 1-5 表明 25 号卫星的观测值中含有周跳。

③其他不明因素影响的残差图。残差图(图 1-6)表明卫星 25 受不明因素(可能是多路径效应、对流层折射、电离层折射或强电磁波干扰)影响严重。

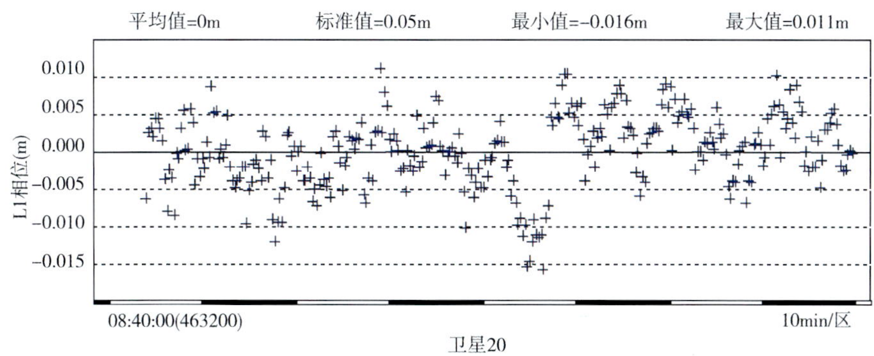

图1-4 正常残差图形式

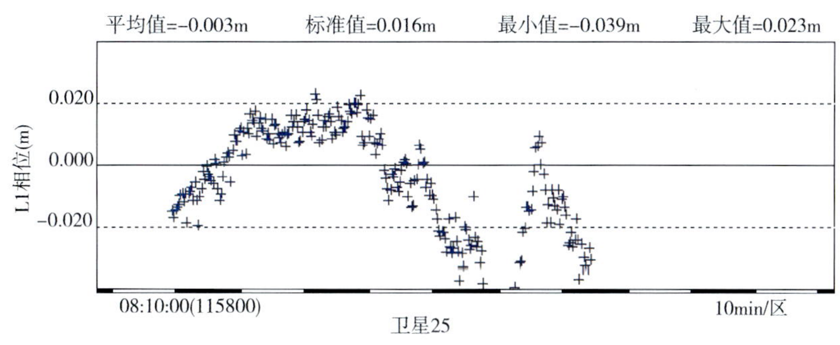

图1-5 含有周跳的残差图

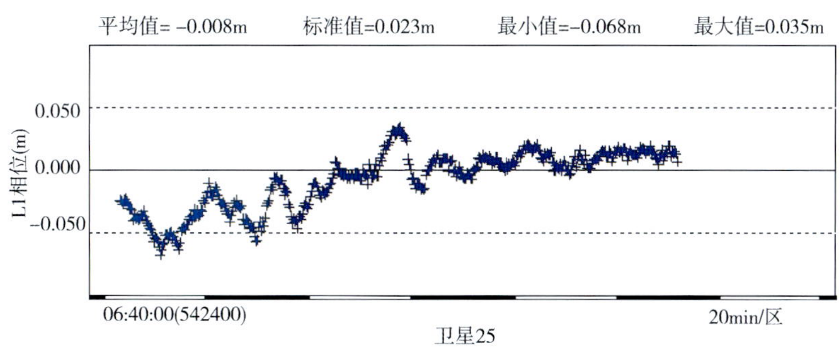

图1-6 不明因素影响的残差图

(6)重测和补测

重测或补测按以下要求进行：

①当观测数据不能满足上述检核要求时，应对成果进行全面分析，并舍弃不合格基线，但应保证舍弃基线后，所构成异步环的边数不应超过6条。否则，应重测该基线或有关的同步环。

②未按施测方案要求，外业缺测、漏测，或数据处理后，观测数据不满足表1-2卫星定位控制网测量作业基本技术要求的，有关成果应及时补测。

③对需要补测或重测的观测时段或基线，要具体分析原因，在满足要求的情况下尽量安排

一起进行同步观测。

④补测或重测的分析应写入数据处理报告。

六、卫星定位控制网平差

在使用卫星定位接收机观测完整个卫星定位网后，经过基线解算可以获得具有同步观测数据的测站间的基线向量。为了确定卫星定位网中各个点在某一坐标系统下的绝对坐标，需要提供位置基准、方位基准和尺度基准，而卫星定位基线向量只含有在 WGS-84 下的方位基准和尺度基准，而布设卫星定位网的主要目的是确定网中各个点在某一特定局部坐标系下的坐标，这就需要通过在平差时引入该坐标系下的起算数据来实现。当然，卫星定位基线向量网的平差，还可以消除卫星定位基线向量观测值和地面观测中由于各种类型的误差而引起的矛盾。根据平差所进行的坐标空间，可将卫星定位网平差分为三维平差和二维平差，根据平差时所采用的观测值和起算数据的数量和类型，可将平差分为无约束平差、约束平差和联合平差等。

1. 提取基线向量，构建卫星定位基线向量网

要进行卫星定位网平差，首先必须提取基线向量，构建卫星定位基线向量网。提取基线向量时需要遵循以下几项原则：

(1)必须选取相互独立的基线，若选取了不相互独立的基线，则平差结果会与真实的情况不相符合。

(2)所选取的基线应构成闭合的几何图形。

(3)选取质量好的基线向量。基线质量的好坏，可以依据 RMS、RDOP、RATIO、同步环闭和差、异步环闭和差和重复基线较差来判定。

(4)选取能构成边数较少的异步环的基线向量。

(5)选取边长较短的基线向量。

2. 三维无约束平差

在构成了卫星定位基线向量网后，需要进行卫星定位网的三维无约束平差，通过无约束平差主要达到以下几个目的：

(1)根据无约束平差的结果，判别卫星定位网中是否有粗差基线，如发现含有粗差的基线，需要进行相应的处理，必须使得最后用于构网的所有基线向量均满足质量要求。

(2)调整各基线向量观测值的权，使得它们相互匹配。

三维无约束平差是指平差在空间三维坐标系中进行，观测值为三维空间中的观测值，在平差时不引入可能造成卫星定位网产生变形的外部起算数据，解算出的结果为点的三维空间坐标。

在进行三维无约束平差时，应将全部合格的独立基线构成闭合图形，以三维基线向量及其相应方差协方差阵作为观测信息，以一个点的城市现有 WGS-84 坐标系的三维坐标为起算数据，在 WGS-84 坐标系中进行三维无约束平差，并提供各观测点在 WGS-84 坐标系中的三维坐标、各基线向量三个坐标差观测值的总改正数、基线边长、基线方位及相关的精度信息等。基线向量改正数的绝对值应满足下列各式的要求

$$\left.\begin{aligned} V_{\Delta x} &\leqslant 3\sigma \\ V_{\Delta y} &\leqslant 3\sigma \\ V_{\Delta z} &\leqslant 3\sigma \end{aligned}\right\} \tag{1-9}$$

3. 约束平差

在进行完三维无约束平差后，需要进行约束平差或联合平差，平差可根据需要在三维空间进行或二维空间中进行。

卫星定位网的约束平差是指平差时所采用的观测值完全是卫星定位观测值（即卫星定位基线向量），而且，在平差时引入了使得卫星定位网产生由非观测量所引起的变形的外部起算数据。

约束平差应在国家坐标系或者地方坐标系中进行二维或三维约束平差。对地铁卫星定位控制网来讲，应在所使用的城市坐标系中进行约束平差及精度评定，并应输出相应坐标系中的坐标、基线向量改正数、基线边长、方位角以及相关的中误差、相应点位中误差的精度信息、转换参数及其精度信息等。需要时，还应输出坐标转换参数及其精度信息。

基线向量的改正数与同名基线无约束平差相应改正数的较差应满足下列各式要求

$$\left.\begin{aligned} dV_{\Delta x} &\leqslant 2\sigma \\ dV_{\Delta y} &\leqslant 2\sigma \\ dV_{\Delta z} &\leqslant 2\sigma \end{aligned}\right\} \tag{1-10}$$

在卫星定位网进行约束平差和坐标转换前，应先对联测的高等级三角点或卫星定位点的可靠性进行验算。

根据《城市轨道交通工程测量规范》（CB 50308—2008）的规定，地铁卫星定位控制网应满足卫星定位控制网的主要技术指标（表1-1）。

约束平差的具体步骤如下：

（1）指定进行平差的基准和坐标系统。

以TGO软件为例，建立平差基准和坐标系统通过坐标系统管理器来完成。TGO1.6的坐标系统管理器模块预制了国内的北京54坐标系统的各个投影带，从13带到23带的坐标系统。所以如果测区的坐标系统是北京54坐标系，以上各带都可以直接使用。如果不是，以上各带中央子午线不同，需要自定义中央子午线的测区。

（2）指定起算数据。

（3）检验约束条件的质量。

（4）进行平差解算。

4. 联合平差

卫星定位网的联合平差是指平差时所采用的观测值除了卫星定位观测值以外，还采用了地面常规观测值，这些地面常规观测值，包括边长、方向、角度等观测值等。

七、卫星定位工程应用实例

现以“哈尔滨地铁一期工程卫星定位控制网”为例介绍如下。

哈尔滨地铁一期工程，南起铁路哈尔滨南站，终点哈尔滨东站，线路全长17.73km，共有18座车站及太平桥车辆段、哈南站停车场及出入线，其中利用“7381”既有隧道5.4km。沿途地势起伏不大，为南高北低，最高处约为170m，最低处约为120m。首级卫星定位控制网的布设、观测工作，由哈尔滨市勘察测绘研究院于2005年底完成，该院又于2008年进行了控制网复测。原卫星定位控制网共计22个网点，另有已知的城市连续运行参考站点（二等点）4个。

测区中心位于东经126°40′,北纬45°42′。

2009年3月19日至22日,原测绘单位所交首级卫星定位控制网点22个,由于人为阻拦和铁门焊死等原因"DTI09、DTI16、DTI17、DTI20、DTI21"点位无法到达。为保证施工场地附近点位数量重新测设"东方宾馆、12LOU"2点,复测点位共计19个,分别位于市区楼顶和地面上。这些点位大部分位于地铁沿线附近,少部分是为了增强图形强度以及原测绘单位增设的一些点位。约束平差时,采用哈尔滨市的5个连续运行参考站点作为起算数据,并进行内部解算检核。

1. 作业依据和执行规范

(1)《城市轨道交通工程测量规范》(GB 50308—2008);

(2)《国家一、二等水准测量规范》(GB/T 12897—2006);

(3)《全球定位系统(GPS)测量规范》(GB/T 18314—2009);

(4)《工程测量规范》(GB 50026—2007);

(5)《城市测量规范》(CJJ/T 8—2011)。

2. 观测计划及作业要求

(1)观测前,应编制出卫星定位卫星可见性预报表,其内容应包括:可见卫星号、卫星高度角和方位角、最佳观测卫星组的最佳观测时间、点位几何图形强度因子(PDOP)等。各项要求见表1-3。

作业要求　　表1-3

项　　目	要　　求
接收机类型	双频
观测量	载波相位
接收机标称精度	$\leqslant 10\text{mm} + 2 \times 10^{-6} \times D$($D$为相邻点间的距离)
卫星高度角(°)	≥15
有效观测卫星数	≥4
观测时段长度(min)	短边≥60,长边≥90
数据采样间隔(s)	10~60
点位几何图形强度因子(PDOP)	≤6
重复设站数	≥2
闭合环或附合路线中的边数(条)	≤6
同步观测接收机台数	≥3

(2)根据卫星可见性预报表、参加作业的接收机台数、点位交通情况、点位环视图以及卫星定位网形设计,进行观测纲要设计,编写出观测计划表及作业调度命令。

(3)每时段观测前、后各量取天线高一次,两次互差应小于3mm,取两次平均值作为最后结果。

(4)应按《城市轨道交通工程测量规范》(GB 50308—2008)附录A表A.0.5的规定逐项填写外业观测手薄。

(5)每日观测结束后,应及时将存储介质上的数据进行拷贝,应及时进行数据处理。

(6)卫星定位外业观测技术要求见表1-4。

卫星定位外业观测技术要求　　表 1-4

卫星高度角(°)	有效观测卫星数	观测时段长(min)	数据采样间隔(s)	PDOP	重复设站数
≥15	≥4	短边≥60 长边≥90	10～60	≤6	≥2

3. 作业实施

全网拟采用 2 台 Trimble5700 双频接收机和 2 台 Trimble4700 双频接收机联合作业观测，仪器的标称精度为 5mm + 1ppm × D(1ppm = 1 × 10^{-6}，下同)。观测前对卫星定位接收机和天线等设备进行全面的检验，设备状况及精度指标均符合规范要求。

四台接收机采用静态相对定位模式，以同步边或三角形连接，扩展成空间卫星定位控制网，卫星定位网布设如图 1-7 所示。开机后查看卫星接受情况，记录外业观测手簿，同时注意仪器的警告信息，及时处理各种特殊情况每测站观测两个时段，保证平均重复设站数不小于 2 次，每时段观测 90min 以上。

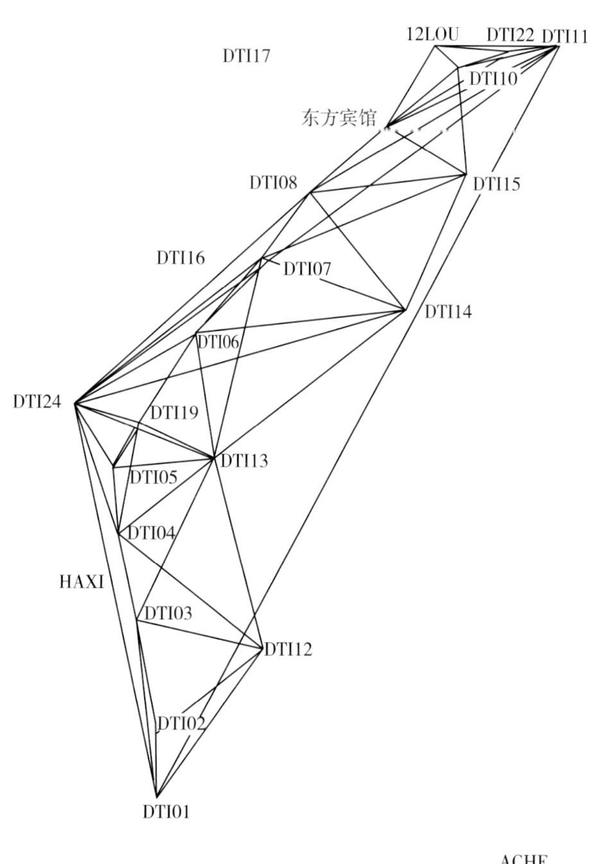

图 1-7　卫星定位网示意

城市连续运行参考站的数据皆是全天 24h 的数据，且这些点的数据经过严密测量平差，精度很高。其他点在复测时，当情况允许时，尽量延长每个时段的观测时间。

4. 内业数据处理

(1)基线向量解算和检查

外业工作完毕,及时将当天的观测数据录入计算机,采用 Trimble 的随机软件 TGOffice(版本 1.60),对基线向量进行批处理解算和单独解算,检查解算出的基线是否满足规范要求的精度指标。对解算结果不好的基线,作单独解算,通过删减卫星、改变时段和高度角等方法改善基线解算结果。对于单独解算仍不满意的基线,则在次日进行重测或删除处理。然后将解算出的合格基线组成同步环,按照规范限差要求进行闭合差检验。经统计检查所组成的同步环闭合差均满足规范限差要求。

当工作数日或工作结束后,由独立基线组成闭合环,即进行复测基线和异步环闭合差计算检核。通过删减,最后精选出 77 条基线,共构成 26 异步环,其中有 1 个五边形,1 个七边形,1 个四边形,23 个三角形,其闭合差统计见表 1-5。

异步环闭合差统计表　　表 1-5

相对闭合差(ppm)	<1	1~2	2~5	>5
闭合环个数	11	4	7	4

由表 1-5 可见,26 个闭合环中,有 11 个的相对闭合差 <1ppm,全部闭合环的相对闭合差 <7ppm,其中最小的相对闭合差为 0.2ppm,最大的相对闭合差为 6.9ppm,复测基线也均满足要求,说明观测的精度和内部符合情况较好,观测值可靠。

(2)三维无约束平差

分别采用 Trimble 的随机软件 TGOffice、南方测绘 GPS 数据处理软件包和武汉天任勘测科技有限责任公司的 PowerAdj 4.0 等软件进行了平差计算,以兹比较。多种软件的平差结果十分接近,最后采用武汉天任勘测科技有限责任公司的 PowerAdj 4.0 的结果作为最后成果。

卫星定位三维无约束平差,采用 WGS-84 坐标系,以“HAXI”的单点定位解为起算数据。对于平面控制测量而言,不需要卫星定位测量的大地高信息,因此,三维无约束平差的目的主要是进一步检查所选基线向量的质量,评价卫星定位控制网的内附合精度与外业观测质量。一般可通过基线向量三个分量的改正数的大小来衡量最弱点的点位中误差,最弱边的相对精度以及验后单位权中误差均是衡量基线解算值质量的指标。但最弱点点位中误差与起算点的位置密切相关。复测网精选了 77 条基线作三维无约束平差,最弱点为“DT22”,点位中误差 1.69cm。

最大基线绝对误差精度 0.67cm,为点“DT07”到“DTI08”的基线边,最差基线相对误差分别为 1/205508,起点号 DT07,终点号 DT08,该边边长为 1076.327m,无论是边长绝对精度还是边长相对精度都满足规范要求。

(3)二维约束平差

在三维无约束平差所选基线向量基础上,进行二维约束平差。由于涉及哈尔滨坐标系统和控制点的国家机密,二维约束平差由哈尔滨市勘察测绘研究院完成,因此部分细节无法详细说明。选取哈尔滨地铁坐标系中的 5 个城市二等控制点“ACHE”、“HAXI”、“FAIT”、“SCHE”、“DUIQ”为已知点,采用北京 54 坐标系椭球参数,即长半轴 6378245m,扁率 298.3,中央子午线选取126°40′08.3″,投影面的投影高程 150.7m。

平差的主要结果见表 1-6。

二维约束平差的主要结果比较　　表 1-6

基线数(个)	77
约束点数(个)	4
最弱点	DTI14
最弱点精度(mm)	3.2
最弱边	DTI04 至 DTI12
最弱边相对精度	1/443387
最大基线绝对误差(mm)	3.10(DT19 - DT06)

由表 1-6 可见,满足《城市轨道交通工程测量规范》(GB 50308—2008)中最弱点点位中误差 1.2cm 的精度要求。起算点能较好地约束全网。

部分点位卫星定位控制网测量成果如表 1-7 所示。

卫星定位控制网测量成果表(部分点位)　　表 1-7

点　号	2010GPS 控制网测量成果		备　注
DT01	* * *5622.8450	* * *5314.1910	
DT02	* * *6713.7293	* * *5316.6043	
DT03	* * *8575.3129	* * *4969.6445	
DT04	* * *0053.3116	* * *4648.8413	
DT05	* * *1145.0467	* * *4551.0811	
DT07	* * *4642.9198	* * *7072.1146	
DT08	* * *5742.5901	* * *7881.7565	
DT11	* * *8206.8110	* * *2173.7900	
DT12	* * *8140.1064	* * *7133.7944	
DT14	* * *3774.9009	* * *9524.7816	
DT15	* * *6052.9772	* * *0570.5297	
DFBG	* * *6751.6491	* * *9128.4151	
DT22	* * *8089.6603	* * *1321.2301	

(4)复测网与原测网二维平差成果比较分析

复测网与原网比较分析主要看两期卫星定位网的二维约束平差坐标是否有显著的差异。根据网的最弱点精度 $m_p \leq 12\text{mm}$ 的要求,卫星定位网点两期点位较差的允许值应为

$$\delta_p = 2\sqrt{2}m_p = 34\text{mm}$$

点位较差根据网的两期二维平面坐标按式(1-11)计算

$$d_{pi} = \sqrt{(x_{pi}^2 - x_{pi}^1)^2 + (y_{pi}^2 - y_{pi}^1)^2} = \sqrt{dx_{pi}^2 + dy_{pi}^2} \tag{1-11}$$

故两期网点坐标之差应满足下式要求

$$d_{pi} \leq \delta_p = 2\sqrt{2}m_p = 34\text{mm}$$

复测结论:本次复测精度均较高,满足地铁工程相关测量规范精度要求。

成果对比实例见表 1-8。

卫星定位控制网复测成果对比分析

表 1-8

点号	原交桩成果		2009 年复测成果		2010 年复测成果		与原交桩较差		与 2009 年复测较差	
DT01	***5622.8460	***5314.1930	***5622.8418	***5314.1903	***5622.8450	***5314.1910	-1.0	-2.0	3.2	0.7
DT02	***6713.7340	***5316.6070	***6713.7279	***5316.6022	***6713.7293	***5316.6043	-4.7	-2.7	1.4	2.1
DT03	***8575.3250	***4969.6390	***8575.3188	***4969.6358	***8575.3129	***4969.6445	-12.1	5.5	-5.9	8.7
DT04	***0053.3310	***4648.8380	***0053.3205	***4648.8420	***0053.3116	***4648.8413	-19.4	3.3	-8.9	-0.7
DT05	***1145.0610	***4551.0800	***1145.0571	***4551.0753	***1145.0467	***4551.0811	-14.3	1.1	-10.4	5.8
DT06	***3400.***0	***5966.8000	***3400.8210	***5966.7997	***3400.8163	***5966.8074	-13.7	7.4	-4.7	7.7
DT07	***4642.9210	***7072.1080	***4642.9195	***7072.1145	***4642.9198	***7072.1146	-1.2	6.6	0.3	0.1
DT08	***5742.5970	***7881.7500	***5742.5840	***7881.7486	***5742.5901	***7881.7565	-6.9	6.5	6.1	7.9
DT10	***7827.1750	***0425.8200	***7827.1741	***0425.8188	***7827.1725	***0425.8192	-2.5	-0.8	-1.6	0.4
DT11	***8206.8120	***2173.7910	***8206.8055	***2173.7899	***8206.8110	***2173.7900	-1.0	-1.0	5.5	0.1
DT12	***8140.1100	***7133.8070	***8140.1033	***7133.8016	***8140.1064	***7133.7944	-3.6	-12.6	3.1	-7.2
DT13	***1322.3140	***6290.4720	***1322.3124	***6290.4662	***1322.2964	***6290.4683	-17.6	-3.7	-16.0	2.1
DT14	***3774.9030	***9524.7740	***3774.9010	***9524.7747	***3774.9009	***9524.7816	-2.1	7.6	-0.1	6.9
DT15	***6052.9780	***0570.5270	***6052.9722	***0570.5257	***6052.9772	***0570.5297	-0.8	2.7	5.0	4.0
DT19	***1907.5010	***4987.2330	***1907.4925	***4987.2323	***1907.4855	***4987.2363	-15.5	3.3	-7.0	4.0
DT22	***8089.6590	***1321.2320	—	—	***8089.6603	***1321.2301	1.3	-1.9	—	—
DT24	***2763.2950	***3733.6730	***2763.2890	***3733.6767	***2763.2824	***3733.6740	-12.6	1.0	-6.6	-2.7
12LOU	—	—	***8196.7390	***9996.5728	***8196.7377	***9996.5***	—	—	-1.3	10.2

第三节　精密导线网测量

地铁平面控制网一般分两级布设，首级为卫星定位控制网，二级为精密导线控制网。精密导线起闭于卫星定位控制边，一般沿线路走向布设，并应布设成附合导线、闭合导线或结点导线网的形式。

一、精密导线网技术要求和布设方案

1. 精密导线网技术要求

地铁精密导线一般按四等导线精度执行，考虑到地铁实际情况，平均边长及附合导线长度按一级导线执行。相应主要技术要求见表1-9。

精密导线测量主要技术要求　　表1-9

平均边长(m)	闭合环或附合导线总长度(km)	每边测距中误差(mm)	测距相对中误差	测角中误差(″)	水平角测回数		边长测回数Ⅰ、Ⅱ级全站仪	方位角闭合差(″)	全长相对闭合差	相邻点的相对点位中误差(mm)
					Ⅰ级全站仪	Ⅱ级全站仪				
350	3～4	±4	1/60000	±2.5	4	6	往返测距各2测回	$\pm5\sqrt{n}$	1/35000	±8

注：1. n为导线的角度个数，一般不超过12。

2. 附和导线路线超长时，宜布设结点导线网，结点间角度个数不超过8个。

(1)导线点上只有两个方向时，其水平角观测应符合以下要求：

①应采用左、右角观测，左、右角平均值之和与360°的较差应小于4″。

②前后视边长相差较大，观测需调焦时，宜采用同一方向正倒镜同时观测法，此时一个测回中不同方向可不考虑2C较差的限差。

③水平角观测一测回内2C较差，Ⅰ级全站仪为9″，Ⅱ级全站仪为13″。同一方向值各测回较差，Ⅰ级全站仪为6″，Ⅱ级全站仪为9″。

(2)在精密导线网结点或卫星定位控制点上观测水平角时应符合以下要求：

①在附和导线两端的卫星定位控制点上观测时，宜联测两个卫星定位控制点方向，夹角的平均观测值与卫星定位控制点坐标反算夹角之差应小于6″。

②方向数超过3个时宜采用方向观测法，方向数不多于3个时可不归零。

③方向观测法水平角观测的技术要求应符合表1-10的规定。

方向观测法水平角观测技术要求(″)　　表1-10

全站仪的等级	半测回归零差	一测回内2C较差	同一方向值各测回较差
Ⅰ级	6	9	6
Ⅱ级	8	13	9

(3)精密导线网距离测量除应符合本规范表1-10的要求外，还应符合表1-11的规定。

距离测量限差技术要求(mm)　　表 1-11

全站仪等级	一测回中读数间较差	单程各测回间较差	往返测或不同时段结果较差
Ⅰ级	3	4	$2(a+bd)$
Ⅱ级	4	6	

注:1. $(a+bd)$为仪器标称精度,a为固定误差,b为比例误差系数,d为距离测量值(以km计)。

2. 一测回指照准目标一次读数4次。

3. 测距时应读取温度和气压,测前、测后各读取一次,取平均值作为测站的气象数据。温度读至0.2℃,气压读至50Pa。

2. 精密导线网布设方法

地面控制网的布设直接影响隧道的贯通精度,为了确保精密导线具有较高的质量和精度,满足地铁定测特别是施工控制测量的需要,尽量减少因地面测量误差影响而产生在贯通面上的贯通误差,精密导线布设是关键环节之一。

地铁精密导线控制网,一般主要分为单导线与双导线网两种。单导线具有节省成本、测设便捷、灵活性强等优点,其缺点是不利于提高精度、易被破坏等。双导线具有可用控制点较多、网形稳固、结构精度高、易于保存等优点,故条件允许的情况下一般推荐使用双导线布设地铁精密导线控制网。

精密导线(网)应尽量沿地铁线路布设成直伸形状,每点具备2个以上的后视方向。在沿线所有预计的开挖处(包括车站和竖井),精密导线点布设成大地四边形和三角锁网的网状图形,前后相邻的两个大地四边形和三角锁网在一个卫星定位点处相接,最后与卫星定位控制点形成附合在卫星定位控制网上的三角形或大地四边形的网状图形。

按双导线布设控制网时,主导线应距地铁线路50~80m,且方便施工使用。一般在车站和各施工竖井(矿山法、盾构法、区间风井等处)设3、4个精密导线点。副导线与主导线应距离200~300m,且方便主导线使用。主导线(副导线)点间距平均350m。车站及竖井附近局部导线点位布设如图1-8、图1-9所示。

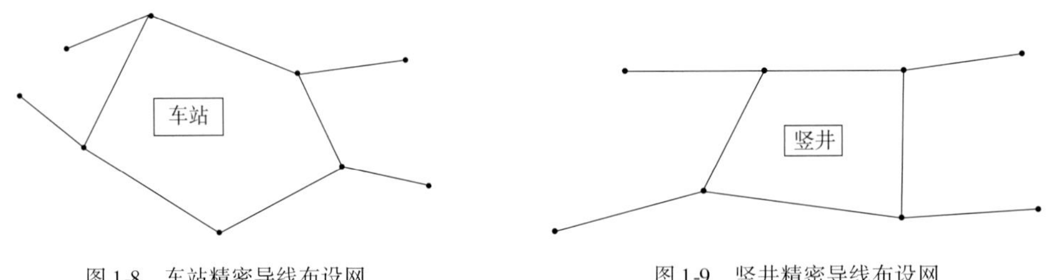

图1-8　车站精密导线布设网　　图1-9　竖井精密导线布设网

3. 精密导线网选点要求

精密导线的布设,是在搜集和了解有关资料的基础上,采用野外踏勘和图上设计相结合的方法反复进行,制订出合理可行的方案,最后确定出导线点在现场的位置。同时应尽量做到以下几点:

(1)相邻点之间均通视良好,无折光影响,点位附近视野开阔。

(2)所选点位附近没有散热体,测线(视线)没有从散热体(烟囱、散热塔、散热池)附近通过。

(3)测线(视线)上没有树枝、电线等障碍物,南岗街道办事处点周围树枝较多,在测线方向对树枝等障碍物进行了清除，使测线（视线）离开地面或障碍物均在1.5m以上。

（4）所选相邻导线点之间高度角不大于30°。

（5）精密导线点大都方便使用，利于长期保存。

二、精密导线外业观测

1.角度观测

精密导线的质量除受选点制约外，还要受观测质量的制约。现场条件千变万化，外业工作所得数据必须有效可靠。精密导线进行角度观测时按下述要求进行：

（1）Ⅰ级全站仪每一水平角观测计4测回，Ⅱ级全站仪每一水平角观测计6测回。水平角观测采用方向观测法，当方向数多于3个时，进行归零，各测回间度盘配置根据实际情况设计。

（2）方向观测时，要选择距离适中、通视良好、成像清晰，且竖直角较小的方向作为后视方向。

（3）精密导线观测前后用垂球检核对点情况。观测过程中，气泡中心位置偏离整置中心不超过1格，全站仪圆水准气泡置中。

（4）精密导线观测应尽量在晴天上午11:30以前或下午2:30以后进行。当太阳升到一定高度（上午10:00以后，下午4:30以前）时，应给仪器设备打伞，保证仪器设备受热均匀。

（5）当观测仅有两个方向时，在观测总测回中以奇数测回和偶数测回分别观测导线前进方向的左角和右角，左角平均值与右角平均值之和与360°的差值不大于4″。

2.距离观测

精密导线边长测量，应在成像清晰和气象条件稳定时进行，往返观测，单向由正倒镜各一测回构成，测距时测出气象数据并加以改正。气象数据测定要求见表1-12。

气象数据测定要求　　表1-12

最小读数		测定时间间隔	气象数据的取用
温度（℃）	气压（Pa）		
0.2	50	一测站同时段观测的始或末	测边两边的平均值

3.精密导线点三角高程测定

三角高程测定是为了边长投影计算的需要。高程起闭点应为不低于三等水准的高程点，仪器高和觇牌高在观测前从3个不同方向量取，准确到毫米，3个方向量取值互差在3mm以内取均值作为采用值。精密导线点间高差测定同精密导线边长测定同时进行，主要技术要求见表1-13。

三角高程测量技术要求　　表1-13

等级	仪器	测回数	指标差较差	垂直角较差	对向观测高程较差	附合或环形闭合差
四等	DJ1	3	≤7″	≤7″	$40\sqrt{\sum D}$（mm）	$20\sqrt{\sum D}$（mm）

外业观测完成后，需对外业成果进行一定的抽检，以检核外业数据的准确性。一般要求自检比例不得低于10%。

三、精密导线网数据处理

1. 边长改正

外业完成后，需要对外业测量数据进行边长改正。主要包括温度、气压、仪器加乘常数改正等。考虑到精度要求，地铁精密导线测距边还必须进行高程归化和高斯投影改化。精密导线网边长应按下列要求进行改正。

(1)气象改正，根据仪器提供的公式进行改正；也可以将气象数据输入全站仪内自动改正。

(2)仪器加、乘常数改正值 S，应按下式计算

$$S = S_0 + S_0 \cdot K + C \tag{1-12}$$

式中：S_0——改正前的距离；

C——仪器加常数；

K——仪器乘常数。

(3)利用垂直角计算水平距离 D 时，应按下式计算

$$D = S(\cos\alpha + f) \tag{1-13}$$

$$f = \frac{(1-K)\ \rho S \cdot \cos\alpha}{2R} \tag{1-14}$$

式中：α——垂直角观测值；

K——大气折光系统；

S——经气象及加、乘常数改正后的斜距(m)；

R——地球平均曲率半径(m)；

f——地球曲率和大气折光对垂直角的修正量($''$)；

ρ——弧与度的换算常数，$\rho = 206265('')$。

2. 高程投影归化改正

精密导线网测距边的高程归化和投影改化，应符合下列规定：

(1)归化到城市地铁线路测区平均高程面的测距边长度 D，应按下式计算

$$D = D_0'\left[1 + \frac{H_p - H_m}{R_a}\right] \tag{1-15}$$

式中：D_0'——测距两端点平均高程面上的水平距离(m)；

R_a——参考椭球体在测距边方向法截弧的曲率半径(m)；

H_p——现有城市坐标系统投影面高程或城市地铁工程线路的平均高程(m)；

H_m——测距边两端点的平均高程(m)。

(2)测距边在高斯投影面上的长度 D_z，按下式计算

$$D_z = D\left[1 + \frac{Y_m^{\ 2}}{2R_m^{\ 2}} + \frac{\Delta Y^2}{24R_m^{\ 2}}\right] \tag{1-16}$$

式中：Y_m——测距边两端点横坐标平均值(m)；

R_m——测距边中点的平均曲率半径(m)；

ΔY——测距边两端点近似横坐标的增量(m)。

3. 数据平差处理

地铁精密导线控制网的计算,应该用严密平差法。平差后,应进行精度评定,其中包括平差后单位权中误差、最弱相邻点的点位中误差、最弱边的边长及方向角度误差等。现在精密导线网的平差,一般采用平差系统软件进行计算。采用平差系统软件进行平差计算,可以一定程度上避免计算错误,且能较全面地评定平差后网中各元素的精度。

(1)精密导线方位闭合差与测角中误差的计算

①附和精密导线或精密导线环的方位角闭合差(W_β),不应大于下式计算的值

$$W_\beta = \pm 2m_\beta \sqrt{n} \tag{1-17}$$

式中:m_β——本要求表 1-9 中的测角中误差(″);

n——附和导线或导线环的角度个数。

②精密导线网测角中误差(M_0)应按下式计算

$$M_0 = \pm \sqrt{\frac{1}{N}\left[\frac{f_\beta \cdot f_\beta}{n}\right]} \tag{1-18}$$

式中:f_β——附和导线或闭合导线环的方位角闭合差;

n——附和导线或导线环的角度个数;

N——附和导线或闭合导线环的个数。

(2)导线平差处理

精密导线网数据经上述各项改正后,需按照严密平差的方法进行平差计算,平差使用软件需经有关主管部门鉴定认可,平差成果需包含点位中误差,边长中误差,方位角中误差和最弱点点位中误差等内容。

四、精密导线测量实例

以广州地铁 2 号线北延段为例,简要介绍精密导线网。

广州地铁 2 号线北延段由三元里站后折返线起,经远景、白云新城、新市、江夏、陈田村、上林镇最后到嘉禾(与 3 号线平行换乘),全线共设 7 个车站 6 个区间,一个车辆段,线路长约 9.49km(双线),均为地下线路,车站为明挖法,区间为暗挖或盾构法施工。

广州地铁 2 号线北延段处在处在广花冲积盆地,地势较平坦、开阔。最低标高10.4m,最高标高为 17.80m,沿线为旧白云机场、城市道路、农田、荒地、村庄住宅区和居民住宅区。

1. 导线点的选点埋设

为了确保精密导线具有较高质量,满足地铁设计测量及施工测量的需要,特别是尽量减少因地面测量误差在贯通面上产生的贯通误差,精密导线布设是关键环节之一,重点要把好选点关,布设的精密导线点沿地铁线路形成一多结点附合在卫星定位点上的主副导线网。主副导线形成的导线环边数不多于 8 条边,以 5 ~7 条边为宜。主导线距地铁线路近,方便施工使用,在车站和各施工竖井(矿山法、盾构法、区间风井等处)设点。副导线至主导线距离 350 ~ 400m,方便主导线使用,主导线(副导线)点间距 300 ~350m,平均 350m。依据卫星定位点的设置情况,共设精密导线点 28 个。在与已建成 2 号线联测了已有的精密导线点 2 个、卫星定位点 2 个,以保证两期控制网的衔接要求。

2. 精密导线控制网的设计

根据业主提供的1:2000初步设计线路图及现场踏勘情况，线路起点运景站—新市站段沿线为旧白云机场，新市站—江夏站段沿线多为农村居民地、道路及农田，导线点布于沿线通视的地面，部分点设在楼顶，采用附合导线形成导线网的方式连接，车站站位适当加密形成小闭合环或结点网。采用房顶点跨越，长区间地段适当加大距离进行过渡。江夏站—陈田站—上林站—嘉禾站段线路穿越居民区，高楼密集，通视条件差，点位选埋困难，基本采用楼顶点和地面点相结合的方式，形成附合导线或闭合环。远景—白云新城—新市段线路沿旧白云机场跑道，基本采用楼顶点和地面点相结合的方式，形成附合导线或闭合环，本段区间较短，点位密度适当加大，以方便施工需要。

本次线路设点大部分采用双导线的方式布设，在车站及区间竖井口附近有条件的地方均布设了多边形结点网，设置了足够数量的点位，满足车站及竖井施工和联系测量的需求；长区间地段适当加大距离进行过渡，部分长区间采用单导线形式。

依据作业依据、布设原则及1:2000初步设计线路图，经过现场踏勘，认真筛选，反复比较，全网总点数31个，采用原有卫星定位点2个，卫星定位加密点5个，新增精密导线点24个，组成了2号线北延段精密导线控制网，详见图1-10。

3. 导线观测

在进行精密导线观测时，视测量时的条件和实施方案制订相应观测计划，而且遵循以下原则：根据位于地铁线路附近的卫星定位点的通视情况布点，在进行位于两卫星定位点间的精密导线观测时。

(1)精密导线水平角观测

水平角观测按6测回进行作业，采用方向观测法，当方向数多于3个时，进行归零，各测回间度盘和测微器位置的变换按表1-14规定进行。

6测回度盘编制　　表1-14

测回序号	1	2	3
度盘编制	0-00-50	30-12-3	60-24-10
测回序号	4	5	6
度盘编制	90-35-50	120-47-30	150-59-10

精密导线观测前后用垂球检核对点情况。观测过程中，气泡中心位置偏离整置中心不超过1格，TC2003圆水准气泡应置中。

精密导线观测晴天在上午11:30以前或下午2:30以后进行，当太阳升到一定高度(上午10:00以后，下午4:30以前)时给仪器设备打伞，保证仪器设备受热均匀。

当观测仅有两个方向时，在观测总测回中以奇数测回和偶数测回分别观测导线前进方向的左角和右角，左角平均值与右角平均值之和与360°的差值不大于3.5″(内控要求)。

(2)精密导线边长测量

精密导线边长测量在成像清晰和气象条件稳定时进行，往返观测，单向由正倒镜各1测回构成，测距时测出气象数据并加以改正。

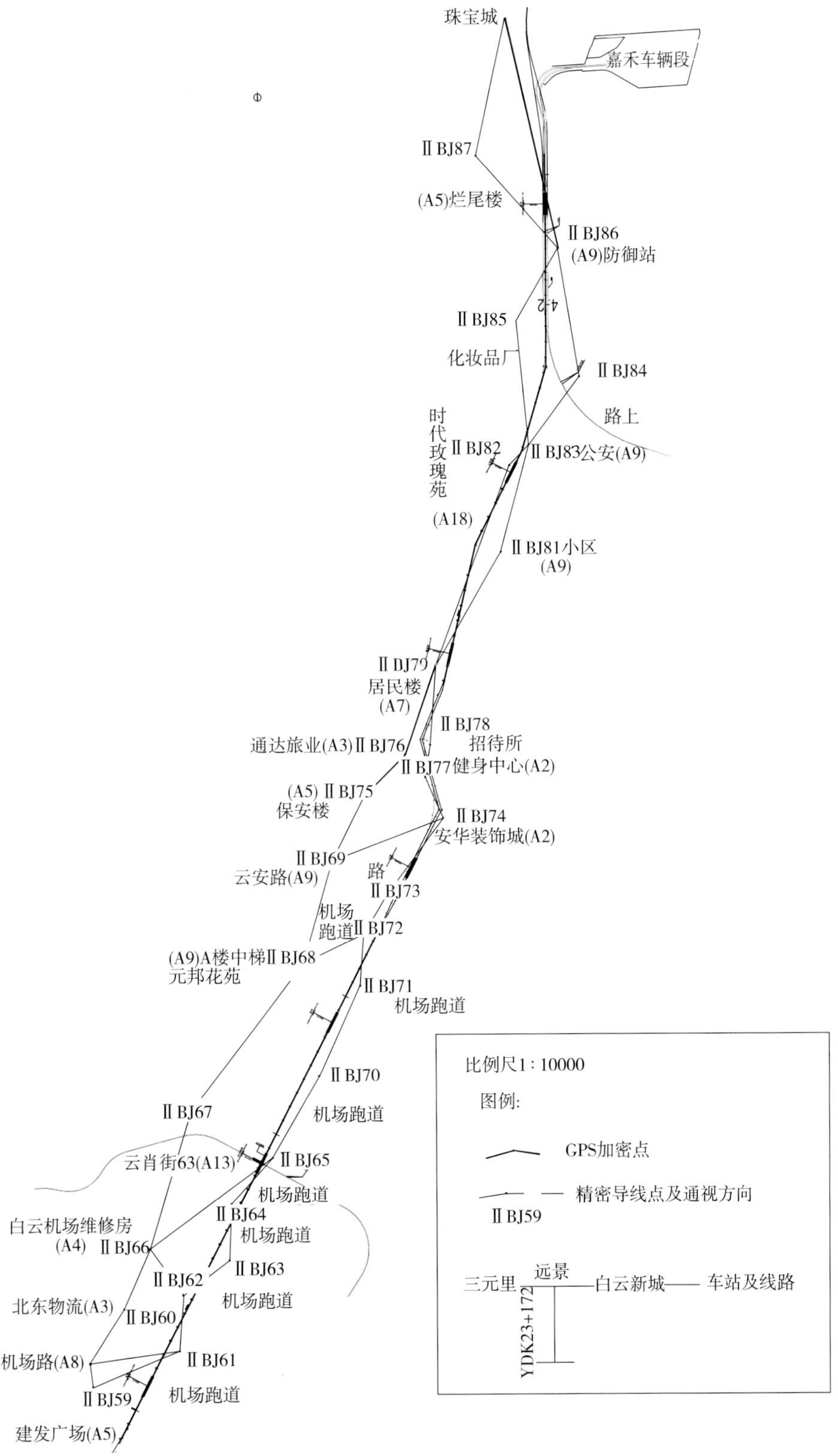

图 1-10　广州地铁 2 号线北延段精密导线控制网

(3)精密导线三角高程测量

精密导线点三角高程测定是为了边长投影计算的需要,同时为定测服务。高程起讫点均为不低于三等水准的高程点,仪器高和觇牌高在观测前从3个不同方向量取,准确到毫米,3个方向量取值互差在3mm以内取均值作为采用值,精密导线点间高差测定同精密导线边长测定同时进行,分别在远景站、嘉禾站附近与水准网高程控制点联测。

4. 平差计算

首先对距离测量中的边长进行仪器加常数与乘常数改正,并进行投影归化改正。然后附合导线方位闭合差、闭合导线闭合差$\leqslant \pm 5''\sqrt{n}$($n$为测站数)。

精密导线网采用武汉测绘科技大学研制的Cosawin严密平差软件进行全网整体平差,沿线所用到的所有的原有卫星定位点及卫星定位加密点都作为起算点。

5. 精度分析

(1)水平角测量

全网共测水平方向78个。

两个方向的单导线测站,采用左右角各3测回观测。左右角平均值与360°之差均小于3.5″,全部符合设计要求,其中最大较差为2.3″。

多于两个方向的测站用全圆法观测6测回,各测回间方向值之差5″以下的约占98%,其余测回间方向值之差均小于6″。

测角精度统计:

从两个方向的左右角平均值较差统计表来看,由每测站左右角与360°差值求算测角中误差m_β

$$m_\beta = \pm\sqrt{\frac{[\Delta\Delta]}{2n}} \tag{1-19}$$

将$[\Delta\Delta]=31.44$,$n=22$代入式(1-19),计算得$m_\beta = \pm 0.127''$。

(2)边长测量

全网共测导线边长39条,测回间边长互差均小于3mm;往返互差3mm以下的占86%,往返互差最大为11.2mm(边长约1377.0329m,两点间高差较大影响),均满足规范的要求。

测边精度统计:

平均测距中误差:

从导线边长观测较差统计表来看,往返测最大较差为11.2mm,相对精度最低为1/122949。由公式

$$M_d = \pm\sqrt{\frac{[dd]}{2n}} \tag{1-20}$$

将$[dd]=432.05$,$n=39$代入式(1-20),计算得$M_d = \pm 2.352\text{mm}$。

测距相对中误差:

精密导线平均边长S为630.168m,最短边长149.4748m;平均测距中误差$M_d = \pm 2.353\text{mm}$,平均测距相对中误差为$630.168\times10^3 \div 2.353 = 26.78\times10^4$;

平均测距相对中误差为$1/(26.78\times10^4)$;

最大测距相对中误差为$149.4748\times10^3 \div 2.353 = 6.3\times10^4$;

最大测距相对中误差为 $1/(6.3\times10^4)$。

(3)闭合差统计分析

精密导线共有闭合环9个。最大角度闭合差为7.2″,限差为 $5\sqrt{n}=12.2''$,$n=6$ 为测站数。角度闭合差 >5″的有1个环。$f_\beta f_\beta/n$ 最大值为8.64(其中 $f_\beta=7.2''$,$n=6$)。

由公式

$$m_\beta = \pm\sqrt{\frac{[f_\beta f_\beta]}{N}} \tag{1-21}$$

将 $[f_\beta f_\beta]=51.84$,$N=6$ 代入式(1-21),计算得 $m_\beta=\pm1.2''$。

精密导线共有附合导线3条。最大角度闭合差为2.4″,$f_\beta f_\beta/n$ 为0.82(其中 $f_\beta=2.4''$,$n=7$),由公式

$$m_\beta = \pm\sqrt{\frac{[f_\beta f_\beta/n]}{N}} \tag{1-22}$$

将 $[f_\beta f_\beta/n]=5.76$,$N=7$ 代入式(1-22),计算得 $m_\beta=\pm0.34''$。

导线全长相对闭合差:

导线全长相对精度在1/35000~1/90000之间的占0%;导线全长相对精度在1/90000以上的占100%;导线全长相对闭合差最大为1/99134,满足地铁规范1/35000的限差要求。

(4)点位精度统计

从坐标和点位精度成果表来看,ⅡBJ70点位误差最大为2.49mm,点位误差 M_X 最大值为1.44mm,M_Y 最大值为2.04 mm。优于地铁规范导线最弱点的点位中误差±15mm的限差要求。

最大的相邻点的相对点位中误差 $(M_T)_{ij}$ 计算。

由公式

$$(M_T)_{ij} = \frac{M_T}{\sqrt{\frac{n}{2}}} \tag{1-23}$$

式中:M_T——精密导线最弱点的点位中误差,取 $M_T=2.49$mm;

n——一段(条)精密导线测角个数,为7。

计算得最大相邻点的相对点位中误差 $(M_T)_{ij}=1.17$mm,优于地铁规范的相邻点相对点位中误差≤±8mm的限差要求。

第四节　平面控制测量复测

一、平面控制测量复测的重要性

工程建设项目尤其是地铁工程项目,通常在建筑物密集和地下管线众多的城市环境中,不仅对工程本身质量要求高,且对线路控制精度也特别严,测量的准确性对工程施工的质量起着关键性作用,而复测又是测量工作能否准确进行的关键所在。一个系统工程项目

往往建设周期较长,因城市环境的改变,难免对点位稳定性造成破坏,导致控制点发生平面位移和沉降,如不及时进行定期复测就不能掌握控制点的变形情况,按照错误的数据施工将导致工程质量事故。因此,定期及时的对地面控制网进行复核检测,显得尤为重要。

二、复测工作的范围及流程

1. 复测工作的范围

土建阶段平面控制网主要进行地面卫星定位网、精密导线网的复测和控制点的保护工作,确保控制点成果准确。

2. 控制网复测流程

地面控制网复测按照图1-11流程开展工作。

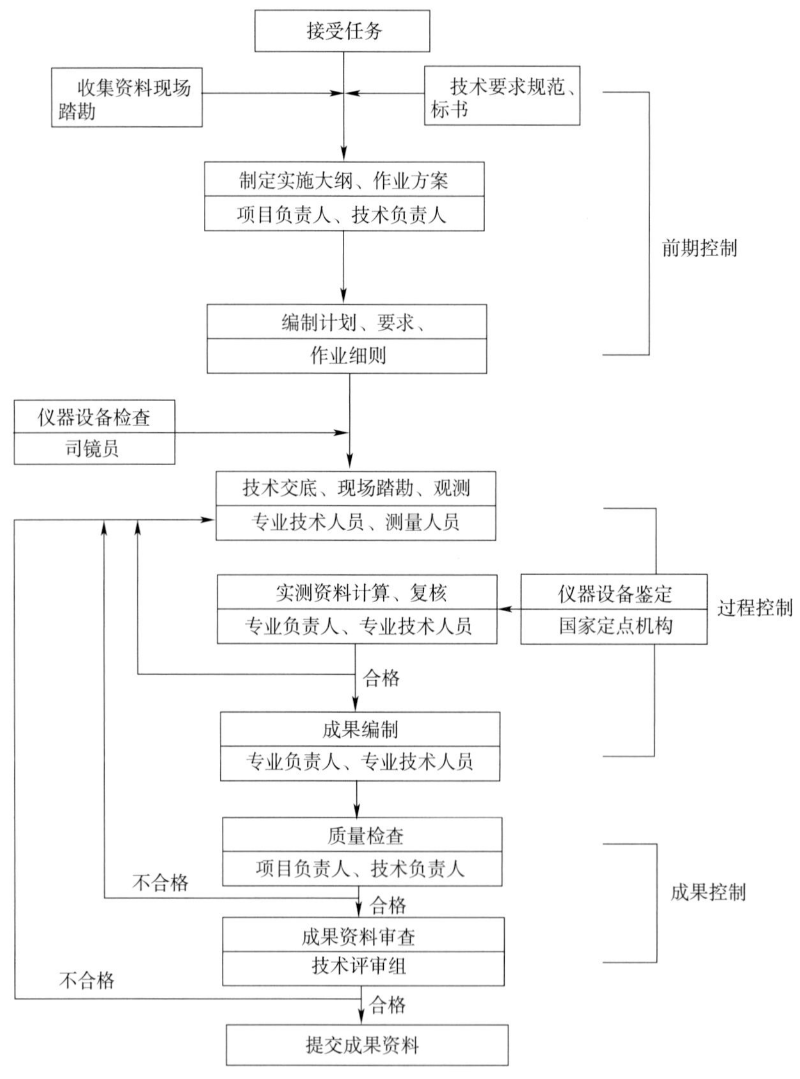

图1-11 地面控制测量、复测实施安排流程图

三、复测的精度评定与分析

平面控制网复测精度评定是检测网可靠性的重要指标，即将两期控制网中相同点的坐标进行比较，求得其较差 $\Delta p = \sqrt{(X_2 - X_1)^2 + (Y_2 - Y_1)^2}$，检测网两期测量的点位较差允许中误差(限差)取两倍点位较差中误差，即

$$\Delta p_{限} = 2m\Delta p \quad (1\text{-}24)$$

$$m_{\Delta p} = \sqrt{m_{p1}^{2} + m_{p2}^{2}} \quad (1\text{-}25)$$

可以根据以上两式同精度误差分配，计算出点位较差限差，并与网中各点的较差进行比较，统计得出在限差范围内的点位占总点数的百分比，从而评价了原测网的可靠性。

对比实例参见本章第二节内容。

第二章

地面高程控制测量

第一节 概述

地面高程控制网是地铁工程建设过程中所有高程测量工作的基础和依据,是地铁工程全线高程准确贯通的保障,其布设和测量应结合拟建线路情况,在地铁工程动工前完成。必要时,地面高程控制网也可作为地铁施工期间周边环境、工程结构垂直沉降监测的工作基准。本章主要介绍地铁地面高程控制测量的技术要求、高程控制网的设计、外业观测与内业处理以及复测。

一、地铁工程高程控制网特点

1. 使用周期长、频率高

因地铁线路长,各标段施工工期不一,一条地铁线路从开工建设到建成通车约需 4 年左右时间,高程控制网作为贯穿地铁建设全过程的高程基准,要经常使用。因此,对点位埋设的质量及维护要求也较高。

2. 精度要求高

一条线路一般长达十几或几十公里,同一条线路通常被划分为若干标段分段分期建设,高程控制测量工作不仅要顾及局部,更要考虑全局。地铁工程地面一等水准网精度要求与城市二等水准网精度一致,其作用是确保地铁工程各标段施工高程正确衔接与贯通,为轨道铺设及地铁建设期间变形监测服务。因此,高程控制网的精度要求较高。

3. 外业作业时受干扰大

地铁工程大多经过城市繁华地段,沿线道路交通繁忙,路面车辆及行人对高程测量工作干扰较大。

4. 地铁施工期间需定期维护和复测

地铁工程建设期间,因城市建设、地质结构、气候变化及其他周边环境因素影响,高程控制点位难免会发生变化或破坏现象。因此,高程控制网的定期维护及复测至关重要。通过复测来评价原网的稳定状况和可靠性,对沉降的点位高程进行修正,对破坏的点位重新埋设,确保其满足地铁工程建设需要。

二、地面高程控制网的建立

1. 资料收集

作业前需要收集的资料有:沿线既有城市一、二等水准控制点资料(一般在当地规划测绘部门存档）、地铁线路设计平纵图、沿线地形及交通图、沿线地质资料、地方相关文件规定等。以上资料可根据合同关系通过地铁建设单位与相关主管部门联系收集。

2. 实地踏勘

根据收集的资料和掌握的信息，实地了解所收集资料的可使用情况，了解需布设高程控制网的沿线情况。

3. 编制实施设计方案

根据收集的资料、相关规范要求、委托合同等制定详细的实施方案。方案中应包括以下内容：

（1）地铁线路工程概况；

（2）作业依据和执行规范；

（3）地铁沿线现存城市一、二等水准点情况；

（4）点位布设原则；

（5）点位埋设方法；

（6）施测方法及相关技术要求；

（7）拟投入的仪器设备；

（8）工期及人员安排等。

4. 选点、埋桩

按照高程控制测量实施设计方案要求选定点位最终位置，为满足地铁施工精度要求，沿线点位可设置于施工影响的变形区域以外的城市道路边、稳定的建（构）筑物基础上，或利用既有城市水准点。这些控制点需要长期使用，要求稳定可靠、便于保护和使用。因此，应根据埋点环境按规范要求埋设不同类型的标石，现场做好标记，绘制点之记，并办理水准点委托保管书。

5. 外业观测

按照作业计划，依据地铁高程控制网的等级和技术要求进行水准测量。

6. 内业数据处理

根据外业采集数据，进行详细的数据统计、精度评定及质量检查，满足规范要求后进行严密平差。

7. 技术总结及提交成果

地面高程控制网测量结束后应提交以下资料：

（1）实施设计方案；

（2）水准网布设示意图、点之记及水准点委托保管文件；

（3）外业观测原始数据、仪器检定资料；

（4）高程成果表和精度评定；

（5）高程测量技术总结报告等。

第二节　高程控制测量技术要求

一、地面高程控制测量主要技术要求

地铁地面高程控制网为水准网，一般分两个等级布设：地铁一等水准网是与城市二等水准

网精度一致的水准网,地铁二等水准网是加密的水准网。

依据《城市轨道交通工程测量规范》(GB 50308—2008),地铁地面高程控制测量的主要技术要求应符合表2-1规定。

水准网测量的主要技术要求 表2-1

水准测量等级	每千米高差中数中误差(mm)		附合水准路线平均长度(km)	水准仪等级	水准尺	观测次数		往返较差、附合或环线闭合差(mm)
	偶然中误差M_Δ	全中误差M_W				与已知点联测	附合或环线	
一等	±1	±2	35~45	DS1	铟瓦尺或条码尺	往返测各1次		$\pm 4\sqrt{L}$
二等	±2	±4	2~4					$\pm 8\sqrt{L}$

注:1. L为往返测段、附合或环线的路线长(以km计)。

2. 采用数字水准仪测量的技术要求与同等级的光学水准仪测量技术要求相同。

二、高差偶然中误差计算

水准测量的往返测是在外界环境差异较大的条件下独立完成的,高差不符值表示误差抵消程度,主要包含偶然误差。因此,用往返不符值计算水准测量的偶然中误差是衡量作业质量的重要指标,主要反映测段间偶然误差的影响。

每千米的高差中数偶然中误差M_Δ按下式计算

$$M_\Delta = \pm\sqrt{\frac{1}{4n}\left[\frac{\Delta\Delta}{L}\right]} \tag{2-1}$$

式中:M_Δ——每千米高差中数偶然中误差(mm);

L——水准测量的测段长度(km);

Δ——水准路线测段往返高差不符值(mm);

n——往返测水准路线的测段数。

三、高差全中误差计算

环线闭合差是由往返测平均高差形成的闭合差,具有真误差性质,它反映着高差平均值的偶然误差,也反映着系统误差,包含这两种误差的综合影响。因此,可以用环线闭合差计算水准测量的全中误差。

每千米的高差中数全中误差M_W按下式计算

$$M_W = \pm\sqrt{\frac{1}{N}\left[\frac{WW}{L}\right]} \tag{2-2}$$

式中:M_W——每千米高差中数全中误差(mm);

L——计算附合线路或环线闭合差时的相应路线长度(km);

W——附合线路或环线闭合差(mm);

N——附合线路和闭合线路的条数。

当用附合线路的闭合差代替环线闭合差计算水准测量的全中误差时,一定要保证附合线路起闭的两已知高程点高程的准确性和现势性。

第三节　高程控制网设计

一、高程控制网布设原则

(1)高程测量应采用统一的高程系统,并应与现有城市高程系统相一致。

(2)高程控制网的控制范围、点位分布应满足地铁工程施工的需要,可以根据地铁总体规划图布设全面网,也可为某条线路布设专门的线状控制网。

(3)高程控制网应分两个等级布设:地铁一等水准网是与城市二等水准精度一致的水准网,地铁二等水准网是在地铁一等水准网的基础上加密的水准网。当拟建地铁沿线现存城市一、二等水准点间距小于4km时,可一次布设地铁二等水准网。

(4)地铁一等水准网为地面高程控制网的起算依据,一般由地铁沿线的城市既有的一、二等水准控制点构成,且不应少于3个,宜均匀分布。

(5)地铁二等水准网是起算于地铁一等水准网的高程控制网,主要为施工服务。其网形主要取决于地铁一等水准点的位置及地铁线路的走向,与一等水准网构成附合、闭合水准路线或结点网,二等水准点间平均间距宜为800m左右。

(6)地面高程控制点应选在受施工影响变形区域以外稳固、利于保护、方便引测的地方,点位离开地铁车站或区间隧道结构外缘距离视当地地质情况及工程实践经验而定,一般以不小于2倍地铁隧道埋深为宜。

(7)当城市既有的一、二等水准控制点比较少且间距较大或城市地表沉降比较大时,可每隔3km左右埋设深桩水准点或基岩水准点,深桩水准点应埋设在稳定的持力层上。

(8)为方便施工和高程传递,车站、竖井及车辆段附近均应布设地铁二等水准控制点,其数量不应少于两个以方便相互检核。

(9)有条件时地铁GPS网或精密导线网中的各点都可纳入二等水准网进行测量。

(10)地铁延伸线或新线与既有线路交叉时,必须联测交叉地段既有线路高程控制网中控制点。

二、水准标石的类型与埋设

水准标石是须长期保存的固定标志,因此其稳定性至关重要。如果水准标石埋设质量不好,则易产生垂直位移或倾斜,导致成果不可靠。城市地铁工程中的水准点标石可分为混凝土水准标石、墙角水准点标志、基岩水准点标石和深桩水准点标石4种,其埋设标准及规格如下。

1. 混凝土水准标石

混凝土水准标石要埋设在冻土线以下30cm,埋设时要特别注意埋设地点的地质条件,了解地下水位的深度,地下有无空洞和流砂等,确保标石埋设在土质坚实的稳定地层中。混凝土水准标石的埋设类型和规格如图2-1

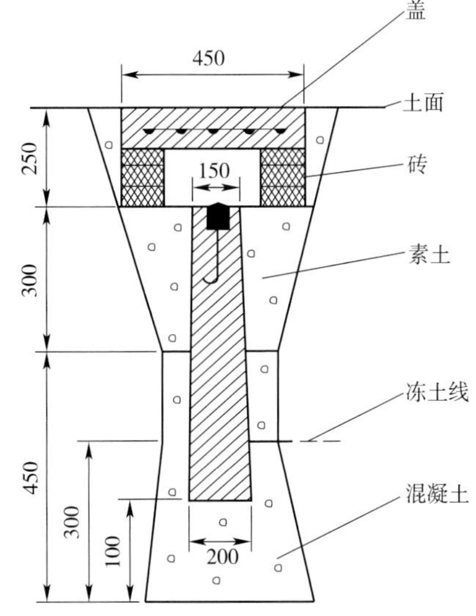

图2-1　混凝土水准标石埋设(尺寸单位:mm)

所示。

2. 墙角水准标志

墙角水准标志应选择在永久性且沉降稳定坚固的建筑物或构筑物基础上，考虑到水准尺的长度，埋设时应注意远离影响水准尺竖立的障碍物。墙角水准标志的埋设类型和规格如图 2-2 所示。

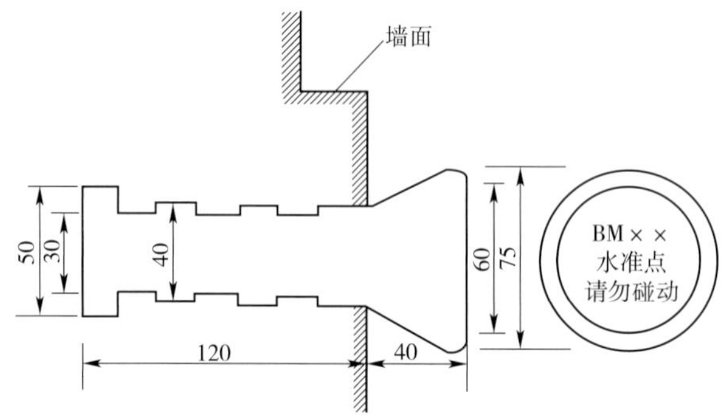

图 2-2　墙角水准点标志埋设(尺寸单位:mm)

3. 基岩水准标石

基岩水准标石必须埋设在真正的基岩上，避免误埋在较大的孤石上。为了施工方便，可以尽量选在基岩露头的地方，遇到风化层时，必须将风化层凿除。埋设基岩水准标石一般应有地质人员参加或以地质资料为依据，必要时事先进行地质钻探。基岩水准标石必须是混凝土制成，使其与基岩牢固相接。基岩水准标石的埋设类型和规格如图 2-3 所示。

4. 深桩水准标石

深桩水准标石埋设时应注意收集地质资料作为依据，深桩应埋设在稳定的持力层内。深桩水准标石的埋设类型和规格如图 2-4 所示。

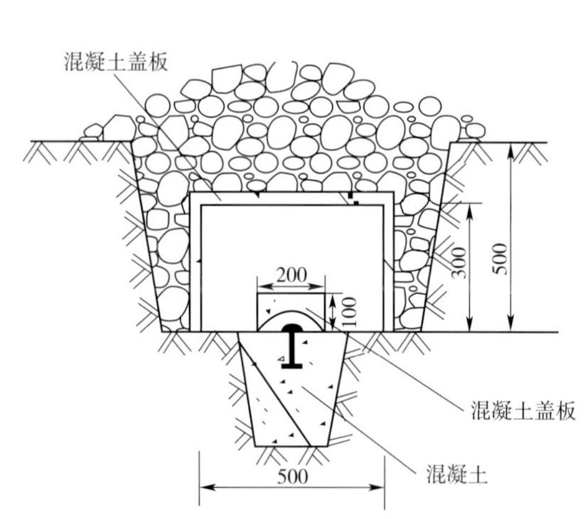

图 2-3　基岩水准点标石埋设(尺寸单位:mm)

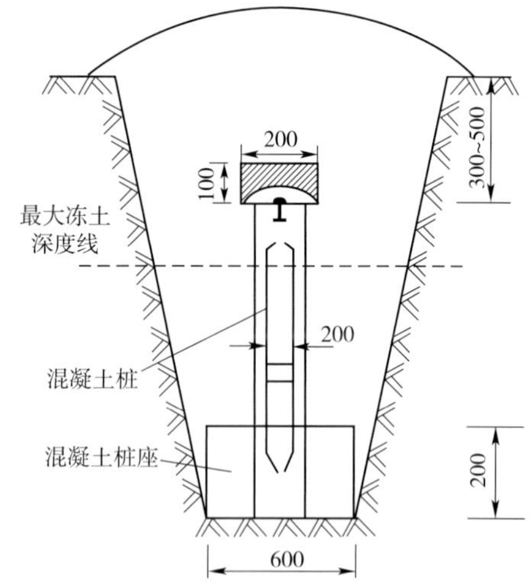

图 2-4　深桩水准点标石埋设(尺寸单位:mm)

三、地面高程控制网的精度设计

《城市轨道交通工程测量规范》(GB 50308—2008)中规定高程贯通测量中误差为

±25mm，配赋给地面高程控制测量的中误差为±16mm，地面高程控制网布设方案与精度设计应以此为依据。

根据高程控制网的分级布设方案，各等级高程中误差的关系公式为

$$M_{H} = \pm\sqrt{(M_{H})_{Ⅰ}^{2} + (M_{H})_{Ⅱ}^{2}} \tag{2-3}$$

为使估算偏于安全，在此假定一等水准测量的高程中误差等于城市二等水准测量附合路线或环线的闭合差（±4 $\sqrt{L}$，单位：mm），二等水准测量的高程中误差等于其附合路线或环线的闭合差（±8 $\sqrt{L}$，单位：mm），即

$$(M_{H})_{Ⅰ} = \pm 4\sqrt{L} \tag{2-4}$$

$$(M_{H})_{Ⅱ} = \pm 8\sqrt{L} \tag{2-5}$$

式中：$(M_{H})_{Ⅰ}$——一等水准测量的高程中误差（mm）；

$(M_{H})_{Ⅱ}$——二等水准测量的高程中误差（mm）；

M_{H}——地铁地面高程控制测量的中误差（mm）；

L——该等级水准点的距离（km）。

根据地铁建设的实际，取一等水准点间的最大距离为3km，二等水准点间的最大距离为1.5km，将其代入式（2-4）、式（2-5）可得

$$(M_{H})_{Ⅰ} = \pm 4\sqrt{3} = \pm 6.93\text{mm}$$

$$(M_{H})_{Ⅱ} = \pm 8\sqrt{1.5} = \pm 9.8\text{mm}$$

代入式（2-3），得 $M_{H} = \pm 12.0$mm，表明 M_{H} 在规定的地面高程中误差在±16.0mm之内，设计方案可行。

因此，只要地铁一等水准点间的间距不大于3km，二等水准点间的间距不大于1.5km，即能保证地面控制测量误差对地铁隧道横向贯通误差的影响值控制在±16.0mm的要求。

第四节　高程控制网外业观测

高程控制点埋设后应不急于外业观测，一般地区需经过一个雨季的沉降，寒冷地区还应经过冬季冻融季节的变化，待水准点相对稳定后实施。外业观测即原始数据采集过程，为了达到拟定的精度要求，数据采集需按照规范作业。外业观测前的准备工作包括测量技术交底，仪器设备的检查与校正等。由于地铁线路一般穿越城市繁华地段，车流人流量非常大，外业观测中一定注意安全作业。

根据外业观测特点，本节主要介绍水准仪及水准标尺的检查与校正、外业观测方法及技术要求。

一、水准仪及水准标尺的检查与校正

水准仪及水准标尺除须按国家相关法律法规定期进行检定外，在施测前和施测过程中还应对其进行常规检校，其中水准仪 i 角误差、水准标尺垂直度是影响水准测量精度的两个很重要的因素，下面对仪器的 i 角误差和水准标尺垂直度检查校正的方法作一介绍。

1. 仪器 i 角的检查

测定仪器 i 角的一般做法：在一平坦场地上用钢卷尺依次量取一直线 I_1ABI_2 或 AI_1I_2B 或 AI_1BI_2，其中 I_1、I_2 为安置仪器处，A、B 为立标尺处。在线段 I_1ABI_2 上使 $I_1A=BI_2$；在线段 I_1ABI_2 上使 $AI_2=I_1B$；在线段 AI_1I_2B 上使 $AI_1=I_2B$，如图 2-5 所示。

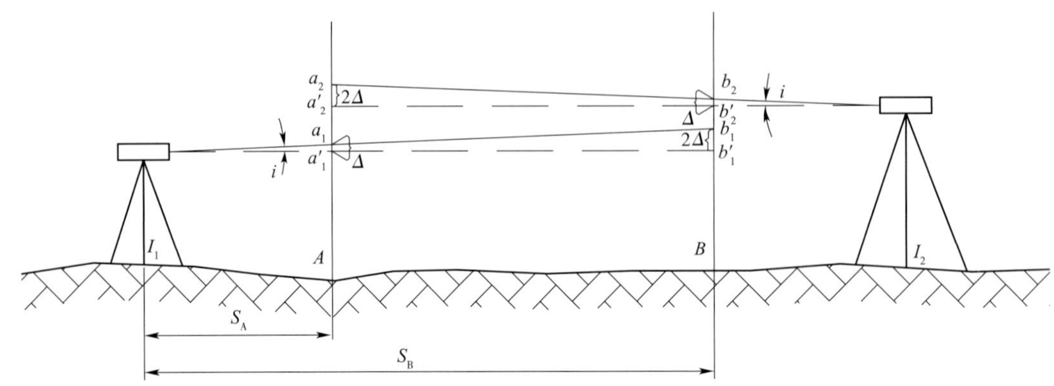

图 2-5　测定仪器 i 角示意图

顾及调焦透镜运行误差对测定 i 角的影响，仪器距近尺点 S_A 取 5 ~ 7m，仪器距远尺点 S_B 取 40 ~ 50m 为宜。按下式计算仪器的 i 角

$$i=\frac{\Delta}{S_B-S_A}\rho-1.61\times10^{-6}(S_B+S_A) \tag{2-6}$$

其中 S_A、S_B 以 mm 为单位，$\rho=206265''$，Δ 的计算公式为

$$\Delta=[(a_2-b_2)-(a_1-b_1)]/2$$

式中：a_2——在 I_2 处观测 A 处标尺的读数平均值(mm)；

b_2——在 I_2 处观测 B 处标尺的读数平均值(mm)；

a_1——在 I_1 处观测 A 处标尺的读数平均值(mm)；

b_1——在 I_1 处观测 B 处标尺的读数平均值(mm)；

S_A——仪器距近标尺的距离(mm)；

S_B——仪器距远标尺的距离(mm)。

地铁一等水准测量仪器 i 角不应大于 15″，二等水准测量仪器 i 角不应大于 20″。水准仪 i 角检查，在作业第一周内应每天 1 次，稳定后可半月 1 次。

2. 水准仪 i 角的校正

水准仪 i 角变化不属于保修范围，更没有必要邮寄千里之外厂家仪器维修中心进行维修，通过正确的方法自己完全可以校正，水准测量人员需把对 i 角的检查作为仪器设备日常检验必备项目。对于自动安平水准仪，应送有关修理部门进行校正；对于气泡式水准仪，按下述方法校正：

在 I_2 处用倾斜螺旋将望远镜视线对准 A 处标尺上应有的正确读数 a'_2，a'_2 按式(2-7)计算

$$a'_2=a_2-\Delta\cdot\frac{S_B}{(S_B-S_A)} \tag{2-7}$$

然后校正水准器改正螺丝使气泡居中,校正后将仪器望远镜对准水准尺读数 b'_2,b'_2应与式(2-8)计算结果一致,以此作检校

$$b'_2 = b_2 - \Delta \cdot \frac{S_B}{(S_B - S_A)} \tag{2-8}$$

校正需反复进行,是 i 角合乎要求为止。

3. 水准标尺的检查与校正

水准标尺的检查主要为水准尺垂直度的检查,即检查水准尺圆水准气泡居中时水准尺是否处于竖直状态。

其检查与校正方法有两种:一种是用一垂球挂在水准尺上,使尺的边缘与垂球线一致,用圆水准器的校正螺钉调整气泡使其居中,这种方法须在室内或能避风之处进行;另一种方法是安置一台经检校合格的水准仪(或经纬仪、全站仪),严格整平后在相距约 50m 处的尺垫上竖立水准尺,检查时观测者指挥持尺员将水准尺的边缘与望远镜中竖丝重合,用圆水准器的校正螺钉调整气泡使其居中,然后将水准尺转动 90°,重新如前操作,这样至少进行两次,此法可在室外进行。

二、水准测量观测方法

(1)观测顺序。往测时,奇数站读数顺序为:后—前—前—后,即观测后尺,读取后视标尺的基本分划;观测前尺,读取前视标尺的基本分划,然后读取前视标尺的辅助分划;观测后尺,读取后视标尺的辅助分划。偶数站读数顺序为:前—后—后—前。返测时,奇数站读数顺序为:前—后—后—前,偶数站读数顺序为:后—前—前—后。

(2)地铁一等水准每一测段的往测和返测,宜分别在上午、下午进行。

(3)观测间歇时,最好在水准点上结束。否则,应在最后一站选择两个稳固可靠、不易被破坏的固定点作为间歇点。继续施测时,应检测间歇点之间间歇前后的高差,若符合表 2-3 中的要求,即可由此起测。否则,可变动仪器高度再检测一次,如仍超限,则应从前一水准点起测。

(4)每一测段测站数应为偶数。

(5)每测段往测和返测应交换标尺。

三、外业观测技术要求

1. 水准测量视线、视距规定

水准测量视线、视距应满足表 2-2 的规定。

水准测量观测的视线长度、视距差、视线高度的要求(m)　　表 2-2

等级	视线长度		前后视距差	前后视距累计差	视线高度	
	仪器等级	视距			视线长度 20m 以上	视线长度 20m 以下
一等	DS1	≤50	≤1.0	≤3.0	≥0.5	≥0.3
二等	DS1	≤60	≤2.0	≤4.0	≥0.4	≥0.3

2. 水准测量测站观测限差规定

水准测量测站观测限差应满足表 2-3 的规定。

水准测量的测站观测限差(mm) 表 2-3

等级	上下丝读数平均值与中丝读数之差	基、辅分划读数之差	基、辅分划所测高差之差	检测间歇点高差之差
一等	3.0	0.4	0.6	1.0
二等	3.0	0.5	0.7	2.0

注:使用数字水准仪观测时,同一测站两次测量高差较差应满足基、辅分划所测高差较差的要求。

3. 成果取值

往返两次观测高差超限时应重测。重测后,一等水准应取两次异向观测的合格成果,二等水准则应将重测成果与原测成果比较,其较差合格时,取其平均值。

4. 水准测量应注意的问题

(1)水准观测应在标尺分划成像清晰且稳定时进行。下列情况不应进行观测:

①日出后与日落前 30min 内。

②太阳中天前后约 2h 内(可根据地区、季节和气象情况,适当增减中午间歇时间)。

③标尺分划线的影像跳动剧烈或气温突变或风力过大而使标尺、仪器不能稳定时。

(2)水准测量所使用的仪器及水准尺除定期到计量部门检定外,作业前,还应进行常规检查与校正,主要是对水准仪 i 角的检查。

(3)水准测量线路应避开施工降水、基坑开挖、盾构推进等施工影响区域。

第五节 内业处理

水准测量外业观测工作结束后,应及时整理和检查外业观测手簿。外业手簿中所有计算应有第二人 100% 检查,确认观测成果全部正确无误、符合相关的限差要求后,编制水准测量外业高差和概略高程表,在此基础上计算观测高差改正数、环线闭合差、偶然中误差、全中误差等。

一、高差改正数

按现行规范,结合地铁工程实践,高程控制网高程概算时,所用观测高差只需加入水准标尺长度改正及正常水准面不平行改正。

水准标尺每米长度误差对高差的影响是系统性的。根据规定,当一对水准尺每米长度的平均误差 f 大于 ±0.02mm 时,要对观测高差进行改正。水准标尺长度改正数依据计量部门提供的检定标尺改正系数 f 计算。测段高差水准标尺长度改正数 δ 按式(2-9)计算。

$$\delta = fh \tag{2-9}$$

式中:f——标尺改正系数(mm/m),f = 名义米长 - 1000;

h——观测高差(m)。

由于往返观测高差的符号相反,所以往返观测高差的改正数也有不同的正负号,往返高差不符值不变。

由于水准面的不平行性,使得两固定点间的高差和两水准面间的垂直距离不一致,在较短的距离内相差不大,而在较长的距离时,相差较大。按水准规范规定,各等级水准测量结果,均需计算正常水准面不平行改正。测段高差正常水准面不平行改正数 ε 按式(2-10)计算。

$$\varepsilon = -0.0000015395\sin 2\varphi_{m} \cdot \Delta\varphi' H_{m} \tag{2-10}$$

式中：φ_{m}——测段 A、B 两点平均纬度($''$)，$\Delta\varphi' = \varphi_{B} - \varphi_{A}$ 是 A、B 两点的纬度差($''$)；

H_{m}——A、B 两点的概略高程均值。

地铁工程线路长度一般为几十千米，相对较短，在线路南北纬差较小、平均高程面较低的情况下，正常水准面不平行改正可不计算。

二、偶然中误差的计算

偶然中误差是评定水准观测精度的一个重要指标。当一条水准路线分段施测时，可按本章式(2-1)计算水准测量每千米的高差中数偶然中误差(M_{Δ})。

三、全中误差计算

高差全中误差反映了观测高差的偶然误差和系统误差。当附合路线和水准环多于 20 个时，可用环线闭合差按本章式(2-2)计算每千米水准测量高差中数全中误差(M_{W})。

四、水准网平差

地铁工程地面高程控制网按照一、二等水准网分别进行平差处理。水准网平差最常用的方法是间接平差和条件平差，它们是利用最小二乘法的原理，观测值权与观测值改正数平方乘积之总和为最小，即[pvv] = 最小的条件下，求出观测值的改正数和平差值，并对观测值、平差值及其函数进行精度评定。

第六节　跨河水准测量

当水准路线跨越江、河、湖、塘且视线长度小于 100m 时，可采用一般水准测量方法进行观测；视线长度大于 100m 时，则应根据视线长度和仪器设备等情况，采用光学测微法，倾斜螺旋法、经纬仪倾角法、测距三角高程法和 GPS 水准测量法等进行跨河水准测量。前 3 种方法是传统的测量方法，技术成熟，但对场地及观测条件要求较高；三角高程法是较新的测距方法，具有场地布设灵活、仪尺无需频繁调岸、作业效率较高的优点；GPS 水准测量法主要优点是受外界气候影响较小，作业时间短，但对测区似大地水准面平缓性等有严格的限制，实际应用中需要传统跨河技术或其他资料验证。

一、跨河水准测量跨越场地的布设

由于跨越障碍物的视线较长，使观测时前后视距不能相等，仪器 i 角误差的影响、大气垂直折光的影响尤为突出，为了更好地消除仪器 i 角的影响和折光的影响，最好用两台相同型号的仪器在两岸同时进行观测，两岸的立尺点 b_{1}、b_{2} 和仪器观测站 I_{1}、I_{2} 应布设成如图 2-6 所示的 3 种形式。

当只用一台仪器观测时，跨河水准测量场地如图 2-7 呈“Z”字形布设，在河的两岸选定立尺点 b_{1}、b_{2} 和测站 I_{1}、I_{2}，I_{1}、I_{2} 同时又是立尺点。

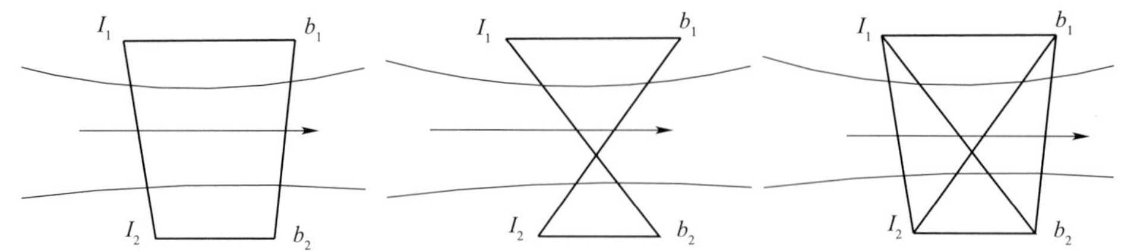

图 2-6　跨河水准观测示意图(两台仪器观测)

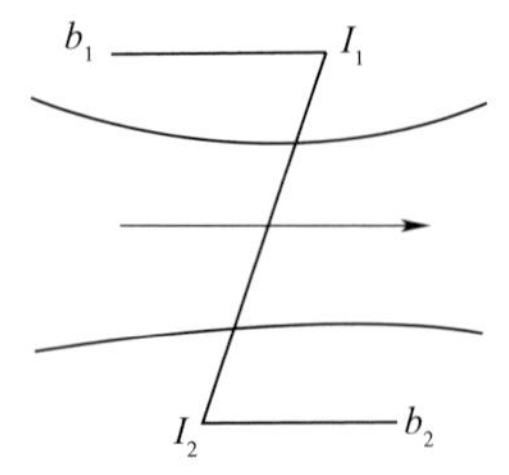

图 2-7　跨河水准观测示意图（一台仪器观测）

选点时应尽量选择在两岸地形相似、高差相差不大而跨越距离较短的地点；草丛、沙滩、芦苇等受日光照射后，上面的空气层温度分布情况变化很快，折光影响复杂，要尽量避免视线通过它们上方；两岸测站至水边的距离应相等，并应大于 2m；立尺点应为带有帽钉的木桩或钢管。

两岸仪器视线离水面的高度宜相等，当跨河视线长度小于 300m 时，视线离水面高度不低于 2m；大于 300m 时，应不低于 $4\sqrt{s}$（s 为跨河视线长度，单位为 km）。

两岸测得的标尺跨河高差，分别为两个测站高差之和。

上半测回：

$$h_{b_1b_2} = h_{b_1I_2} + h_{I_2b_2} \tag{2-11}$$

下半测回：

$$h_{b_2b_1} = h_{b_2I_1} + h_{I_1b_1} \tag{2-12}$$

跨河水准测量的全部观测测回数，应分别在上午和下午观测各占一半，或分别在白天和晚间观测。测回间应间歇 30min，再开始下一测回的观测。

二、光学测微法观测方法

若跨距在 500m 以下，则可用光学测微法进行观测。先要预先制作有加粗标志线的特制觇板。觇板可用铝板制作，涂成黑色或白色，在其上画有一个白色或黑色的矩形标志线，如图 2-8所示。矩形标志线的宽度一般取跨距的 1/25000，长度约为宽度的 5 倍。如跨越距离为 250m，则矩形标志线的宽度为 1cm，长度约为 5cm。

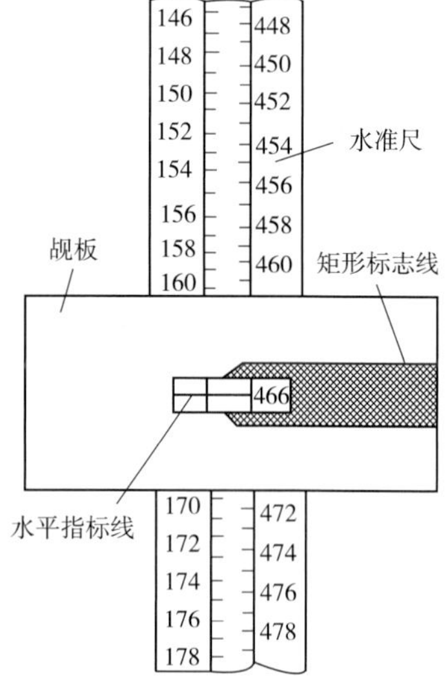

图 2-8　光学测微法特制觇板图

觇板中央开一矩形小窗口，在小窗口中央装有一条马尾丝或细铜丝水平指标线。指标线应恰好平分矩形标志线的宽度。觇板的背面装有夹具，可使觇板沿水准尺尺面上下滑动，并能用螺旋将觇板固定在水准尺上的任一位置。

整平仪器后，先对本岸近水准标尺进行观测，接连照准标尺的基本分划刻度和辅助分划刻度各两次，使用光学测微器读数；然后进行对岸远水准标尺读数，方法是：整平仪器，对准对岸水准标尺，并使符合水准气泡精密符合，再使测微器读数置于分划全程的中央位置，即平行玻璃板居于垂直位置，按约定信号(或使用对讲机)指挥对岸扶尺员将觇板在尺面上下移动,直至觇板上的矩形标志线被望远镜中的楔形丝平分夹住为止,即通知扶尺员使觇板标志中心线精密对准标尺上最邻近的基本分划线固定,并记下标志中心线在标尺上的读数,同时转告记录员;然后转动光学测微器精密照准觇板上的标志线,并读、记测微器格值,这样就可以得到水平视线在对岸水准标尺上的精确读数了。

为了精确测定觇板指标线的平移量,规范规定要测 5 次,各次读数互差,不得超过 $0.01\text{mm} \times s$(s 为跨河视线长度,单位为 m)。

三、光电测距三角高程法

光电测距三角高程法,最大跨距可达 3500m,目前应用较为普遍。

按"跨河水准测量跨越场地的布设"的有关规定,按图 2-6 中的大地四边形布设跨河点。$A(I_1)$、$B(b_1)$ 和 $C(I_2)$、$D(b_2)$ 分别为两岸安置仪器、棱镜的位置,均应埋设固定点。

观测程序:

(1)在 A、C 点设站,同时观测本岸近点棱镜,而后同步观测对岸远点棱镜。

(2)A 点仪器不动,将 C 点仪器迁至 D 点,两岸仪器同步观测对岸远点棱镜。

(3)D 点仪器不动,观测本岸近点棱镜,此时将 A 点仪器迁至 B 点,然后两岸仪器同步观测对岸远点棱镜。

(4)B 点仪器不动,观测本岸近点棱镜,此时将 D 点重新迁至 C 点,两岸仪器同步观测对岸远点棱镜。最后 C 点仪器再次观测本岸近点棱镜,至此两台仪器共完成 4 个单测回。

(5)两岸仪器、棱镜对调,重复①~④,至此两台仪器共完成 4 个双测回。

本岸测站点间高差按同等级水准测量要求进行往返观测,以往返高差中数作为检测和计算测站点仪器高的基准。观测应选择风力小、气温变化小的气象条件下进行。测量时,将气压、温度直接输入仪器进行改正,现场直接记录高差、平距、垂直角、仪器高、棱镜高,其中平距、垂直角、仪器高、棱镜高主要是便于检核。

四、倾斜螺旋法

当跨越障碍的距离在 500~1500m 时,光学测微器的照准和读数精度就会受到限制,在这种情况下,目前所采用的是倾斜螺旋法。

倾斜螺旋法就是用水准仪的倾斜螺旋使视线倾斜地照准对岸水准标尺上特制觇板的标志线,觇板一般有 4 条标志线或 2 条标志线,如图 2-9 所示,利用视线的倾角和标志线之间的已知距离来间接求出水平视线在对岸水准标尺上的精确读数。视线的倾角可用倾斜螺旋分划鼓的转动数(如 N_3 精密水准仪)或用水准器气泡偏离中央位置的格数(如 N_{i004} 精密水准仪)来确定。

五、经纬仪倾角法

经纬仪倾角法,最大跨距可达 3500m。它的基本原理是用经纬仪观测垂直角,间接求出视线水平时中丝在远、近水准标尺上的读数,两者之差就是远、近立尺点间的高差。

经纬仪倾角法对经纬仪的指标差要求严格,应选用指标差较为稳定的经纬仪,在观测前应对仪器进行垂直度盘的光学测微器行差、指标差的检验与校正。

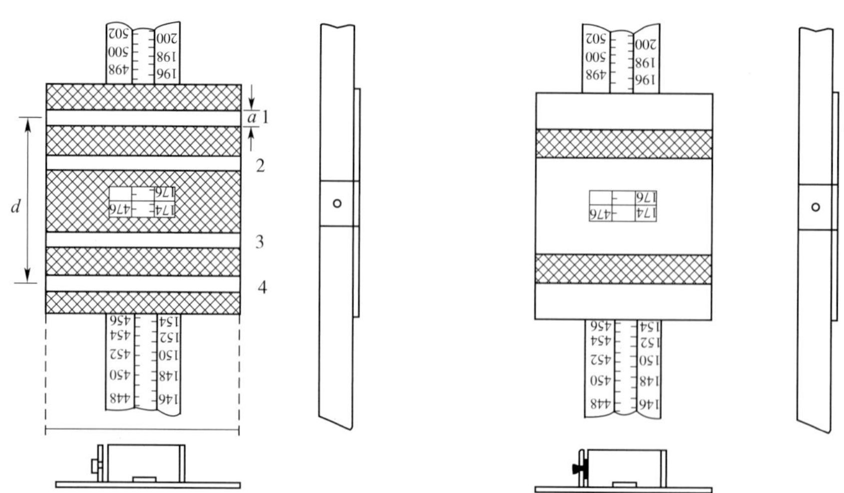

图 2-9　倾斜螺旋法特制觇板图

六、GPS 水准测量法

通过 GPS 观测和两岸水准联测，采用 GPS 水准拟合方法，建立跨河线附近的高程异常拟合模型，求出两岸跨河点之间的高差异常差，再结合他们之间的 GPS 大地高差，计算跨河点之间的正常高高差。

第七节　高程控制网复测

为确保地面高程控制网的连续、稳定、可靠及现势性，必须对地面高程控制网进行定期复测，同时应视点位稳定情况适当调整复测周期。地面高程控制网的复测是地面三网复测内容之一。

一、复测周期

地铁施工期间必须对高程控制原网进行复测，复测工作分为定期全面复测和不定期局部复测。

(1)全面复测：有计划地对原高程控制网全部点位进行定期复测。在整个地铁工程实施阶段一般进行 3 次定期全面复测。

①首次复测安排在土建施工开始前完成。一是由于原网实施后至开工可能间隔一段时间，或由于雨季、冻融等自然现象影响，原网高程点可能有沉降；二是通过复测对原网的成果重新进行确认，是进一步确保开工测量基础资料的准确无误的重要手段。

②第 2 次全面复测安排在土建工程进展过半后实施。根据整条线路总体工程进度实施。

③第 3 次全面复测安排在铺轨前完成。铺轨前对高程控制网进行一次全面复测，主要考虑到工后沉降因素、铺轨作业精度高的特点，以便确认由各车站(或竖井)处重新进行高程联系测量时起算数据的准确。

(2)局部复测：通常情况下是不定期的，根据施工需要进行。

通常情况下发生以下情形需要立即安排进行局部复测：

①控制点附近有影响点位稳定的因素产生,如地基降水、桩基施工、土方开挖、工程爆破等。

②控制点破坏需重新恢复或埋设。

③其他对控制点可靠性产生怀疑的情形。

每个城市地铁建设单位对高程控制网的复测周期要求不一。有的城市原网布设桩位埋设质量差,作业时间仓促,后续的复测周期达到每季度一次,大大增加了测量人员的工作量,成果数据又调整频繁;有的城市原网规划设计合理,点位布设质量高,每年只需复测一次,成果稳定,使用方便。因此,对控制网的复测周期应根据点位稳定情况进行调整,原则上每年需复测一次,同时应做好原网的质量控制工作。

二、复测作业要求

高程控制网复测精度不应低于原网精度,复测精度参照原网技术要求及观测要求实施。高程控制网复测作业流程如图2-10所示。

图2-10　高程控制网复测流程图

复测网作业时要求:

(1)作业前进行现场勘查,检查标石的完好性,对破损较严重的标石按原控制点标准恢复。

(2)应合理组织,短时间内连续完成。作业前和过程中应加强仪器设备的常规检查;观测应坚持固定仪器、固定观测人员及固定路线的"三固定"原则。

(3)地铁一、二等水准网的复测可以合并进行,采用城市一等水准作业要求实施。

(4)复测成果报告中,须对控制网现状进行评价并明确控制点的最终取值。

(5)复测工作的作业时间安排宜根据城市气候特点合理安排,尽量避开雨季、冻融、大风等季节因素影响。

(6)局部复测工作,可以联测至标段两端稳定的起算点上,提供中间成果供施工使用。

三、复测成果限差取值

《城市轨道交通工程测量规范》(GB 50308—2008)规定地面高程控制网一等水准测量全中误差 ±2mm,二等水准测量全中误差 ±4mm,两期高程较差不应大于$\sqrt{2}$倍高程中误差,可计算出:

复测高程互差:一等水准网不应大于 $\pm 2\sqrt{2} = \pm 2.8$mm,二等水准网不应大于 $\pm 4\sqrt{2} = \pm 5.6$mm。

考虑到地铁工程对高程的精度要求,参考规范并结合实践经验,在确认复测成果正确的情况下,高程复测后一般按以下原则对地面高程控制点进行取值使用:

(1)复测值与原测值高程互差绝对值 <3mm 时,取原测高程值使用。

(2)3mm≤复测值与原测值高程互差绝对值≤6mm 时,取原测值和复测值的平均值使用。

(3)复测值与原测值高程互差绝对值 >6mm 时,取复测值使用。

四、复测提交资料

(1)技术设计书;

(2)高程控制网图及水准点之记;

(3)外业观测手簿;

(4)高程成果表和精度评定成果表;

(5)原测和复测成果比较表;

(6)技术总结报告;

(7)仪器及标尺的检定资料及质量检查验收报告。

第八节　地铁工程高程控制测量实例

一、××市地铁高程控制网整体规划高程控制测量

1. 工程概况

根据《××市地铁线网规划》,到 2010 年××市开通地铁 1 号线至 7 号线,合计 181.9km。为满足该市地铁快速发展要求,建设单位委托完成 2010 年建设线路城市二等水准控制测量工程(即地铁一等水准网),以下简称水准网。2010 年地铁线网规划范围基本上覆盖整个市区,相应的高程控制的水准网测量也覆盖市区。

2. 已有资料利用情况

由于地铁必须建立统一的高精度高程控制系统,且与地铁 1 号线、2 号线、3 号线及延伸线相衔接。因此,本工程高程控制网的高程系统采用与地铁 1 号线、2 号线、3 号线及延伸线一样的高程系统:城市高程系统。

经查阅资料和沿线实地踏勘,该市二等水准点基 1(基岩)~Ⅱ696 共 16 点保存完好,经过测段检测,检测成果与原资料的互差均在规范限差范围内,检测成果表明这些点稳定、可靠,可作为本工程的起算数据。

3. 执行技术标准和技术要求

(1)《城市轨道交通工程测量规范》(GB 50308—2008);

(2)《工程测量规范》(GB 50026—2007);

(3)《城市测量规范》(CJJ/T 8—2011);

(4)《国家一、二等水准测量规范》(GB/T 12897—2006);

(5)《新建铁路工程测量技术规范》(TB 10101—2009);

(6)《××地铁施工测量管理细则》;

(7)《××地铁控制测量检测及施工测量检测工程总体技术要求》;

(8)地铁一期工程相关设计文件;

(9)国家其他测量规范、强制性标准等。

4. 水准网的布设

该市地铁工程2010年建设线路覆盖面大,本工程水准网顾及了地铁的远期规划,如南部的环线地铁、北部的延伸线、东部的开发区,留有了拓展延伸的余地。本工程水准网由16个城市二等水准点、已有的21个地铁水准点(1号线、2号线、3号线、延伸线)和120个新埋的水准点构成,每条地铁线路基本是一条水准线路的走向。

根据二等水准网应布设成闭合环线的原则,新设的水准路线的起、终点均与市二等高程基准网的水准点连接,本工程水准网共166个水准点,组成8个水准闭合环,过河水准点23个。

5. 选点与埋石

(1)选点

水准点选择在地基坚实稳定并利于长期保存与观测的地方,例如选在路线附近的机关、学校、公园内等,满足地铁竖井及站口位置、拆迁改建范围、地铁远期规划建设用地之外等要求。

(2)埋石

根据《城市轨道交通工程测量规范》(GB 50308—2008)要求,每个车站均埋设2个基岩水准点,共埋设120个水准点。

基岩点的埋设:采用钻孔的方式,打钻孔到岩层并进入岩层0.5m,钻孔直径不小于108mm,放入直径与钻孔相同的金属套管直至岩层,将铜制标志焊在金属套管的盖上,埋设时将此盖套在金属管上,并现场浇灌混凝土,地面敷设水泥护圈和金属护盖。

墙上水准点的埋设:使用冲击钻在永久性建筑物的柱子上钻孔,安装膨胀螺栓并将不锈钢标志固定在膨胀螺栓上。

6. 使用仪器及检验

(1)使用的仪器

全线二等水准控制网复测使用仪器为××(型号)电子水准仪(标称精度:0.3mm/km)和××(型号)光学水准仪(标称精度:0.4mm/km)及其配套的铟瓦钢尺。在本次作业开始之前,首先保证仪器在检定有效期之内。在观测过程中,定期对仪器进行作业前常规检查,并进行记录,各项指标满足相关要求后,方投入观测工作使用。

(2)仪器检验

按ISO9001质量管理体系要求,所使用的仪器除必须提供国家认可仪器检定部门出具的检定证书等标识外,还按以下要求进行:

①水准仪和水准标尺符合测量等级的要求,并按规范规定进行各项检验;水准仪与水准尺在观测前、观测中、观测后按规定要求作全面检验。

②作业开始后的一周内每天检校水准仪的 i 角两次(上、下午各检校一次),若 i 角较为稳定时,以后可每隔 15 天检校一次,水准仪的 i 角不得大于 15″。

③在观测期间注意对水准仪与水准尺的保护,若对仪器某一部件的质量有怀疑时,随时进行相应项目的检验。

④其他未阐述的检验项目、方法和要求参照《国家一、二等水准测量规范》(GB/T 12897—2006)第 6 章的有关规定执行。

7. 水准观测

(1)观测线路

水准观测路线基本沿坡度较小、铺装材料为混凝土的公路、大路进行,避开土质松软的地段,避开行人、车辆来往繁多的街道等。土质松软的地段,采用打钢钎代替尺垫进行施测;行人、车辆来往繁多的街道等地段,选取行人、车辆较少的时间段进行施测,保证了观测精度。

(2)观测方式

采用单路线往返观测,一条路线的往返测必须使用同一类型的仪器和转点尺垫,沿同一路线进行。在每一区段内,先连续进行所有测段的往测(或返测),随后再连续进行该区段的返测(或往测)。同一测段的往测或返测分别在上午与下午进行。

(3)观测方法

每个测站观测顺序按表 2-4 要求进行。

每个测站观测顺序 表 2-4

往测时	奇数站:后—前—前—后 偶数站:前—后—后—前	返测时	奇数站:前—后—后—前 偶数站:后—前—前—后

8. 技术要求

观测的视线长度、前后视距差、视线高度以及测站观测限差,均按表 2-5 规定执行。

视线长度、前后视距差、视线高度的规定 表 2-5

等级	视距长度(m)		前后视距差(m)	前后视距累积差(m)	视线高度	
	仪器类型	视距(m)			视线长度在20m以上(m)	视线长度在20m以下(m)
二等	DS_1	≤60	≤1.0	≤3.0	≥0.5	≥0.3

测站观测限差、往返测高差不符值、路线、闭合差、每公里水准测量的全中误差限差等各项限差应满足表 2-6 的规定。

各项限差的规定 表 2-6

基、辅分划读数之差(mm)	基、辅分划(黑红面)所测高差之差(mm)	检测间歇点高差之差(mm)	每公里高差中数中误差(mm)		测段(路线)往返测高不符值(mm)	附合或环形路线不符值(mm)
			偶然中误差	全中误差		
0.4	0.6	1.0	±1.0	±2.0	$\pm 4\sqrt{k}$	$\pm 4\sqrt{L}$

注:k 为测段长度,L 为附合路线或环线长度,均以公里计。

9. 外业计算及精度统计

按各项限差要求对外业观测记录手薄认真细致检查后，根据观测成果编制外业高差与概略高程表，进行正常水准面不平行的改正、计算每千米水准测量偶然中误差、计算环形闭合差，并进行外业观测精度评定。

（1）正常水准面不平行的改正

水准测量所经路线不同，测得的高差结果也不相同，从而引起地面点高程的多值性。为把观测高程化为唯一的高程，就必须在观测高差中加入水准面不平行的改正。每个测段均按下式进行了正常水准面不平行的改正

$$\varepsilon = -AH\Delta\phi \tag{2-13}$$

式中：A——常系数，$A = 1537.1 \times 10^{-9}\sin\varphi$；

H——测段始、末点近似高程的平均值；

$\Delta\phi$——测段始、末点纬度差。

（2）环线闭合差

本水准网共166个水准点，组成8个闭合环。将各测段高差加入正常水准面不平行的改正数，再计算各环线闭合差。各环线闭合差见表2-7。

各环线闭合差统计表　　表2-7

序号	闭合环路线	闭合环长度（km）	闭合差（mm）	允许值（mm）
1	Ⅱ地6-7—Ⅱ地5-23—Ⅱ地7-15—Ⅱ地7-7—Ⅱ地6-7	78.888	4.3	35.5
2	Ⅱ地2-1—Ⅱ2-54—Ⅱ地2-7—Ⅱ地6-4—Ⅱ地2-1	37.258	-4.2	24.4
3	Ⅱ575—Ⅲ1501—Ⅱ地4-15—Ⅱ575	57.125	5.1	30.2
4	Ⅱ535—Ⅱ地2-54—Ⅱ地2-1—Ⅱ537	34.956	6.5	23.6
5	Ⅱ地2-7—Ⅱ地5-23—Ⅱ地6-7—Ⅱ地5-7—Ⅱ地2-7	35.022	5.6	23.7
6	Ⅱ607—Ⅱ575—Ⅱ地5-31—Ⅱ地7-15—Ⅱ607	63.199	11.2	31.8
7	黄花岗—Ⅱ地4-15—Ⅲ1501—Ⅱ地5-23—黄花岗	41.253	-8.9	25.7
8	Ⅱ587—Ⅱ地7-7—Ⅱ地6-7—Ⅱ地5-4—Ⅱ587	58.123	-5.2	30.5

（3）水准测量的精度评定

水准测量作业结束后，利用每条水准路线测段往返测高差不符值计算每千米水准测量高差中数的偶然中误差。

水准网共有180个测段，28个闭合环计算出整网的 M_Δ 为 ±0.58mm，M_W 为 ±1.02mm。根据《国家一、二等水准测量规范》（GB/T 12897—2006），M_Δ 和 M_W 小于限差要求，可见水准观测精度较高。

10. 水准网平差及平差方案

该市地处河网地带，有不少冲积平原，原有的市二等水准点多采用普通标石埋设，经过多年来的地壳变化或受水准点附近施工工地的影响或多或少发生沉降。鉴于此因素，本高程控

制网采用经检测且符合检测要求的16个市二等水准点作为本工程的起算点进行平差计算。平差后得出每千米高差中误差1.5mm;高程中误差最大值2.3mm,最小值0.7mm,平均值1.5mm。

平差后将地铁1号线、2号线、3号线及延伸线已有水准点原有高程与新高程比较,比较结果见表2-8。

地铁1号线、2号线、3号线及××线已有水准点原有高程与新高程比较 表2-8

点　号	标石类型	较差(mm)	点　号	标石类型	较差(mm)
Ⅱ延伸-40	基岩	-2.5	Ⅱ地3-1	基岩	-2.5
Ⅱ延伸-49	基岩	1.1	Ⅱ地3-35	普通	-2.7
Ⅱ延伸-50	基岩	2.2	Ⅱ695	普通	-29.9
Ⅱ地2-1	普通	0.5	Ⅲ1404	普通	-20.5
Ⅱ地2-2	基岩	-1.2	Ⅲ1501	普通	2.2
Ⅱ地2-3	普通	-1.3	Ⅲ1648	普通	-32.8
Ⅱ地2-4	普通	-4.5	谷Ⅲ6	普通	-5.5
Ⅱ地2-7	基岩	-2.1	Ⅱ地3-6	普通	-17.3
Ⅱ地2-12	基岩	-4.2	Ⅱ地3-7	普通	-18.6
Ⅱ地2-31	普通	-23.1	Ⅱ地3-8	基岩	-4.3
Ⅱ地2-38	普通	-2.7	Ⅱ地3-15	普通	-2.5
Ⅱ地2-40	基岩	2.2	Ⅱ地3-16	普通	-3.8
Ⅱ地2-41	基岩	3.3	Ⅱ地3-28	基岩	3.2
Ⅱ地2-45	基岩	3.0	Ⅱ地3-29	普通	-2.3
Ⅱ地2-47	基岩	2.3			

从表2-8中看出,Ⅲ1404、Ⅲ1648、谷Ⅲ6、Ⅱ695、Ⅱ地3-6、Ⅱ地3-7、Ⅱ地2-31原高程与新测高程较差较大,这些点中包括原有地铁水准点。

为使地铁高程控制网统一,根据水准网形及原有水准点的分布情况,将符合两期水准点高程较差要求的原地铁水准点中的13个基岩水准点加上该市二等水准点(16个)作为起算点,重新对水准网进行平差。平差后得出每千米高差中误差1.10mm,高程中误差最大值2.5mm,最小值0.5mm,平均值1.5mm,成果精度满足《国家一、二等水准测量规范》(GB/T 12897—2006)和《城市轨道交通工程测量规范》(GB 50305—2008)要求,并以此作为××市地铁工程2010年建设线路二等水准网的最终成果。

二、××市地铁工程高程控制网复测

1.工程概况

为了检查高程控制点的稳定可靠程度,受甲方委托于××年××月××日~××月××日对地铁1号线一期工程二等水准控制网进行了第3次复测,此次二等水准控制网复测的范围涵盖了整个地铁1号线一期工程控制测量及施工测量检测工程项目。

测区地势较平坦，坡度不大，平均海拔在6m左右。地质情况较为复杂，山区以砂岩、灰岩为主体，岩层裸露；平原地区为第四纪地层，较为复杂多变，土层软硬交替，厚薄变化较大，覆盖层一般在10～80m。测区属亚热带季风气候，气温适中，日照充足，雨量充沛，6～7月份为梅雨季节，雨量较为集中。1月份平均气温最低，基本没有冻土层。

测区除城郊部分地区农田较多、有部分农居村落外，其余大部分地区人口稠密，经济发达，交通便利。车辆川流不息，行人熙熙攘攘，给水准施测带来很大的不便。施测所经道路以沥青和水泥路面为主，砂石路面占10%左右。

2. 执行技术标准和技术要求

(1)《城市轨道交通工程测量规范》(GB 50308—2008)；

(2)《工程测量规范》(GB 50026—2007)；

(3)《城市测量规范》(CJJ/T 8—2011)；

(4)《国家一、二等水准测量规范》(GB/T 12897—2006)；

(5)《新建铁路工程测量技术规范》(TB 10101—2009)；

(6)《地铁施工测量管理细则》；

(7)《地铁控制测量检测及施工测量检测工程总体技术要求》；

(8)地铁一期工程相关设计文件；

(9)国家其他测量规范、强制性标准等。

3. 原二等水准控制网概况

地铁一期工程二等水准控制网由该市测绘院于××年××月测设完成。××年××～××月对该二等水准控制网进行了第1次复测。由于两次测量时间间隔较短及地铁工程没有开建，复测情况显示大部分点位变动较少。××年××～××月对该控制网进行了第2次复测。现阶段对该网进行第3次复测。

经现场踏勘，由于沿线城市市政拆迁建设等原因，部分点位遭到破坏，还有些点位发生较大沉降。破坏点位有DT75等29个点位，由于地铁沿线点位破坏较多，结合目前工程使用情况，在复测过程中沿着原水准线路新增加了DT75-1等15个点位。

4. 地铁高程系统与起算数据

地铁二等水准高程控制网采用××年市规划局建立的二等水准网成果为高程起算依据。通过平差方案比选，此次复测路线由南向北依次选定DT77、DT67、DT151、DT137、DT143、DT63、DT27、DT01、Ⅱ城404作为附合水准路线整体平差的起算点，这样整体平差的结果与原网保持了较好的附合性。

高程控制网系统为1985国家高程基准。

5. 数据处理

(1)超限处理

测站观测时误差超限，在本站发现后可立即重测，若迁站后才检查发现，则从水准点或间歇点(须经检测符合限差)起始，重新观测。

测段往返测高差不符值超限应先就可靠程度较小的往测或返测进行整测段重测，并按下列原则取舍：

①若重测的结果与同方向原测结果的不符值超过往返测高差不符值的限差，但不超出与另一单程高差的不符值限差，则取其重测结果。

②若同方向两高差不符值未超限，且其中数与反向原测结果不符值又未超限，则取中数作为该单程的高差结果。

③若该单程重测后仍超限，则重测另一单程。

④若超限测段经过两次或多次重测后，出现同向观测结果靠近而异向观测结果间不符值超限的分群现象时，如果同方向高差不符值小于限差之半，则取原测的往返高差中数作为往测结果，取重测的往返高差中数作为返测结果。

⑤若每公里水准测量的偶然中误差 M_Δ、区段往返测高差不符值，附合路线或环线闭合差超限时，认真分析，先就路线上可靠性较小的一些测段进行重测。

⑥本次全线二等水准控制网复测，除每站当时检核外，每个测段完成后及时进行往返高差不符值检核。

(2)每公里水准测量高差中数偶然中误差的计算

本次地铁1号线一期工程二等水准控制网复测共完成4条水准路线，复测水准路线长度约110km。经计算，每公里高差偶然中误差 M_Δ 符合规范不大于 ±1mm 的要求，每公里高差全中误差 M_W 符合规范不大于 ±2mm 的要求。

(3)平差计算

地铁二等水准控制网复测平差计算采用××严密平差软件进行平差计算，部分复测结果与原测结果比较结果详见表2-9，部分平差结果报表详见表2-10。

复测高程与原测高程成果比较 表2-9

序号	点号	本次复测高程 H(m)	采用高程 H(m)	差值 d_h(mm)	备注
1	DT67	6.2112	6.2112	0.0	起算点
2	DT71	6.7933	6.8061	-12.8	
3	DT73	5.9002	5.9024	-2.2	
4	DT76	5.2181	5.2443	-26.2	
5	DT77	6.1081	6.1081	0.0	起算点
6	DT145	6.9509	6.9489	2.0	
7	DT144	7.2452	7.2469	-1.7	
8	DT143	7.7134	7.7134	0.0	起算点
9	DT139	8.5479	8.5518	-3.9	
10	DT138	8.2225	8.2207	1.8	
11	DT137	8.0366	8.0366	0.0	起算点

对复测高程与原测高程较差较大的水准点重新进行水准测量检查，检查结果显示现场测量结果无误。

6.二等水准控制网复测结论与建议

根据以往的经验，建议高程采用原则：高程较差小于3mm(含3mm)的高程点仍采用原测高程；高程较差在3~5mm(含5mm)的高程点取原测高程与复测高程的均值使用；高程较差大于5mm的高程点采用复测高程值使用。

高差观测值平差成果　表 2-10

起　点	终　点	观测高差	改 正 数	平 差 值	精　度	距　离
N_1	N_2	d_h(m)	V_h(mm)	D_H(m)	M_h(mm)	S(km)
Ⅱ109	DT151	-1.6197	-1.85	-1.6215	3	0.89
DT151	DT152-2	0.3762	-0.01	0.3762	0.75	0.047
DT152-2	DT150	0.3096	-0.05	0.3095	1.64	0.233
DT150	DT148	0.2178	-0.18	0.2176	2.84	0.77
DT148	DT147	-0.5717	-0.23	-0.5719	3.16	0.995
DT147	DT146	-0.556	-0.21	-0.5562	3.03	0.9

通过本次复测发现该市二等水准网高程点由于其为一般水准标石自身稳定性较差，在地铁 1 号线一期工程二等水准控制网中也仅在水准线路两端进行了联测，通过平差计算会引起地铁水准点的整体性位移，不宜作为地铁水准控制网起算点，建议在地铁沿线埋设稳定的深埋基岩水准标石作为地铁水准控制网的起算点，以保障地铁水准控制网的整体协调与稳定。

第三章

设计图复核

在工程建设过程中,因没有认真复核设计图造成质量事故时有发生。为规避以上事故,在进行施工前,各参建单位接到设计图后应对其进行仔细认真地复核,以保证指导施工的设计图准确无误。从施工测量方面来讲,技术人员须对本标段内的设计线路图、车站结构图、区间隧道横断面图的结构尺寸等进行复核,并复核各相邻施工标段衔接部位的平纵关系,以确保车站验线、断面检测、车站装修控制测量等成果准确,保证地铁工程正确施工。

第一节 设计图复核目的和意义

地铁工程的设计工作涉及范围广泛、内容复杂,总体线路一般由总体院统一提供线路平纵线路图,而工点设计工作往往划分为若干个设计标段,由多家设计单位共同完成。为确保各标段内及与相邻标段衔接处设计图上坐标、高程、尺寸标注准确无误,各参建单位接到设计图后,应首先对设计图进行复核。

在施工过程中,因设计图问题,有的造成了一定的经济损失,有的付出了巨额代价。如某地铁车站围护桩浇筑时发现与相邻构筑物位置关系错误,原因是设计变更后图上坐标没有及时修改;某地铁区间在进行铺轨前断面检测时发现局部顶板侵限 300 ~ 400mm,原因是施工阶段没有仔细核对图纸考虑竖曲线因素;某地铁盾构区间曲线段在铺轨前断面测量时发现侵限约 500mm,究其原因是该段设计图提供的线路中线与隧道中线偏移量把 0.05m 错写成 0.5m。发生这样的事故不但造成工期延误,而且给工程造成巨大损失。因此,施工前对设计图的复核尤为重要。

第二节 设计线路图的复核

设计线路图包括设计线路平面图和设计线路纵断面图。设计线路平面图一般主要复核设计图的车站或区间的起终点、百米标、断链、联络通道、道岔、五大控制桩等主要点位的里程、坐标及曲线要素。设计线路纵断面图主要复核车站或区间的起终点、百米标、断链、变坡点的里程和轨顶标高等数据。

设计线路图复核工作不宜采用单种方法,应该采用多种方法完成,以增强复核工作的可靠性。如人工计算或查表、计算机程序计算、线路软件计算、绘图软件直接量测等方法,复核工作完成后应做好存档记录。

一、设计线路平面图复核

地铁设计线路由直线、圆曲线及其之间的缓和曲线连接而成。设计线路直线部分的计算较为简单，本文不进行说明，曲线部分相关内容如下。

1. 缓和曲线的概念及计算

(1)缓和曲线的概念

列车由直线运行到曲线上将产生离心力，如果离心力超过一定的限度，会有列车倾覆的危险。为了抵消一部分离心力，一般把曲线外轨抬高一定量（称为超高）。但抬高外轨必须逐渐进行，这就需要一段距离使高度线性递增。另外，列车由直线（半径∞）运行到曲线（半径 R）需要一个过渡，也就是半径的变更率要逐渐变化，使列车运行平顺，逐渐改变列车方向。在曲线上使轮对不至于楔入轨道间，减小行车阻力及钢轨和车轮的磨耗，内轨就需要加宽，并且需要一段逐渐加宽的距离。

根据《地铁设计规范》（GB 50157—2003）要求直线与圆曲线间应以缓和曲线连接，它的起点半径为∞，终点半径等于圆曲线的半径 R。在缓和曲线上任一点的半径 R 应与该点至起点的距离 L 成反比。缓和曲线越长，直线转到曲线越平顺。缓和曲线的长度应根据曲线半径和行车速度按《地铁设计规范》（GB 50157—2003）选用，在此不再叙述。

(2)缓和曲线线形

地铁缓和曲线线形采用我国铁路常用的三次抛物线形，以便测量、养护维修和缩短曲线长度。其近似直角坐标方程式为

$$Y=\frac{X^3}{6C}\left(1+\frac{3X^4}{40C^2}+\cdots\right) \tag{3-1}$$

其中 $C=Rl$，即圆曲线半径与缓和曲线长度的乘积。实际应用中通常取第一项已可满足精度要求。

(3)缓和曲线常数

如图 3-1 所示，缓和曲线各常数计算公式如下

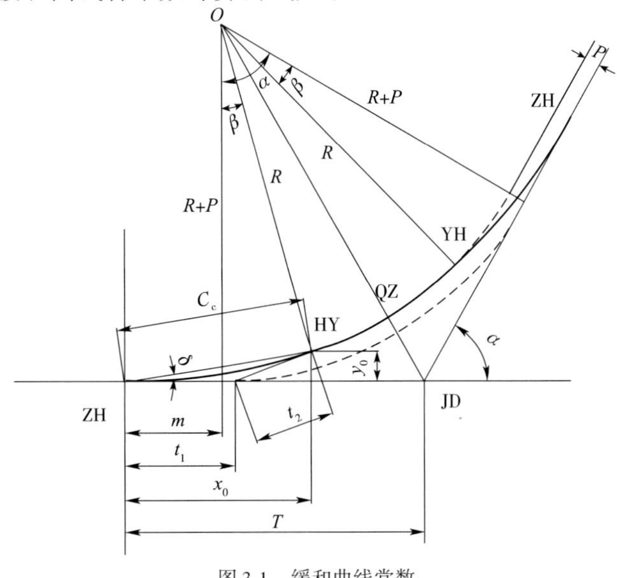

图 3-1 缓和曲线常数

$$\left.\begin{aligned}
\beta &= \frac{90l}{\pi R} \\
\delta &= \frac{\beta}{3} \\
m &= \frac{l}{2} - \frac{l^3}{240R^2} \\
P &= \frac{l^2}{24R} - \frac{l^4}{2688R^3} \\
x_0 &= l - \frac{l^3}{40R^2} + \frac{l^5}{3456R^4} \\
y_0 &= \frac{l^2}{6R} - \frac{l^4}{336R^3} \\
t_1 &= \frac{2l}{3} + \frac{l^3}{114.5R^2} + \frac{l^5}{4786.2R^4} \\
t_2 &= \frac{56R^2 l - l^3}{7(24R^2 - l^2)} \\
C_c &= l - \frac{l^3}{90R^2} + \frac{l^5}{3888R^4}
\end{aligned}\right\} \tag{3-2}$$

式中：l——缓和曲线长度；

m——切垂距；

R——圆曲线半径；

P——缓和曲线内移量；

β——缓和曲线角度；

δ——缓和曲线偏角；

C_c——缓和曲线弦长。

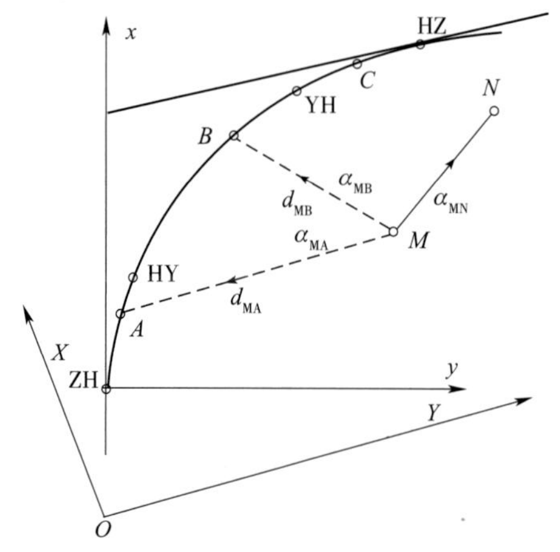

图 3-2　既有坐标系 O-XY 与曲线坐标系 ZH-XY 示意图

2. 既有坐标系下曲线点坐标计算

曲线坐标计算，最重要为五大控制桩的计算，分别为直缓点 ZH、缓圆点 HY、曲中点 QZ、圆缓点 YH、缓直点 HZ。计算五大桩在既有坐标系 O-XY 中的坐标，可通过极坐标法先计算出点在 ZH-XY 坐标系下的坐标，再根据 ZH-XY 坐标系与既有 O-XY 坐标系(图 3-2)之间的相对关系，应用坐标平移及旋转公式将坐标转换至既有坐标系 O-XY，相关的计算方法在各类参考书中均有详细的公式，不再赘述。

3. 设计线路里程计算

地铁线路里程以公里标表示，如 K8 +732.548 表示 8km +732.548m 处。地铁里程应以右线为基准采用连续里程，双线并行地段左线采用右线的投影里程，双线不并行地段左、右线分别采用各自里程，并在其两端并行地段衔接的右线整百米标处注明两线里程关系及左线断链。

里程精度要求：铁路通常在可研阶段为米，初步设计为厘米，设施阶段可为厘米或毫米；地铁设计无明确规定，现采用电脑软件，一般均为毫米。

(1)曲线控制桩里程计算

如曲线起点 ZH 里程已定，设为 M，则曲线各控制桩里程为

曲线终点：$HZ = M + L$

曲线中点：$QZ = M + L/2$

缓圆点：$HY = M + l$

圆缓点：$HY = M + L - l$

其中 L 为按式(3-3)算出的曲线长度，l 为设计缓和曲线长度。

(2)曲线里程标示

线路里程通常按不同设计阶段区分标示，即在整公里 K 前加不同字头：如可研阶段为 AK，初测及初步设计阶段为 CK，定测及施工设计为 DK。

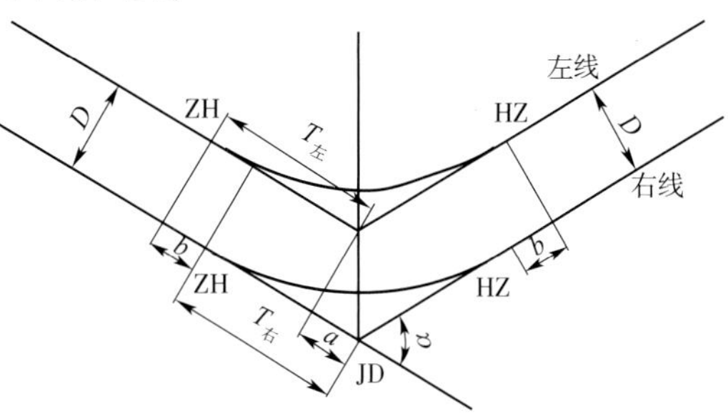

图 3-3　左右线投影里程关系

(3)左线里程与断链

①左线里程计算。地铁线路里程以右线为基准，区间并行地段左线里程取右线的投影里程，如图 3-3 所示。

左线 ZH 点按右线投影的里程 = 右线 ZH 点里程 − b

左线 HZ 点按右线投影的里程 = 右线 HZ 点里程 + b

$$b = T_{左} + a - T_{右} = (T_{左} - T_{右}) + D\tan\frac{\alpha}{2} \tag{3-3}$$

式中：a、b——分别为左线交点及 ZH(HZ)点的错动量。

当曲线为右偏时，同理可计算处左线曲线起、终点里程，只是 b 值正负号相反。

②左线曲线断链计算。左线 HZ 点按左线曲线长度计算得出的实际里程与其投影里程产生的差值，即左线曲线设计实际长度 L_S 与投影长度 L_T 不等长的差值 $\Delta L = L_S - L_T$ 称曲线内业断链。左线曲线终点的投影里程，与按曲线实际长度计算出的终点里程的差值等于长短链 ΔL。

③断链设置位置。为设计及施工方便，左右平行直线地段，同一断面上的里程宜一致。通常在每一处左右线长度不等的地段设置左线断链，尤其在左右线处于同一隧道结构内时更宜如此。但在曲线多、夹直线地段或左右线隧道结构分开时宜合并设置断链。此类断链和由于线位设计变更或外业测量产生的断链称实际断链。

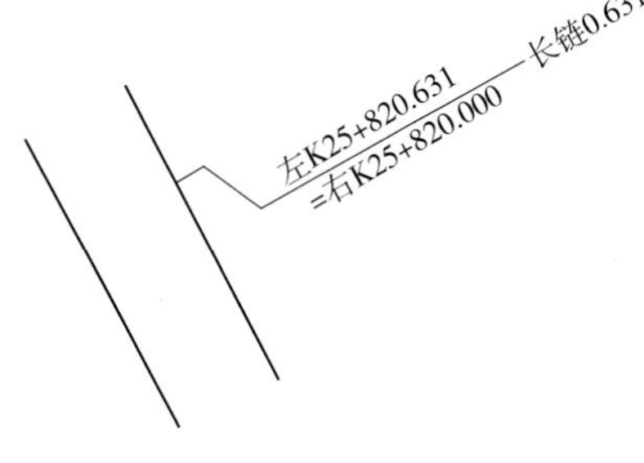

图 3-4　断链标示图

④断链标示。在平面图上断链标示一般在左线曲线一侧，并标示出左线实际里程，右线投影里程和断链数值，如图 3-4所示。

4. 曲线地段线间距加宽及隧道中心偏移量

列车在曲线上运行，因为车体为刚体，结构不能随线路曲度而弯曲，车体纵向中心线与线路中心线不相吻合，使车体两端向线路外侧偏移，车体中部向线路内侧偏移；同时由于曲线外轨超高使车体倾斜也产生向曲线内侧偏移（图 3-5、图 3-6）。为满足车辆、设备、建筑限界需要，并保障列车会车安全要求，双线并行区间曲线地段线间距应在其两端的直线地段最小间距基数上予以加宽。其加宽量根据车辆选型、曲线半径、外轨超高等计算确定。

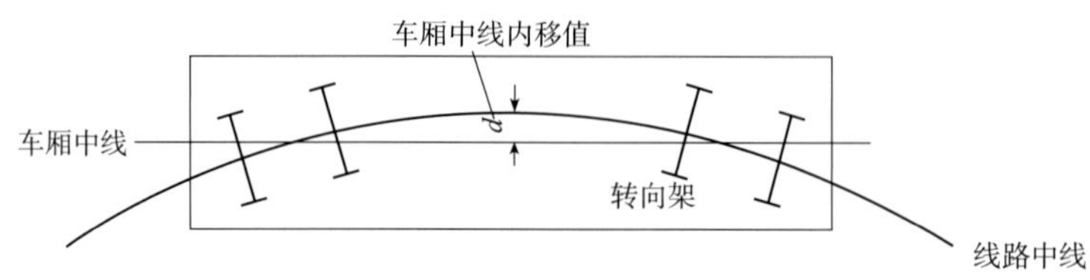

图 3-5　车厢中线与线路中线关系示意图

采用盾构法施工的圆形隧道和采用矿山法施工的正线地段马蹄形隧道，按《地铁设计规范》（GB 50517—2003）规定，应根据施工地段的平面曲线最小半径确定隧道建筑限界，在曲线超高地段，应采用隧道中心线向线路基准线内侧偏移的方法代替建筑限界加宽，解决轨道超高造成的内外侧不均匀位移量。超高按外、内轨各抬、降一半设置的位移量计算公式为

$$\left.\begin{aligned} x' &= h_0 \cdot h/s \\ y' &= -h_0(1-\cos\alpha) \end{aligned}\right\} \tag{3-4}$$

式中：x'——隧道中心线向线路基准线内侧的水平位移量（mm）；

y'——隧道中心线竖向位移量（mm）；

h_0——隧道中心至轨顶面的垂向距离（mm），圆形隧道为 1860mm，马蹄形隧道为 2030mm；

h——外轨超高（mm）；

s——内外轨头中心距离（mm）；

α——车体竖向倾角，$\alpha = \arcsin^{-1}(h/s)$。

竖向位移量只在毫米级变化，可忽略不计。

偏移方法：直缓点（ZH）处移动量为 0，圆缓点（YH）移动量为圆曲线移动量，直缓点与圆缓点之间移动量为前两处移动量的线性插值；无缓和曲线时，直圆点（ZY）向直线方向延伸 19m 处移动量为 0，直圆点处移动量为圆曲线移动量，该两处之间其他点移动量按线性插值（图 3-7）。

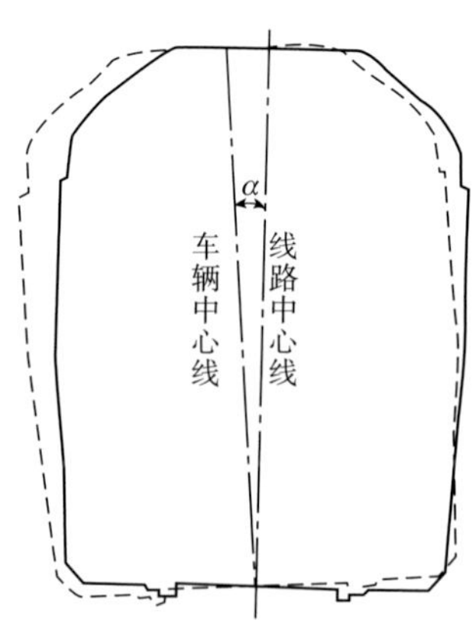

图 3-6　曲线段车辆中心线与线路中心线关系示意图

在进行隧道施工放样和断面检测时，尤其是车站端头盾构钢环放样，必须考虑隧道中线与线路中线的偏移量，以确保测量成果正确指导施工。

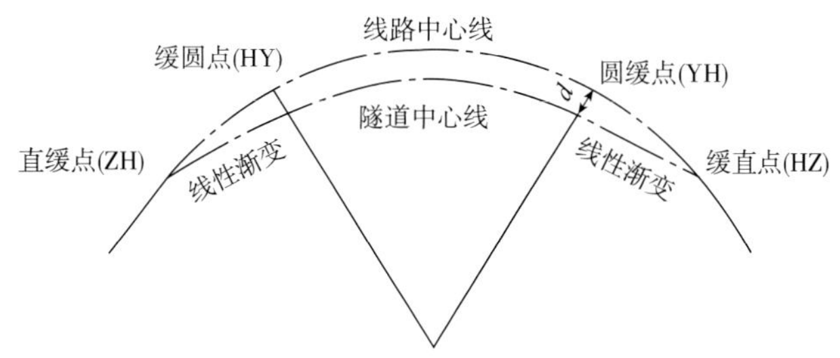

图 3-7　圆形及马蹄形隧道曲线段移动隧道中心线示意图

二、设计线路纵断面图复核

设计线路纵断面由直线和竖曲线连接而成。在线路纵断面的变坡点处设置相邻两坡道的竖向圆弧成为竖曲线。

在线路纵断面上,若各坡段直线连接成折线,列车通过变坡点时,产生的车辆震动和局部竖向加速度增大,会使乘客舒适度降低。同时车辆处在最不利位置时,可能导致车轮脱轨或车辆脱钩,影响行车安全。所以必须在变坡点处用竖曲线把折线平顺地连接起来,以保证行车安全、平顺和乘客舒适度。

1. 竖曲线的几何要素

竖曲线如图 3-8 所示。

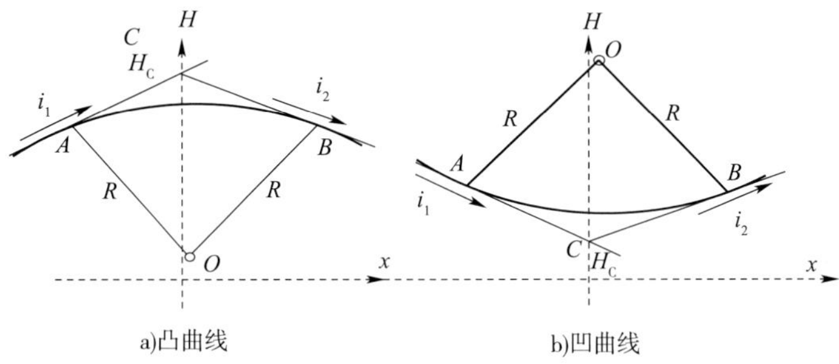

图 3-8　竖曲线示意图

由图 3-8 可知

曲线半径:R

坡度差:Δi

转折角:$\alpha = \arctan i_2 - \arctan i_1$

切线长:$T = R \cdot \tan \dfrac{\alpha}{2}$(输出时取绝对值)

曲线长:$L = \dfrac{|\alpha|}{\rho} R$

外矢距:$E = R\left(\sec \dfrac{\alpha}{2} - 1\right)$

实践中坡度 i_1、i_2 的值一般很小,故竖曲线计算常采用一些近似的公式

$$T \approx \frac{\Delta i}{2}R\text{（输出时取绝对值）} \tag{3-5}$$

$$L \approx 2T \tag{3-6}$$

$$E \approx \pm \frac{T^2}{2R} \tag{3-7}$$

2. 竖曲线上任意点高程的计算

竖曲线起点、终点的里程为

$$K_A = K_C - \mathrm{sgn}(i_2 - i_1)\frac{T}{\sqrt{1+i_1^2}} \tag{3-8}$$

$$K_B = K_C + \mathrm{sgn}(i_2 - i_1)\frac{T}{\sqrt{1+i_2^2}} \tag{3-9}$$

式中：K_A——A 处里程；

K_B——B 处里程；

K_C——C 处里程，$\mathrm{sgn}(y)$ 为符号函数，当 y 分别小于、等于、大于 0 时，对应的函数值分别为 -1、0、+1；坡度值 i_1、i_2 一般用百分数表示，在这里化为小数；$T \approx \frac{\Delta i}{2}R$。

则竖曲线 AC 段任意点 x 的高程计算公式为

$$H_{(x)} = H_A \pm (K_x - K_A) \times i_1 \mp \frac{(K_x - K_A)^2}{2R} \tag{3-10}$$

其中"±"处凸曲线取"+"，凹曲线取"-"；"∓"处凸曲线取"-"，凹曲线取"+"。

竖曲线 CB 段任意点 x 的高程计算公式为

$$H_{(x)} = H'_C \mp (K_x - K_C) \times i_2 \mp \frac{(K_B - K_x)^2}{2R} \tag{3-11}$$

$$H'_C = H_C - E_0 \tag{3-12}$$

其中"∓"处凸曲线取"-"，凹曲线取"+"。

$H_{(x)}$ 为竖曲线上任意点的高程；H_A 为竖曲线起点高程；H_C 为变坡点高程；H'_C 为变坡点受竖曲线影响前高程；E_0 为外矢距最大值。

例 如图 3-9 所示，已知 $H_{ZK9+500} = -10.667$，长链 22.162m，影响处为左 K9 + 667.514 = 右 ZH K9 + 647.475 = 左 K9 + 645.352，根据图中所示坡度、竖曲线、断链桩等要素，复核该区间（左线）百米标、变坡点、竖曲线起点及终点轨面高程。

解 凹曲线起点 ZK9 + 540.88：

$$H_{ZK9+540.88} = H_{ZK9+500} + (9540.88 - 9500) \times 0.0035 \approx -10.524$$

变坡点 ZK9 + 600：

$$H_{ZK9+600} = H_{ZK9+540.88} + (9600 - 9540.88) \times 0.0035 + (9600 - 9540.88) \times (9600 - 9540.88) \div (2 \times 5000) \approx -9.967$$

凹曲线终点 ZK9 + 659.12：

$$H_{ZK9+659.12} = H'_{ZK9+600} + (9659.12 - 9600) \times 0.027148 + (9659.12 - 9600) \times (9659.12 -$$

$$9600) \div (2 \times 5000) \approx -8.712$$

其中 $H'_{ZK9+600} = H_{ZK9+600} - E_0 = -9.967 - 0.350 = -10.317$

百米标 ZK9 +700：

$$H_{ZK9+700} = H'_{ZK9+600} + (9700 - 9600 + 22.162) \times 0.027148 \approx -7.001$$

凸曲线起点 ZK9 +722.278：

$$H_{ZK9+722.278} = H_{ZK9+700} + (9722.278 - 9700) \times 0.027148 \approx -6.396$$

变坡点 ZK9 +766：

$$H_{ZK9+766} = H_{ZK9+722.278} + (9766 - 9722.278) \times 0.027148 - (9766 - 9722.278) \times (9766 - 9722.278) \div (2 \times 3000) \approx -5.528$$

百米标 ZK9 +800：

$$H_{ZK9+800} = H'_{ZK9+766} - (9800 - 9766) \times 0.002 - (9809.722 - 9800) \times (9809.722 - 9800) \div (2 \times 3000) \approx -5.293$$

其中 $H'_{ZK9+766} = H_{ZK9+766} + E_0 = -5.528 - 0.319 = -5.209$

凸曲线终点 ZK9 +809.722：

$$H_{ZK9+809.722} = \mathrm{H}'_{ZK9+766} - (9809.722 - 9766) \times 0.002 - (9809.722 - 9809.722) \times (9809.722 - 9809.722) \div (2 \times 3000) \approx -5.296$$

百米标 ZK9 +900：

$$H_{ZK9+900} = H'_{ZK9+766} - (9900 - 9766) \times 0.002 = -5.477$$

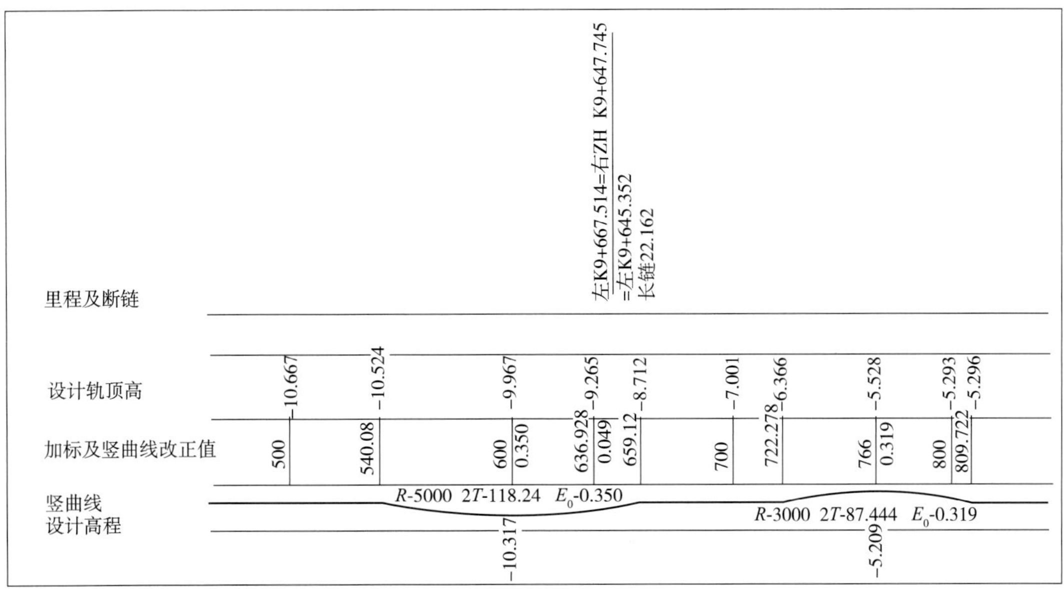

图 3-9　某区间曲线要素

第三节　车站设计图复核

车站设计图复核工作主要包括车站总平面图，车站结构断面图，车站限界图，车站主体建筑图等内容。一般使用工程绘图软件在矢量图形上直接量取配合人工计算的方法复核。

一、车站总平面图复核

车站总平面图上包含车站起、终点里程，设计线路中线，车站主体结构拐点坐标，结构尺寸标注等信息。在实施测量工作前，应复核设计线路在车站部分的起终点及有效站台中心的坐标和里程，车站外轮廓线各拐点的坐标以及车站结构尺寸标注。开工前的车站验线工作主要目的就是检测外轮廓线放样的正确性，因此对车站总平面图进行复核是十分必要的，可进一步保证车站围护结构的正确施工。某明挖车站的总平面图如图3-10所示。

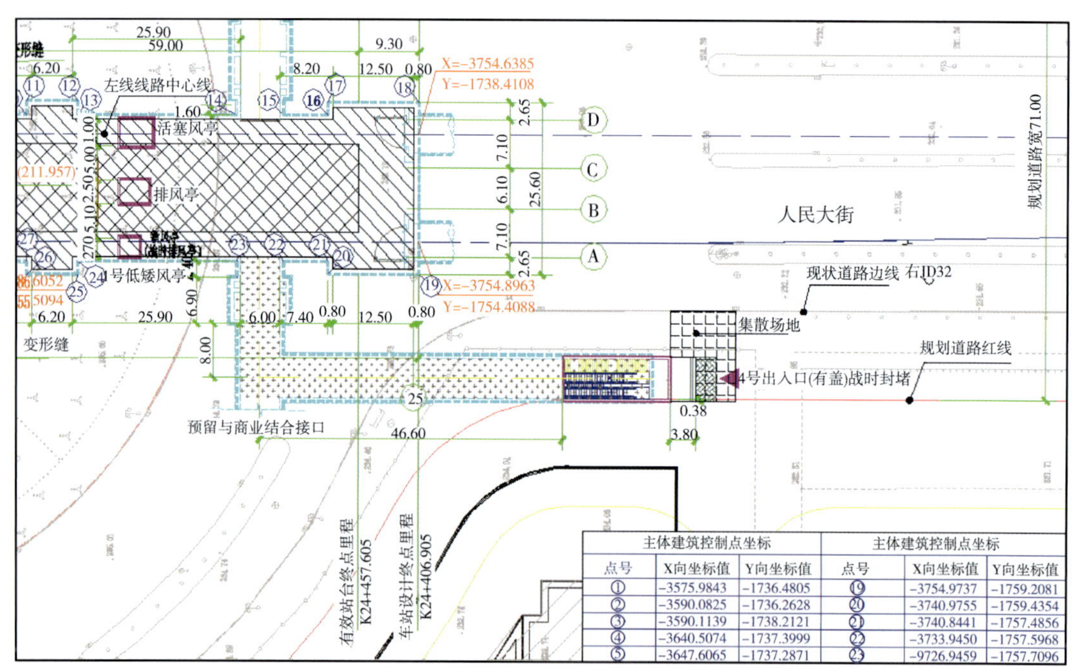

图3-10　某明挖车站的总平面图

二、车站结构断面图复核

在含盾构井结构的车站端头须安装盾构钢环，盾构钢环的检测工作的目的是检测混凝土浇筑前钢环的拼装精度是否满足规范要求，即检测钢环中心的横向、纵向和垂直偏差是否在设计范围内。复核带有盾构钢环的车站端头断面图时，依据车站结构平面图计算钢环中心的里程，再根据设计的线路平曲线参数计算对应钢环中心里程的设计线路中心坐标，若钢环安装部位在曲线段时，还应根据隧道中心的偏移量计算对应钢环中心里程的隧道中心坐标。最后根据设计的线路竖曲线参数计算对应钢环中心里程的高程进行复核图上标注的钢环中心高程。车站纵断面多为2‰坡度的直线，复核较为简单，本文不进行赘述。某明挖车站盾构钢环横断面如图3-11所示。

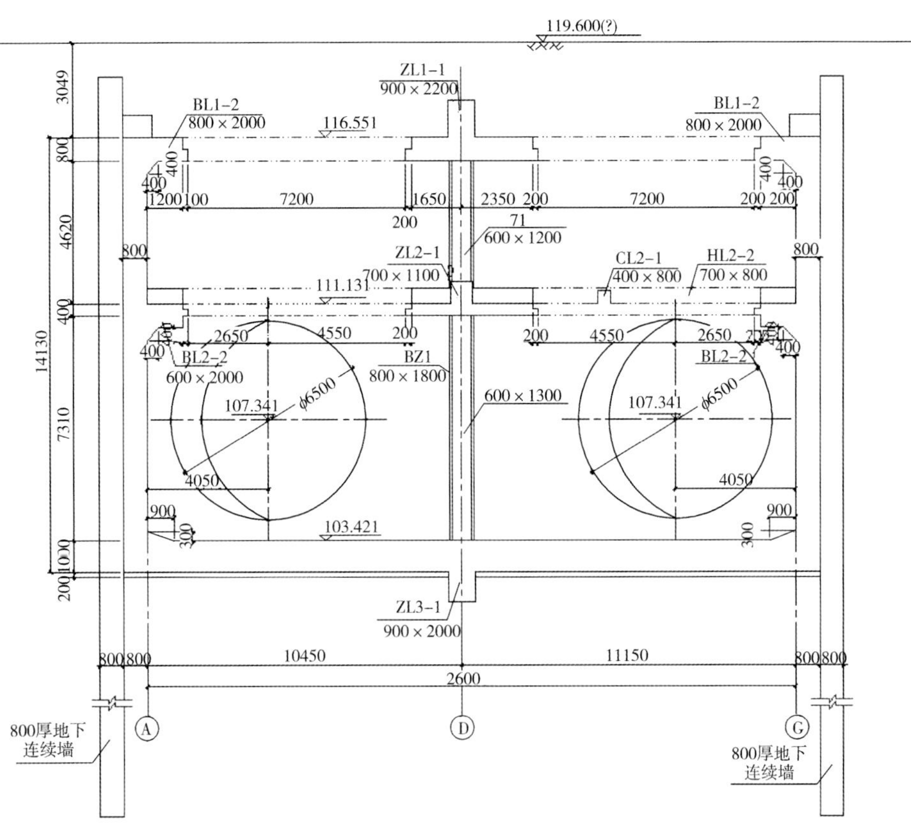

图3-11　某明挖车站盾构钢环横断面图(尺寸单位:mm)

三、车站限界图复核

车站主体结构完工后应对车站部分进行结构断面检测，检测其设计线路中线距车站侧墙、站台板等指定位置的水平距离，轨顶风道、中板底、底板高程，以保证车站内净空满足设计建筑限界要求。测量前应对车站限界图上的尺寸标注进行复核，确保测量工作的设计依据准确无误。某岛式车站限界如图3-12所示。

四、车站主体建筑图复核

车站主体建筑图与车站结构图往往由不同专业人员分别设计，因此，复核建筑图主要是验证建筑控制轴线与结构轴线的对应关系，重要部位桩点是否侵入线路限界。

车站设备安装与装修前，应复核车站主体建筑的平面图、平剖图和横剖图，主要检查平面图上纵向和横向轴线的线间距，平、剖面图里程、横轴线间距、各层地面的装修层厚度以及其他结构尺寸是否正确。某车站主体建筑站厅层平面如图3-13所示，剖面如图3-14所示。

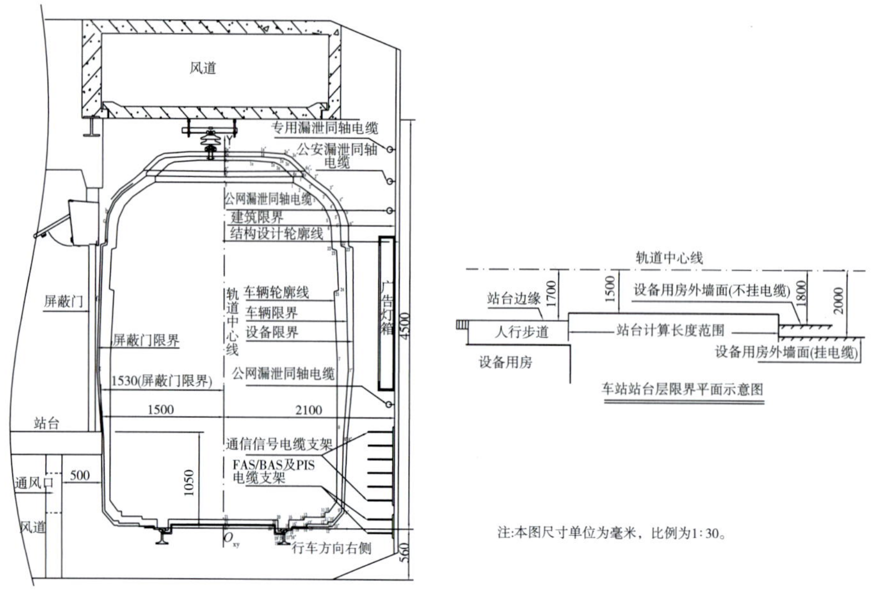

图3-12　某岛式车站限界图

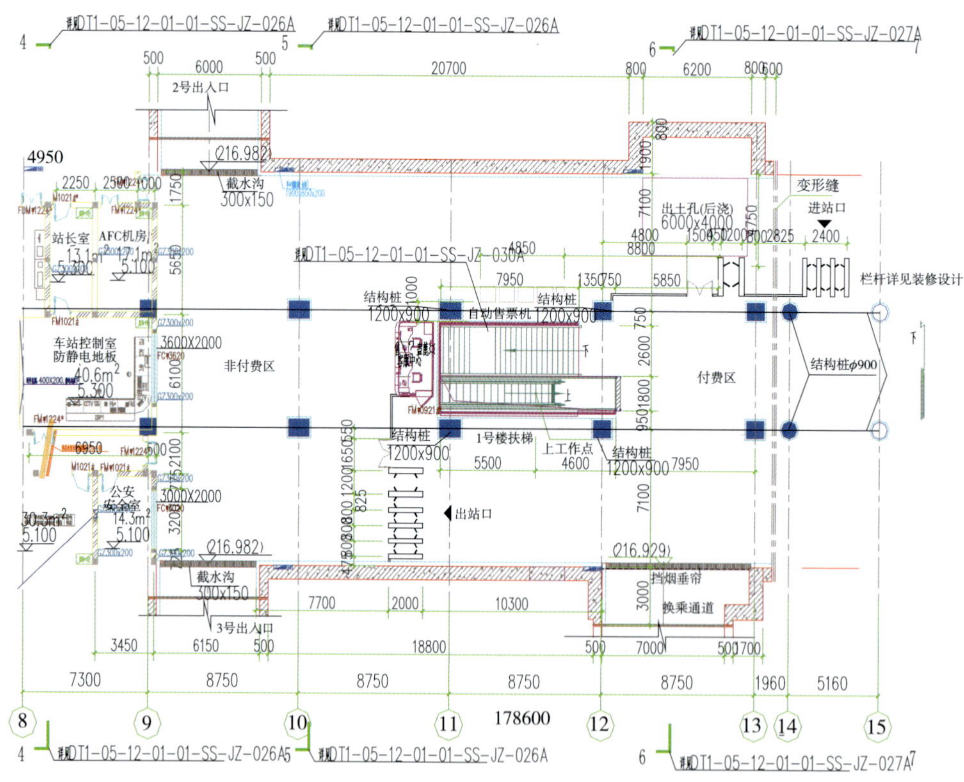

图3-13　某车站主体建筑站厅层平面图(尺寸单位:mm)

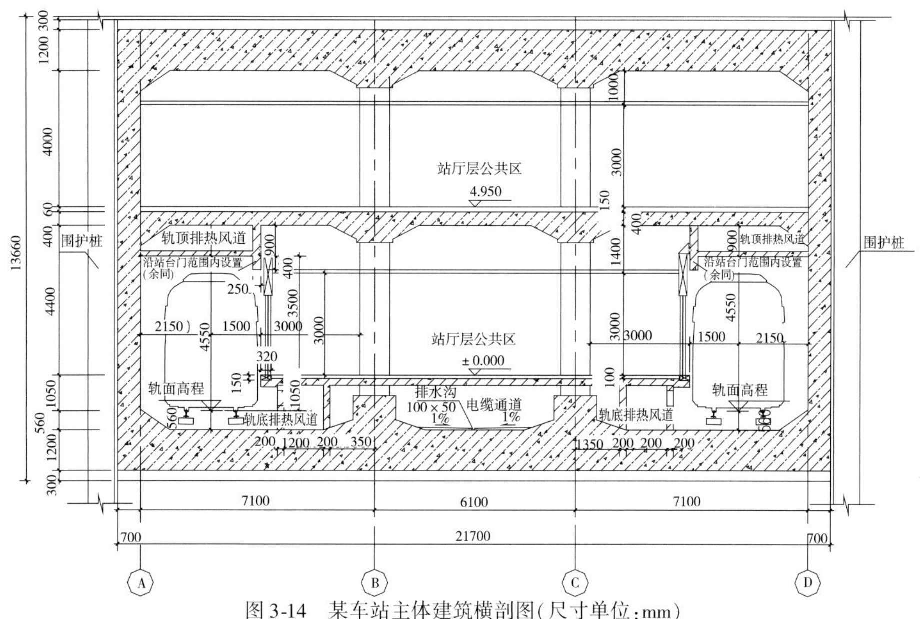

图 3-14　某车站主体建筑横剖图(尺寸单位:mm)

第四节　区间隧道横断面复核

1. 区间隧道标准断面结构图

矿山法施工在初支断面检测前,应进行区间隧道横断面图(图 3-15)复核,以保证相关测量成果正确。复核内容主要是检查隧道结构断面图初支轮廓线标注,如半径、轨顶相对底板的高度、初支厚度等尺寸是否正确,依据设计线路图数据,使用隧道断面测量软件将断面数据转换成断面测量成果。

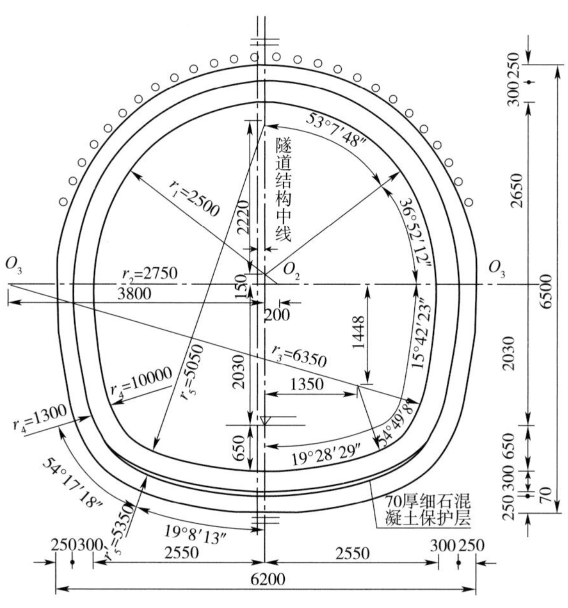

图 3-15　马蹄形区间隧道标准断面结构图(尺寸单位:mm)

2. 盾构区间隧道管片拼装图

在盾构区间施工过程中,管片姿态检测是十分必要的,管片姿态检测可及时了解管片中心位置是否在设计允许偏差范围内。应提前复核管片拼装图(图3-16),主要是掌握管片拼装后的隧道内半径大小。

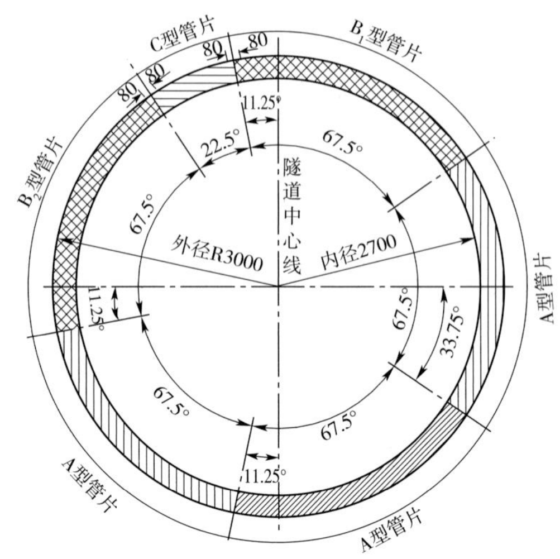

图3-16　盾构区间隧道管片拼装图(尺寸单位:mm)

3. 区间隧道限界图

复核区间隧道限界图的目的是检查区间隧道相关限界尺寸的正确性,了解设计意图,确定相应的限界测量实施方案,更好地完成隧道结构断面检测工作,为设计调坡调线提供服务。

第四章 联系测量

第一节　概述

一、联系测量在地铁建设中的作用

为了保证地铁的隧道及地下构筑物按设计方向掘进,保证各相向开挖面正确贯通,就必须通过平峒、斜井及竖井将地面控制网中的坐标、方向及高程传递到地下去,这些传递工作称为联系测量,通过竖井进行的联系测量称为竖井联系测量。地铁工程土建施工中进行的联系测量,主要是竖井联系测量。

联系测量的目的是通过明挖车站、暗挖区间施工竖井、区间钻孔投点、盾构始发井、接收井(吊出井)等将坐标、方向、高程传递到隧道内,解决暗挖隧道(矿山法、盾构法)地下控制测量起始边点的坐标、方位角和高程,为隧道开挖提供测量依据。联系测量的质量好坏将直接关系到隧道的贯通精度,是隧道贯通的基础。

二、联系测量的任务、内容

将地面平面坐标系统传递到地下的测量称平面联系测量,又称定向测量。平面联系测量分为几何定向测量(包括一井定向和两井定向)和物理陀螺定向测量。将地面的高程系统传递到井下的测量称高程联系测量,又称传递高程测量。联系测量工作内容主要包括:地面导线测量、地面水准测量;通过竖井、斜井、平峒的定向测量、传递高程测量;地下导线测量、地下水准测量等。地面导线测量是指从 GPS 点或精密导线点布设导线路线进行近井导线点测量;地面水准测量是指从附近的地面高程控制点布设水准路线进行近井高程点测量。

平面联系测量的目的就是使地面和地下平面测量控制网采用同一坐标系统,以指导隧道在水平面上的掘进方向。平面联系测量的主要方法有联系三角形法、陀螺全站仪与铅垂仪(钢丝)联合定向法、两井定向的钻孔投点法、导线直接传递法等。高程联系测量通过高程的传递使地下高程系统与地面高程系统一致。高程联系测量的主要方法有悬挂钢尺法(竖井导入高程)固定钢尺法和移动钢尺法、三角高程法(斜井导入高程)、水准测量法(平硐导入高程)。

在联系测量工作开展前,应根据平时对现场情况的了解,在审查有关测量资料,确认其作业符合有关要求后，制订相应作业方案，安排布置准备工作，让作业人员明了作业中的重点，到现场对作业方案进行可能的优化。

三、联系测量误差影响

地铁工程对隧道贯通有较严格的要求，为了确保隧道正确贯通，地铁工程的测量工作从首级控制网的建立到地上地下联系测量以及地下控制测量等各环节均需作误差估算和精度分析。

通过实践不难发现，使地上、地下坐标统一起来的联系测量是影响地铁隧道贯通的主要误差来源之一，同时也是由地上到贯通面整个测量工作中最难控制的环节。因此，对城市地铁工程测量中有瓶颈效应的联系测量的方法研究与经验总结非常重要，尤其是对新开展地铁工程建设的地区或城市，显得更为必要。

联系测量精度的确定，首先依据《地下铁道工程施工及验收规范》(GB 50299—1999)(2003 年版)确定贯通测量误差的允许值为 ±100mm，然后再根据测量误差的主要来源进行误差配赋，从而进行联系测量精度的设计。

1. 平面联系测量误差影响

坐标传递的误差将使地下导线的各点产生同一数值的位移，对隧道横向贯通的影响是一个常数；而方位角传递的误差将使地下导线各边方向角转动同一个误差值，它对横向贯通的影响将随着导线的增长而不断增大(图 4-1)。

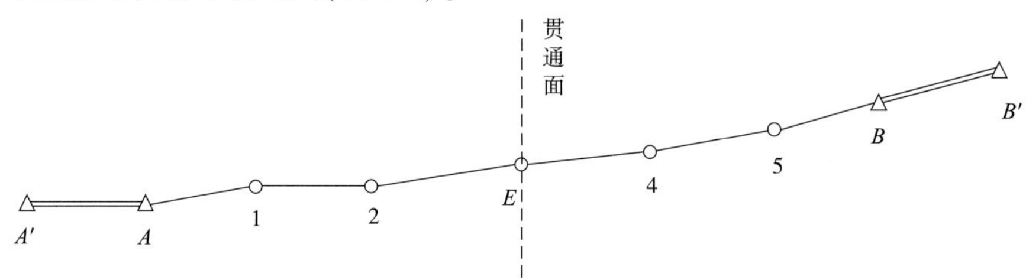

图 4-1 起算方位对贯通精度影响示意图

设单向直伸形支导线终点为 E，起算边 AA' 的坐标方位角误差为 m_a，则引起贯通面 E 点的单向坐标中误差为

$$m_A = \frac{m_a}{\rho} \cdot L_1 \tag{4-1}$$

式中：L_1——导线终点 E 到起算点 A 的直线距离；

ρ——206265″，为弧度转换成秒时的特定常数。

若从双向支导线测设 E 点的位置，另设起算起算边 AA' 的坐标方位角误差为 m_β，导线终点 E 到起算点 B 的直线距离为 L_2，则计算贯通误差精度 m_E 得

$$m_E^2 = m_\alpha^2 + m_\beta^2 \tag{4-2}$$

若设 $m_\alpha = m_\beta = \pm 5''$，$L_1 = L_2 = 1000\text{m}$，则计算得 $m_E = \pm 3.42\text{cm}$。

由此可见，由竖井定向确定的导线起算边坐标方位角误差对导线终点位置影响很大，对地铁工程隧道的贯通来说，要保证隧道正确贯通，对竖井定向的精度要求很高。

2. 高程联系测量误差影响

高程联系测量的误差将使地下水准路线上的各点产生同一数值的高低，对隧道高程贯通

的影响是一个常数。

四、平面联系测量的方法

在地铁建设中,四种联系测量方法将坐标及方位角传递到井下都得到了广泛的应用,根据现场条件的不同,选用不同的方法。

(1)联系三角形法:是一种适用比较广的平面联系测量法,其作业较为繁琐,占用竖井时间长(作业时间长),不易提高精度,劳动量和劳动强度大。常用于井口较小、深度较浅的竖井联系测量。

(2)陀螺全站仪与铅垂仪(钢丝)联合定向法:适用于各种平面联系测量,其定向精度高、方法简单、占用竖井时间少(作业时间短)、劳动量和强度小,是一种先进的方法。

(3)两井定向的钻孔投点法:也就是两井定向,具有定向精度高,操作方面,占用竖井时间少、劳动量和强度小的特点。在矿山法施工的隧道中应用比较多,可以利用施工竖井、投料孔或者增加钻孔进行联系测量。当两井通视时,两井间的距离应不小于60m。当两井不通视时,两井间的距离应不小于150m。盾构法施工的隧道,由于盾构井较大,可以在一个井内进行两井定向测量,当在一井进行两井定向悬吊钢丝法测量时,要求两根钢丝距离大于60m。长距离贯通的隧道,可以利用中间的风井进行两井定向测量。

(4)导线直接传递法:就是通过竖井(竖井比较浅,可直接从地面测至地下)、斜井或平洞,采用导线测量的方法将坐标传递到隧道内,这与一般的导线测量方法基本相同。其对垂直角有不大于30°的要求。对使用的全站仪、对点设备等均有较高的要求,比较适用于明挖法、有较大盾构始发井的盾构法隧道,在全国地铁工程中均有较多的应用。

地铁工程对隧道贯通的精度要求较高,且隧道本身在开挖的前期不稳定、导线点易变动。1000m左右的隧道,在隧道贯通前应至少进行3次竖井联系测量,通过多次联系测量提高定向、导高精度、增加支导线测量路线检核条件的方法,能更好地满足贯通测量精度要求。对单向开挖长度超过1500m的隧道,掘进过程中需加测陀螺定向以检核坐标方位。

五、几种方法的优缺点

1. 定向测量

联系三角形法是一种几何定向方法,通过构造合理的联系三角形形状和测量装置可以达到很高的精度,现在这种方法已经比较成熟,但其作业工作量大。

陀螺经纬仪联合定向法就是采用垂准仪投出地上、地下在同一铅垂线上的点,根据地上、地下陀螺经纬仪定向成果算出投点在空间的平面夹角,使地上、地下的导线连成一体,把地上导线坐标、方位角传递到地下导线。联合定向法的主要优点是占用井筒时间短、精度高、观测作业简单,在地铁工程施工的竖井中均可采用此方法进行联系测量。不足之处是陀螺经纬仪的价格昂贵,拥有陀螺经纬仪的单位较少,难以推广应用。

钻孔投点法是根据矿山法隧道浅埋的特点,应用一根垂线上平面坐标相同的原理而总结出的竖井联系测量方法。它是一种适合于浅埋(埋深小于30m)工程的竖井联系测量方法,也可在地面钻孔,用吊锤或光学、激光铅垂仪将坐标传入地下隧道内,将地下施工控制支导线变成坐标附合导线,由此提高地下施工控制导线精度,并使用平差后的导线成果继续指导隧道掘进;具有作业时间短、测量精度高、简单直观、容易操作的特点。当具有钻孔条件时,矿山法隧道竖井应优先考虑采用此法进行联系测量。钻孔投点距离以大于150m为宜,以减少投点误差对坐标方位的影响。钻孔投点法的不足之处是在繁华地段钻孔审批手续麻烦、影响交通、准备工作繁多(如恢复地面中线,确定投点位置;寻找钻孔队伍,现场钻孔等)。当工程埋深大于30m时,应结合钻孔费用、投点误差、投点作业环境等具体情况,慎重考虑是否采用钻孔投点法。

导线直接传递测量法的原理源于平面控制测量中的导线测量理论。利用工程施工的竖井或出口井将地面控制网点的方向和坐标通过竖直导线法传递到地下,作为地下导线测量的起算数据。用导线测量方法将坐标和方位直接传递到隧道内,如果不能一次传入,可再经站厅层过渡传入隧道。其定向法原理简单,工作量小,操作很方便,网形布设灵活,利于优化设计,测量精度较高,能满足施工精度的要求,并且对施测场地要求低,对施工的干扰较小。

在地铁工程施工中,因地制宜采用上述一种或几种组合的方法进行一井定向或两井定向联系测量,应满足相关规范要求。在进行联系测量中用钢丝代替投点时,所用钢丝、重锤必须满足规范要求,且需根据现场实际情况综合考虑竖井深度等因素,钢丝应尽可能细,重锤应尽可能重,并须将重锤浸没在阻尼液中。

2. 高程导入测量

通过竖井导入高程的常用方法有:长钢尺法、长钢丝法、光电测距仪铅直测距法等。但在地铁工程的高程导入测量上应用较为广泛的是长钢尺法,此种方法操作方便、工作量小、计算简单。只需注意钢尺上下弹动可能会产生的读数误差,地面和地下同时在钢尺上读数可防止此种情况的出现。

用长钢丝导入高程,一般随几何定向一起进行。长钢丝导入高程的过程基本同于长钢尺法,但在观测钢丝时,在地面以及地下的观测位置均需作出记号,另选一平坦地区,加悬挂的自重将钢丝拉直,用钢尺或光电测距仪丈量两记号间的长度(应注意加入各项改正)。

光电测距仪测定高程时,操作复杂,计算量大,一般不采用此种方法进行地铁工程高程导入测量。

第二节 平面联系测量

一、陀螺经纬仪定向测量

采用陀螺经纬仪定向测量时,经纬仪精度不应低于Ⅱ级,陀螺仪不应低于10″。陀螺经纬仪精度级别是按实际达到的一测回测量陀螺方位角的中误差确定的,并应依此规定陀螺经纬仪定向的各项限差。用陀螺经纬仪定向,可采用跟踪逆转点法、中天法等。

1. 陀螺经纬仪定向测量规定

(1)测定仪器常数的地面已知边坐标方位角的精度应符合规范相关规定。井下定向边的两端点必须是永久导线点,并应尽量满足无淋水、风小和便于观测的条件;否则应采取措施。定向边的长度应尽可能长,一般不宜小于60m。

(2)陀螺经纬仪的绝对零位不能超过0.5格,否则应进行零位校正;观测中的测前、测后零位平均值大于0.05格时,应进行零位改正。

(3)井上、下观测应由同一观测者进行,仪器在搬运时,要防止颠簸和震动。

(4)地面观测时,仪器、三脚架和电源部分要避免阳光直射,并尽可能在温度变化较小、天气晴朗和风小的时间里进行。

(5)仪器应严格整平,观测过程中水准气泡偏离不得超过0.5格。每次测量后,由一个测回转到下一个测回观测前,应停止陀螺转动10~15min,重新安置陀螺仪、整平和对中仪器,并使度盘位置变换180°/n(n为测回次数)。

(6)中天法比例常数C值取用实际测定值,最少要测定三次,每次测定时,照准部应先后置于陀螺子午线以东和以西两个近似陀螺北位置。近似陀螺北偏离陀螺子午线以10′~15′为宜。

2. 陀螺经纬仪定向的精度指标要求

(1)地面、地下定向边陀螺方位角测量每次应测三测回,任意两测回测量陀螺方位角的互差,不得超过20″。

(2)地铁隧道贯通前同一定向边陀螺方位角测量应独立进行三次,三次定向陀螺方位角互差应小于12″,三次定向陀螺方位角平均值中误差应小于8″。

(3)有共同点的两条定向边陀螺方位角之差的角度值与全站仪实测角度值互差应小于10″。

3. 陀螺经纬仪一次定向程序

(1)在已知方位的边上测定仪器常数。

在地面已知边上采取按两测回(或三测回)测量陀螺方位角,求得两个(或三个)仪器常数。

(2)在待定边上测定陀螺方位角。

在井下定向边上按两测回(或三测回)测量陀螺方位角。

(3)在已知边上重新测定仪器常数。

返回地面后,要尽快在原已知边上再按两测回(或三测回)测量陀螺方位角,再求得两个(或三个)仪器常数。

(4)计算测线的坐标方位角。

4. 一测回测量陀螺方位角的观测步骤

(1)观测测前测线方向值;

(2)观测测前零位;

(3)粗略定向,即使望远镜视准轴位于近似北方向;

(4)精密定向,即测定陀螺摆动的平衡位置(即陀螺北方向);

(5)观测测后零位;

(6)观测测后测线方向值。

5. 陀螺定向测量

(1)地面:先选取地面高等级已知边的一端进行陀螺定向,并先进行测前零位测量。测前零位测完后,采用逆转点法,测定5个连续逆转点读数,逆转点读数中值符合有关要求后，进行测后零位测定。当一端的陀螺定向完成后，将仪器搬至高等级已知边的另一端，按照上述方法进行陀螺定向。在陀螺定向满足有关规范要求后，取两端定向的平均值作为陀螺定向成果。

(2)地下：在隧道内选取一条比较稳定的、边长较长的导线边进行陀螺定向。先在这条边的一端依照地面定向办法进行定向；再搬至另一端进行定向。在陀螺定向满足有关规范要求后，取两端定向的平均值作为陀螺定向成果。

(3)陀螺经纬仪单定向：可采用跟踪逆转点法、中天法或其他方法进行。采用跟踪逆转点法观测时，一般应连续观测五个逆转点，计算三个陀螺摆动中值。相邻和间隔摆动中值 N，可按对称平均值法或舒勒平均值法计算。采用中天法观测时，应连接观测五个中天时间，计算三个“两侧摆动”的时间差。时间差互差的限差应符合表 4-1 规定。

陀螺经纬仪观测技术要求 表 4-1

陀螺经纬仪精度等级(″)	逆转点法观测的限差(″)		中天法观测的限差(″)	
	相邻摆动中值的互差(″)	间隔摆动中值的互差(″)	相邻时间互差(s)	间隔时间互差(s)
15	20	30	0.4	0.6
25	35	55	0.6	0.8

(4)图 4-2 为国内几种常见类型的陀螺经纬仪。

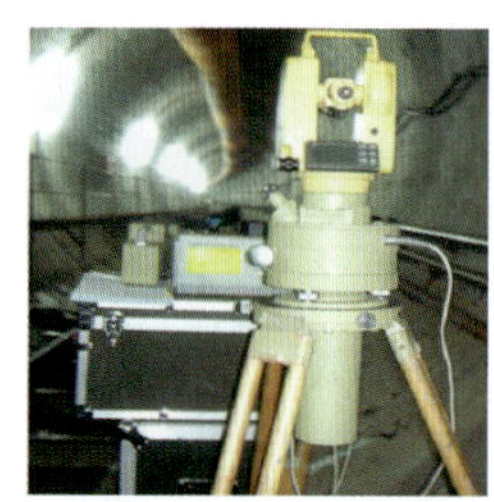
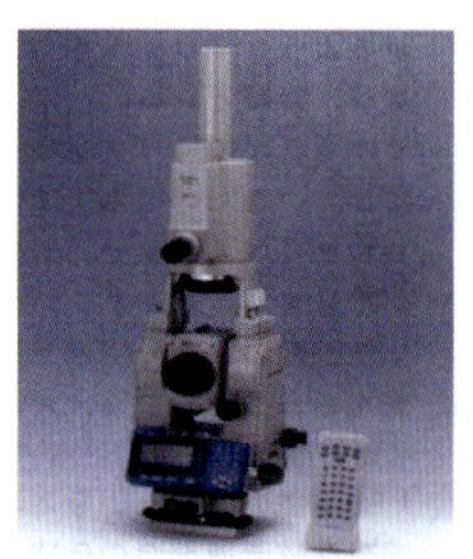
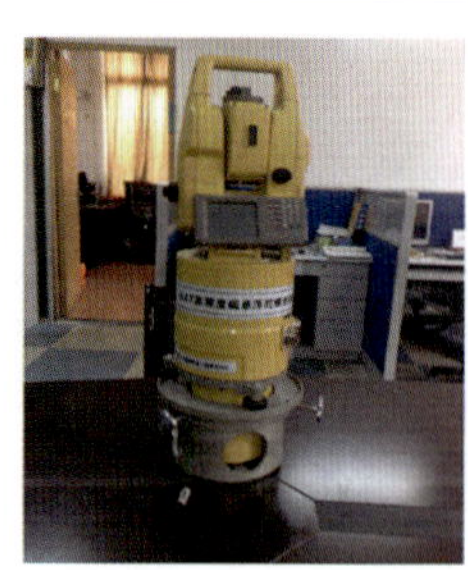

图 4-2 国内几种常见类型的陀螺经纬仪

6. 加测陀螺定向边的导线测量方法及其精度分析

采用支导线法作平面控制测量时，随着隧道的不断掘进，测角误差不断累积，直接影响到隧道的横向贯通误差。当贯通面一侧的隧道长度大于 1000m 时应提高定向测量精度，降低测角误差的累积，从而提高横向贯通测量精度。一般可采取在贯通隧道长度的 1/2 处通过钻孔投测坐标点或加测陀螺方位角等方法。利用陀螺经纬仪加测陀螺方位角不受时间和环境的限制，观测简单方便、效率高、劳动强度低，而且能保证较高的定向精度，因此在实际工程中得到广泛应用。

陀螺经纬仪定向的作用主要有以下两个方面：

(1)在竖井联系测量中，提供地下导线起始边的方位，利用钢丝或投点仪向隧道内传递平面坐标，应用陀螺经纬仪确定方向。

(2)在长距离的支导线测量中可以检核支导线观测成果的质量，对加测高精度的陀螺定向边后的支导线进行方向附合导线的角度平差，从而大大提高导线的精度。

等边直伸形陀螺方向附合导线终点的横向误差计算公式为

$$u = \pm \frac{m_\beta}{\rho} L \sqrt{\frac{(n+1)(n+2)}{12n}} \approx \pm \frac{m_\beta}{\rho} L \sqrt{\frac{n+3}{12}} = \pm \frac{m_\beta}{2\rho} L \sqrt{\frac{n+3}{3}} \tag{4-3}$$

而不加测陀螺定向边的等边直伸形支导线的导线终点横向误差计算公式为

$$u = \pm \frac{m_\beta}{\rho} L \sqrt{\frac{n+1.5}{3}} \tag{4-4}$$

比较式(4-3)和式(4-4)可知，加测陀螺边后的横向误差较支导线误差减少了将近1/2。

关于加测陀螺定向边的最佳位置和加测的最佳数量的讨论和研究很多，如对于等边直伸形的支导线，加测一条陀螺定向边的最佳位置在其距终点的1/3处；对于L形的等边支导线，加测一条陀螺定向边的最佳位置在其长边的1/2处，这些都是可以根据误差理论进行严密求算的。但在实际工程中，隧道的形状、导线边的长度很难达到理想的要求，加上陀螺定向的精度和导线测量精度的变化，其最佳位置或最佳数量很难定论。对于长隧道或超长隧道而言，应进行隧道贯通的误差预计工作，这样至少能够设计合理的、满足规范精度要求的贯通测量方案。

7. 自动陀螺仪

自动陀螺仪是基于照准部不动的对称测时法找北。采用测时法找北取代了人工观察指标线重合时按表计时的方法，大大提高了测试时的精确度，使一测回找北的内部符合标准偏差约为1″。AFS是由掌上计算机控制的自动陀螺与电子全站仪有机结合并内装相应软件构成的一种快速定位定向系统，AFS用测前与测后的自动零位观测取代了人工估读零位，使零位测量的标准偏差约为1″，由于自动测时和自动零位观测精度很高，加上其他提高精度与稳定性的措施，保证了AFS系统一次定向标准偏差优于15″。其主要构造及工作原理如下：

(1)电源与控制器

电源和控制器向自动陀螺电动机提供高稳定性的稳频稳压电源，并控制自动陀螺的工作。

(2)掌上计算机PDA

操作员可以按照屏幕上程序的指引，顺序地完成自动定向和定位工作。掌上计算机还承担精确的时间测量、计算、误差分析、处理、数据记录、存储等工作。

(3)电子全站仪

电子全站仪牢固地支撑自动陀螺，保证两竖轴重合，使陀螺仪能够稳定工作。

在全站仪上不仅要体现陀螺定向的初步成果，它的测距、测角功能还是快速定位定向必不可少的部分。

(4)工作原理

①工作原理。陀螺全站仪高精度的测量是通过无机械位移的陀螺达到的。用于测定北方向的陀螺,由通过其重心的悬挂丝悬挂,在重力作用下,陀螺旋转轴处于水平状态。在陀螺高速旋转时,由于惯性,总是试图维持其原有空间位置。一旦陀螺旋转轴偏离北方向,地球自转会使陀螺旋转轴的水平状态发生改变,重心降低并产生一重力矩,陀螺将通过绕其竖轴的一系列转动做出反应,通过主辅控制功能,陀螺仪将向北绕转。测量完成后可确定出北方向。全站仪零方向与北方向的偏差将通过高精度测定后显示在显示屏上。

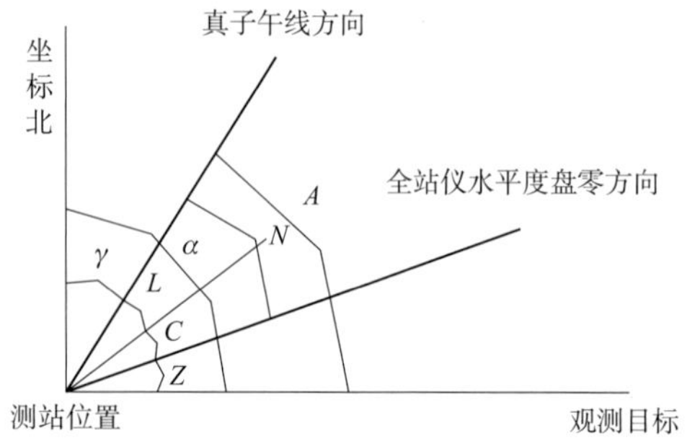

图4-3 陀螺定向的角度关系

A-真方位角(陀螺方位角);α-坐标方位角;γ-子午线收敛角;Z-目标点读数平均值;N-全站仪零方向真方位角;L-零位改正;C-仪器常数

②陀螺定向的角度关系如图4-3所示。

各角度之间的关系为:$A = N + Z$,$N = L + C$,$\alpha = A + \gamma$。

仪器常数C即仪器的校准值,是指陀螺仪的自转轴与全站仪度盘零点间的角度差值,该差值的产生是由于机械自重及其老化等原因引起的仪器自身的微小变化。为了保证仪器的高精度,应定期将仪器在基准线上进行检定,测出C值(在观测前将C值输入到仪器中,仪器将自动进行改正)。

(5)作业步骤及功能

①测定陀螺仪的跟踪周期。在不同经纬度地区陀螺仪具有不同的跟踪周期。在进入一个新的作业地区定向之前,在该地区测定该陀螺仪在该地区的跟踪周期。在陀螺仪的陀螺部分维修后,以前测得的跟踪周期不再可用,也必须重新测定。

②测定仪器常数。测定陀螺仪的仪器常数应在已知坐标方位角的边上进行。在已知边上测量n次已知边的陀螺方位角,以确定仪器常数。

③在未知边上定向。在测站上整平、对中好仪器;测前测定待定测线方向值;自动测量测前零位;启动陀螺电动机,初定向;自动测时精确定向;自动测量测后零位;测后测定待定测线方向值;自动显示测线的陀螺方位角并存储;一测回定向测量完成。

按照上述步骤再进行一测回定向测量。但这时可以省去初定向。

在掌上电脑上输入测站点坐标(坐标未知时可以输入近似坐标值)、测线陀螺方位角和仪器常数,则软件系统会自动计算出定向边的坐标方位角。

通常,按照规范要求,测前和测后都要测定一次仪器常数。

(6)在未知点上作快速定位、定向

①在测站上整平、对中好仪器;测前测定待定测线方向值;自动测量测前零位;启动陀螺驱动,初定向;自动测时精确定向;自动测量测后零位;测后测定待定测线方向值;自动显示测线的陀螺方位角并存储;一测回定向测量完成。

②按照①所述步骤再进行一测回定向测量。但这时可以省去初定向。

③用全站仪测量仪器到反射棱镜的距离、垂直角、仪器高、棱镜高。

④在PDA上计算测线边的坐标方位角。

⑤在PDA上计算仪器站点的三维坐标——输入或自动调入测线边的坐标方位角、垂直

角、仪器高、棱镜高等。

⑥用全站仪测定或放样任一测点,数据保存在全站仪中。

(7)数据输出

陀螺定向完成后,定向数据存储在 PDA 上,在内业处理时,将 PDA 与 PC 通过数据传输线连接,通过随机软件系统打印出定向测量成果。

(8)系统应用情况

该技术应用在城市地铁长大隧道竖井联系测量中,大大降低了竖井联系测量的劳动强度,提高了联系测量效率,节约了成本,提高了隧道的贯通精度,保证了地铁隧道的准确贯通。该系统先后应用于某城市地铁暗挖区间隧道(包括盾构隧道)联系测量中,对各条线的暗挖隧道(包括盾构隧道)贯通误差进行统计显示:贯通误差合格率为100%,优良率100%。

(9)应用中的体会和建议

①操作简便,自动定向测量,精度高,一次定向标准偏差小于15s。全部数据现场自动记录(自动测时、自动记录陀螺读数、自动计算等)并保存在 PDA 中,全中文界面,通过数据线可以将数据存储在计算机上,并打印输出。

②可以同时完成定位定向工作,实时指导现场施工工作。现有的自动陀螺仪提供的最终测量结果为"定向边的陀螺方位角",不能完成定位工作。

③可以在现场得到"定向边的坐标方位角",一般自动陀螺仪只给出定向边的陀螺方位角。

④完成全部工作所需要的时间少。完成一次定向时间约为15min。同时 AFS 在现场提供的坐标方位角、测站点三维坐标甚至还有待测点的坐标等等,不需要另外作繁琐的内业计算。此外,该系统对仪器内外温差没有特别的要求,从地面进入到竖井内就可以立即开展定向工作。

⑤仪器能够在一定振动环境下工作,可以大大减少停工时间。

⑥陀螺仪与全站仪通过连接支架连接,在任何时候都不能松动该连接支架,也不能通过提起连接支架来提起仪器。这样是为了防止支架松动,以保持全站仪竖轴和陀螺竖轴的重合,保证陀螺仪能够正常工作。

⑦在 AFS 工作过程中,应观察仪器气泡,使仪器保持严格整平状态,不至于影响陀螺仪的零位。在启动和制动陀螺仪时,陀螺灵敏部必须处在托起(紧锁)状态,以防止悬挂带和导流丝受损伤。在陀螺运转时不许搬动仪器。

⑧在中断陀螺定向测量时,应等待中断完成后再进行全站仪的其他操作。

二、导线直接传递法

导线直接传递法是通过施工的竖井等将地面控制网点的方向和坐标直接传递到井下的方法。适合井口大、深度浅等条件的明挖车站或明挖隧道,也适合于有斜井出入的隧道,在深度较浅(一般小于20m)的地铁隧道工程中应用较广。

1. 导线直接传递法

其导线布设示意图见图4-4,导线定向测量观测技术要求与地面精密导线相同。

(1)导线直接测量主要是沿竖井的竖直方向布设导线点,通过测定相邻点之间的水平角和导线

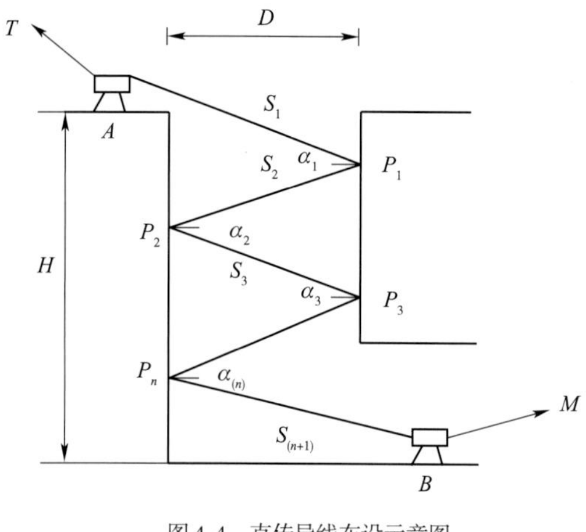

图4-4　直传导线布设示意图

边,根据地面已知点坐标推算井下待定点坐标的一种方法。地下定向边 BM 的坐标方位角 α_{BM} 及井下坐标可表示为

$$\alpha_{BM}=\alpha_{TA}+\sum_{i=1}^{n+1}\pm\beta_i\mp(n+1)180° \tag{4-5}$$

$$X_B=X_A+\sum_{i=1}^{n}S_i\cos\alpha_i\cos\alpha_{i-1,i} \tag{4-6}$$

$$Y_B=Y_A+\sum_{i=1}^{n}S_i\cos\alpha_i\sin\alpha_{i-1,i} \tag{4-7}$$

式中:S_i——各导线的观测边长;

α_i——各导线边的竖直角;

$\alpha_{i-1,i}$——各导线边的方位角。

(2)方位角的中误差分析。若不考虑起始误差的影响,且设测角中误差都为 m_β,则可得到方位角的中误差

$$m_{\alpha_{BM}}=m_\beta\sqrt{n+1} \tag{4-8}$$

由上式看出,方位角中误差与导线边数和测角中误差有关。

当 m_β 一定时,边数越少越好,同时在竖井深度 H 与洞径 D 确定的情况下,竖直角 α、竖井深度 H、洞径 D 之间的关系为

$$D\tan\alpha_1+D\tan\alpha_2+\cdots+D\tan\alpha_n=H \tag{4-9}$$

设

$$\alpha_1=\alpha_2=\cdots=\alpha_n=\alpha$$

则有

$$n=\frac{H}{D}\mathrm{ctan}\alpha \tag{4-10}$$

因此导线边数与竖直角大小成反比。

当竖井较小,传递导线边数较多时,竖井联系三角形定向测量的精度相较于导线直传法更高,但由于竖井的井筒直径有限,工作面窄小,施工干扰大,布设优化的联系三角形并不容易,且存在工序繁多、作业时间长、劳动强度大等不足。当地铁工程深度相对较浅时,一般采用导线直接传递测量定向,相对于竖井联系三角形定向法,该方法布设和施测比较简单,受井口施工干扰小,且同样可满足工程实际要求,其测量技术要求同精密导线,但必须注意竖轴补偿和测距仪原点与仪器竖轴同一性等问题。

2. 导线直接测量误差分析及误差消除方法

导线直接传递测量因水平角观测具有边长短、竖直角大、水平角较小的特点,不可避免地存在着以下几种误差来源:由于所使用的仪器不完善而产生的误差,通常称为仪器误差;由于瞄准和读数不正确所引起的误差,称之为测角方法误差;由于觇牌和仪器的中心与测点中心没有在同一铅垂面上所产生的觇牌对中误差和仪器对中误差。

仪器误差是由于仪器各部件加工制造的公差及装配校准不完善、仪器结构的几何关系不正确和仪器的稳定性不良所引起的。目前生产的全站仪,其公差与稳定性对井下测角来说影

响很小,可忽略不计。其结构的几何关系的正确性虽在出厂时给予了保证,但在运输和使用过程中可能发生变化而破坏了它的正确性。因此,这里要对其进行分析讨论,以便在使用中采取相应措施来减少或消除其影响。

在仪器的几何关系中,“三轴”的相互关系是最为重要的。三轴之间的正确关系是视准轴应垂直于水平轴(横轴),水平轴应垂直于竖轴(纵轴),竖轴应居于铅直位置。否则,将相应地产生视准轴误差(视轴差 C)、水平轴倾斜误差,和竖轴倾斜误差,总称之为“三轴误差”。关于“三轴误差”的问题,在测量仪器学、控制测量学等课程中讨论。这里仅讨论三轴误差对测量水平角的影响。

在仪器的三轴误差中,视准轴误差和横轴误差的影响均可采用盘左、盘右取平均值的观测方法加以消除,而竖轴误差的影响不能通过盘左、盘右取平均值的观测方法加以消除。目标觇牌与仪器不同轴误差其实质为目标偏心误差,对水平观测方向值也有较大的影响。

因此,直接导线传递测量方法必须解决两个问题:仪器竖轴倾斜误差影响和短边上的对中误差影响。

(1)竖轴倾斜误差

竖轴与铅垂线间的夹角称为竖轴倾斜误差。它是由于竖轴整置不正确(如水准管轴线不与竖轴垂直)、照准部旋转不正确以及外界因素影响(仪器脚架下沉,风流吹动仪器)等原因所引起的。竖轴倾斜误差对于用一个镜位所观测的水平方向值的影响为

$$\Delta v = v\cos\theta\tan\delta \tag{4-11}$$

式中:v——竖轴倾斜误差,即竖轴与铅垂线间的夹角;

θ——竖轴倾斜方向线与水平轴在水平面上投影线间的夹角。

测量水平角时,竖轴倾斜误差对于半测回角值的影响可按下式计算

$$\Delta\beta_v = v(\cos\theta_2\tan\delta_2 - \cos\theta_1\tan\delta_1) \tag{4-12}$$

由上式可知,竖轴倾斜误差的影响,不能通过正、倒镜观测取平均值来消除。因此,仪器应当精确整平,且竖轴倾斜误差只能用加改正数或采用跨水准管整平水平轴的方法来减少或消除其影响。当然,对于采用了自动补偿装置的全站仪,可将三轴误差的影响消除或限制在极小范围之内。

(2)觇标对中误差

觇标中心与测点标志中心不在同一铅垂线上所引起的测角误差简称为觇标对中误差。仪器对中不准确,使仪器中心偏离测站中心的位移叫偏心距,偏心距使所观测的水平角值偏大或偏小。

在图 4-5 中,欲测角度 $\beta = \angle ACB$,设觇标 B 与仪器 C 均无对中误差,仅由于觇标没有与测点中心 A 重合而偏离到 A_1,故使所测得的角值变为 β_1,真误差 $\delta_A = \beta_1 - \beta$,$e_A = \overline{AA_1}$ 称为对中线量误差。在 $\triangle ACA_1$ 中,因为 e_A 很小,所以 $b' = CA_1 \approx b = CA$,按正弦公式得

$$\sin\delta_A = \frac{e_A}{b}\sin\varphi_A \tag{4-13}$$

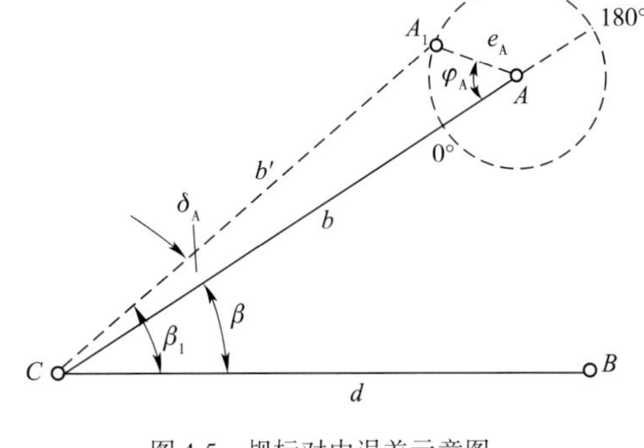

图 4-5　觇标对中误差示意图

由于δ_A很小，故可将上式简化为

$$\delta_A=\frac{e_A\rho}{b}\sin\varphi_A \tag{4-14}$$

由上式可以看出，δ_A的大小除与e_A和b的大小有关外，还与e_A所处的方向，即φ_A的大小有关。

由于A_1可以处在以A为圆心，以e_A为半径的圆周上的任意位置处(图4-5中的虚线所绘小圆上)，也就是φ_A可以在0°～360°之间变化。因此，可按式(4-13)之真误差δ_A求得其中误差为

$$m_{\varepsilon_A}^2=\frac{[\delta_A\delta_B]}{n}=\frac{e_A^2\rho^2}{nb^2}[\sin^2\varphi_A] \tag{4-15}$$

其中n的计算公式为

$$n=\frac{360°}{\mathrm{d}\varphi_A}=\frac{2\pi}{\mathrm{d}\varphi_A} \tag{4-16}$$

将n值代入式(4-14)，并用积分符号代替求和符号后，可得

$$m_{\varepsilon_A}^2=\frac{e_A^2\rho^2}{2\pi b^2}\int_0^{2\pi}\sin^2\varphi_A\mathrm{d}\varphi_A=\frac{e_A^2\rho^2}{2b^2} \tag{4-17}$$

$$m_{\varepsilon_A}=\pm\frac{e_A\rho}{\sqrt{2}b} \tag{4-18}$$

同理可求得由于觇标B偏心所引起的测角误差为

$$m_{\varepsilon_B}=\pm\frac{e_B\rho}{\sqrt{2}b} \tag{4-19}$$

由以上两式可以看出：觇标对中误差引起的水平角观测误差与觇标偏心距成正比，并与测站到观测点的距离成反比，与角度β本身的大小无关。因此，在进行水平角观测时，觇标的对中误差不应超出相应规范规定的范围，特别对于短边的角度进行观测时，觇标更应该精确对中。

(3)测站对中误差

由于仪器中心与测站点标志中心不重合所引起的测角误差，简称为测站对中误差。

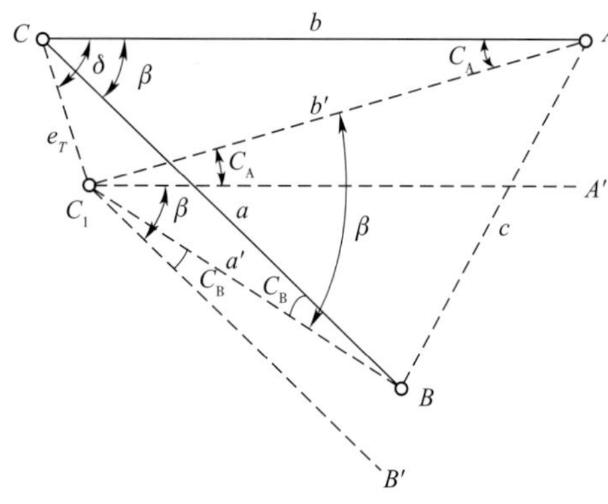

图4-6　仪器对中误差示意图

在图4-6中，设两觇标A与B均无对中误差，而仪器中心设置在偏离测点中心C点一段微小距离e_T的C_1点，$e_T=\overline{CC_1}$称为仪器对中的线量误差。显然，在C_1点上所测角度β'不是欲测角的真值β，而产生真误差$\delta_{\varepsilon_T}=\beta-\beta'$。过$C_1$点作$C_1A'\parallel CA$，作$C_1B'\parallel CB$，便可得到$\beta+C_A=\beta'+C_B$，故真误差$\delta_{\varepsilon_T}=\beta-\beta'=C_B-C_A$。

同样可写出由真误差δ_{ε_T}求中误差m_{ε_T}的公式为

$$m_{\varepsilon_T}^2=\frac{|\delta_{\varepsilon_T}\delta_{\varepsilon_T}|}{n}=\frac{|(C_B-C_A)^2|}{n} \tag{4-20}$$

在$\triangle ACC_1$中，$b' = \overline{C_1A} \approx b = \overline{CA}$，且$e_T = \overline{CC_1}$很小，故有

$$C_A = \rho \frac{e_T}{b} \sin\theta \tag{4-21}$$

同样，在$\triangle BCC_1$中有

$$C_A = \rho \frac{e_T}{a} \sin(\theta - \beta) \tag{4-22}$$

故得

$$(C_B - C_A)^2 = \rho^2 e_T^2 \left\{ \frac{\sin^2(\theta-\beta)}{a^2} + \frac{\sin^2\theta}{b^2} - \frac{2\sin\theta\sin(\theta-\beta)}{ab} \right\} \tag{4-23}$$

将上式及$n = \frac{2\pi}{\mathrm{d}\theta}$代入式(4-20)中，并引入积分符号后得

$$m_{\varepsilon_T}^2 = \frac{\rho^2 e_T^2}{2\pi} \left\{ \frac{1}{a} \int_0^{2\pi} \sin^2(\theta-\beta)\mathrm{d}\theta + \frac{1}{b^2} \int_0^{2\pi} \sin^2\theta \mathrm{d}\theta - \frac{2}{ab} \int_0^{2\pi} \sin(\theta-\beta)\sin\theta \mathrm{d}\theta \right\}$$

$$= \frac{\rho^2 e_T^2}{2a^2 b^2}(a^2 + b^2 - 2ab\cos\beta) = \frac{\rho^2 e_T^2 c^2}{2a^2 b^2}$$

$$m_{\varepsilon_T} = \frac{\rho e_T c}{\sqrt{2}ab} \tag{4-24}$$

由上式可知：

①测站对中误差m_{ε_T}与其线量对中误差e_T成正比，与所测角的两边a、b长度成反比。

②测站对中误差m_{ε_T}与所测角β的大小有关，在所测角β为0°～180°时，m_{ε_T}随角度β的增大而增大，当β增至180°时，m_{ε_T}为最大。

(4)总对中误差

因为觇标及仪器的对中误差均为独立的偶然误差，故总对中误差应为

$$m_\varepsilon^2 = m_{\varepsilon_T}^2 + m_{\varepsilon_A}^2 + m_{\varepsilon_B}^2 \tag{4-25}$$

即

$$m_\varepsilon = \pm \frac{\rho}{\sqrt{2}} \sqrt{\frac{e_A^2}{b^2} + \frac{e_B^2}{a^2} + \frac{C^2 e_T^2}{a^2 b^2}} \tag{4-26}$$

当导线边长较短时，对中误差对测角精度的影响很大。

(5)克服措施

在短边上对中误差一般要求不大于0.1mm(当边长10～20m时，则对水平角的影响为$\Delta\beta = 1'' \sim 2''$)。对中误差的产生往往是由于在仪器转站时或在同一测站上，觇标中心与仪器旋转中心、觇标中心与自身旋转轴不一致，以及基座连接装置的偏心等都会对方位角的传递产生较大的误差。这些误差大多是由于觇标、仪器等变形所致，因此，对觇标必须事先进行检验。一般采用以下两种方法安置仪器和觇标：

①在井边适合位置砌筑强制对中固定观测墩，再经站厅平台砌筑强制对中固定观测墩中转，将坐标和方位角传至隧道内。同时在导线布设时各点埋设具有强制对中装置的观测墩或带有内外架式的金属吊篮。

②目前先进的全站仪均有配套的棱镜、觇标和“三联架”基座设备，即全站仪和棱镜觇标

可以通用的基座和三脚架,而不必移动三脚架和基座。有了三联脚架设备可以简化工作组织,提高工作效率,并减少对中误差对测角和量边的影响。

如图4-7所示,欲从导线点 A 和 B 开始施测导线 A—B—1—2—3……,首先在 B 点安置全站仪整平对中,在后视点 A 和前视点1安置觇标整平对中。测完 B 站后,B 及1点的三脚架和基座保持不动,把 B 点的仪器头移至1点,直接插入原已安置好的三脚架基座中,将 A 点的棱镜觇标直接插入 B 点的三脚架基座中,而将 A 点的三脚架基座移到2点整平对中,并将1点的棱镜觇标插入2点已整平对中的三脚架基座中,即可开始第2站(即1点)的观测。由此可见,每观测完一站,只需在新的前视点上将三角架和基座整平对中一次,从而提高了工作效率,还能够有效地消减仪器对中误差和目标偏心误差的影响。

导线直接传递常用的方法是对地下待定点(A、B)采用双极坐标观测,如图4-7所示。

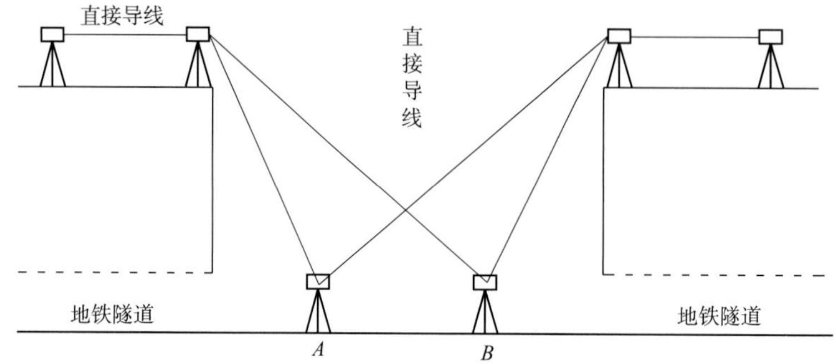

图4-7　导线直接传递坐标联系测量示意图

进行水平角观测,仪器的纵轴必须严格垂直,当仪器的纵轴不严格垂直时,将按下式影响水平角测量精度

$$\Delta\beta = V\tan\alpha \tag{4-27}$$

式中:V——仪器纵轴倾斜量;

α——该边的高度角;

$\Delta\beta$——对水平角的影响值。

由上式计算,当高度角 $\alpha=35°$ 时,如果照准气泡偏0.2格(4″),则对水平角影响 $\Delta\beta=3''$。这项误差是属于系统误差,不能通过盘左、盘右或多个测回数来消除。只有通过改正或观测时严格气泡居中来克服。因此,测回间应检查仪器和觇牌气泡的偏离情况,在必要时重新整平。

通过以上分析可以看出,通过地铁车站开挖基坑、竖井、通道采用导线定向方法向隧道内传递坐标和方位时,其在作业过程中应注意以下事项:

(1)使用的全站仪、对点器在作业前要进行对点误差等日常检查。

(2)要使用高精度的全站仪(如测角为1″,测距仪是一类测距仪)和精密对点器(带圆水准器和长水准器);采用具有双轴补偿的全站仪,无双轴补偿时应进行竖轴倾斜改正。

(3)垂直角宜小于30,井口边长最好大于50m。

(4)为了减小对中误差,对点可以采用如大头针,牙签等进行对点,也可应按三联脚架法进行导线测量。有条件的情况下,导线测量路径上的部分置镜点应埋设简易强制对中。

(5)测回间检查仪器和觇牌气泡的偏离,必要时重新整平。

(6)导线边长须对向观测。

(7)导线直接传递测量应独立测量两次,地下定向边方位角互差应小于12″,平均值中误差应小于±8″。

3. 实践应用

导线直接传递测量的方法,由于高差大,对仪器结构完善要求高。目前,全站仪均有纵轴倾斜自动改正装置。经过实践,全站仪的这种补偿功能的作用是有效的。在观测时宜采用具有双轴补偿的电子经纬仪或全站仪,有利于减弱竖轴倾斜误差对水平方向观测值的影响。

在竖井联系测量中采用三维坐标法联系测量,同样可以获得高精度的方位角传递成果。在多个城市地铁的竖井联系测量生产实践中,一些单位在井筒中设置多个带有强制对中标志的控制点,使用具有双轴补偿装置的TCA全站仪,通过测量多组导线路线,将坐标和方位角传递到地下定向边上,得到高精度定向测量成果。

如图4-8所示,采用由电动机驱动自动照准的全站仪(测量机器人)自由设站进行地铁竖井平面、高程综合联系测量,即三维坐标法联系测量,又称全站仪自由设站法,将地面近井点坐标和高程经地铁竖井同时传递到地下隧道内,可对常规平面、高程联系测量成果进行检核。

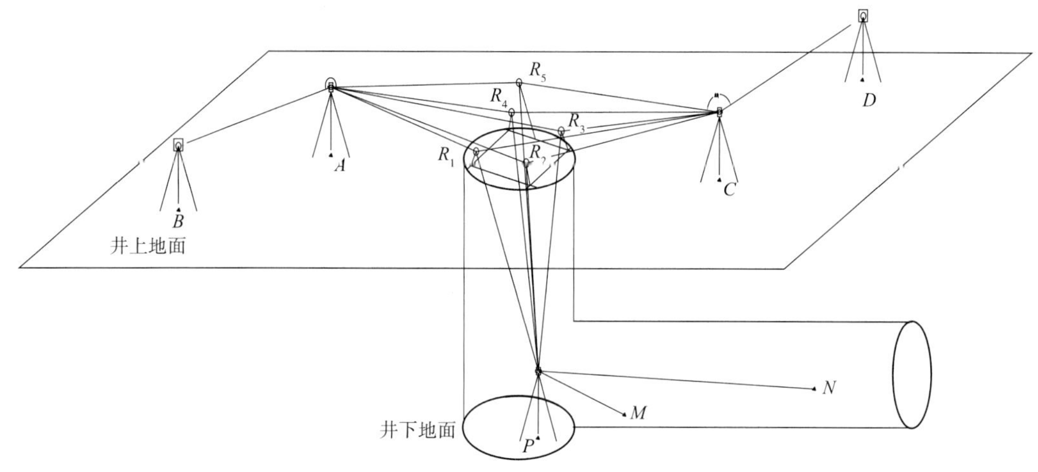

图4-8　三维坐标法联系测量示意图

该方法主要作业步骤包括:地面趋近导线和近井水准附设,地上全站仪观测,地下全站仪观测等。

(1)地面趋近导线和近井水准附设。

采用该方法,要求通过敷设趋近导线、近井水准,至少在井筒周边敷设4个含坐标、高程的近井点。趋近导线技术要求同精密导线,近井水准要求同二等水准。

(2)地上全站仪观测。

采用Ⅰ级全站仪,使用机载"多测回测角"程序自动观测6测回。各测回水平角观测互差 $<4''$,垂直角(或天顶距)观测互差 $<6''$。

(3)地下全站仪观测,方法和技术要求同地上观测。

全站仪自由设站法联系测量具有如下优点:

占用井口、井筒时间短,对施工影响较小。一般完成全部外业需40~90min;风、雨及外界震动等影响较小;坐标、高程同时传递,大量减轻了测量作业强度,显著提高了联系测量的作业效率。

三、联系三角形法

联系三角形定向测量亦称一井定向测量。一井定向是在一个竖井中悬挂两根钢丝，在地面近井点与钢丝组成三角形，并测定近井点与钢丝的距离和角度，从而算得两根钢丝的坐标以及它们之间的方位角。同样，井下近井点也与钢丝构成三角形，并测定井下近井点与钢丝的距离和角度，由于钢丝处在自由悬挂状态，可以认为钢丝的坐标和方位角与地面一致，通过计算便可获得地下导线起算点的坐标和方位角，这样就把地上与地下导线联系起来了，联系三角形法布设见图4-9。

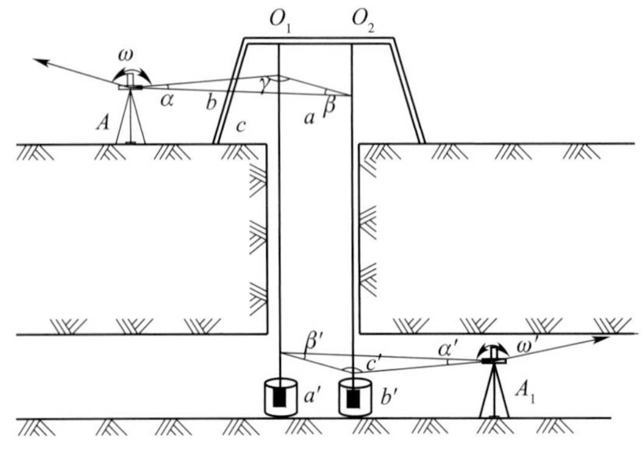

图4-9　联系三角形法布设示意图

1.联系三角形定向测量技术要求

联系三角形边长测量可采用光电测距或经检定的钢尺丈量，每次应独立测量3测回，每测回3次读数，各测回较差应小于1mm。地上与地下丈量的钢丝间距较差应小于2mm。钢尺丈量时应施加钢尺鉴定时拉力，并应进行倾斜、温度、尺长改正。

角度观测应采用角度精度不低于 $\pm 2''$，测距精度不低于 $2\text{mm} + 2 \times D\text{mm}$（$D$ 是测距边长，以km为单位）的全站仪，用方向观察法观测9测回，测角中误差应在 $\pm 2.5''$ 之内。

联系三角形测量，每次定向应独立进行3次，取3次平均值作为定向成果。联系三角形定向推算的地下起始边方位角的测回较差应小于 $\pm 12''$，方位角平均值中误差应在 $\pm 8''$ 之内。

2.井上、井下联系三角形法布设要求

将井上、井下联系三角形投影到平面上，便得到如图4-10所示联系三角形法投影示意图。

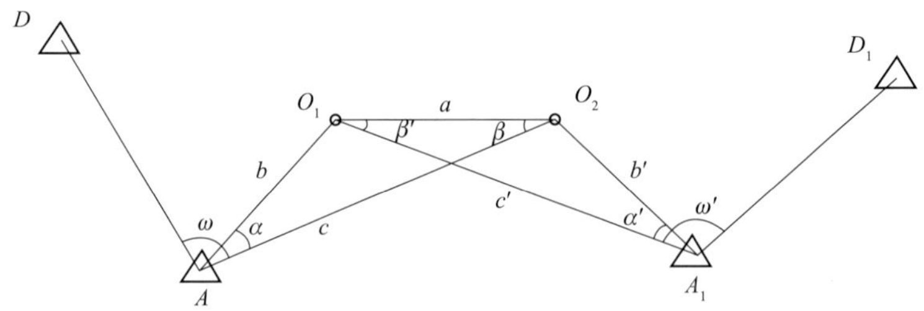

图4-10　联系三角形法投影示意图

图4-10中，A、D 为地面趋近导线点。O_1、O_2 是通过竖井框架悬挂并吊有重锤的高强钢丝（一般选用 $\phi 0.3$mm 钢丝，悬挂10kg重锤）。A_1、D_1 为待求地下导线控制点。

井上、井下联系三角形布设应满足下列要求：

（1）两吊锤钢丝间距 a 不应小于5m，且应尽量长。

（2）定向角 α、α' 宜小于1°，呈直伸三角形。

（3）b/a 及 b'/a 宜小于1.5，在联系测量时，应尽量使连接点 A 和 A_1 靠近最近的钢丝线，并精确的测量角度 α、α'。

3.联系三角形法测量外业观测

先在地面连接点 A 安置全站仪后视近井点 D,观测 α 角及连接角 ω,并通过反射片实测 A 点至两根钢丝的水平距离 b、c ,然后在地下控制点 A_1 安置全站仪观测 ω_1 及 α_1 角,并实测 A_1 点至两根钢丝的水平距离 b_1、c_1;且在井上、井下用钢尺分别量得两根钢丝间距 a,其互差应小于 2mm。

4.联系三角形法解算过程

如图 4-11 所示,由于每个联系三角形均观测三条边和一个内角,因此有一个多余观测分量,可按边角网平差方法进行条件平差,从而可得到各观测量的最佳估算值。

(1)三角形三边平差

联系三角形的三条边都需实测,因此在进行数据处理前,应消除由于量测误差产生的矛盾。在图 4-11 中,JS 是地面近井点,γ 为所测的联系三角形的夹角,O_1 与 O_2 为悬挂的钢丝,a、b 和 c 为用实际测量所得的 3 条边。设 d 为 c 边的计算值,根据余弦定理,其表达式为

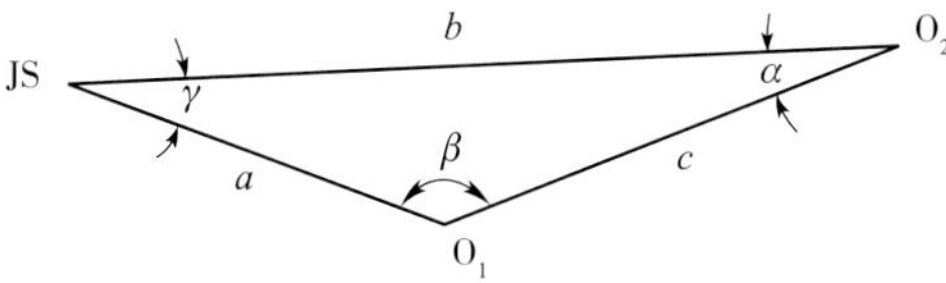

图 4-11 联系三角形解算示意图

$$d^2 = a^2 + b^2 - 2ab\cos\gamma \tag{4-28}$$

由于 γ 和 α 是接近于零的角,因此可以认为:$d = b - a$,$\cos\gamma = 1$,将这两个值用于式(4-28)中并进行相应变换后则有下式

$$d = b - a + \frac{ab(1 - \cos\gamma)}{b - a} \tag{4-29}$$

设 $e = (c - d)/3$,用 e 值对 a、b、c 三边作如下改正

$$\begin{cases} a' = a - e \\ c' = c - e \\ b' = b + e \end{cases} \tag{4-30}$$

(2)三内角平差

用平差后的边计算 α、β 角。由正弦定理,根据 a'、b'、c'求出三角形的另两个角 β 和 α

$$\sin\alpha = \frac{a'}{c'}\sin\gamma \tag{4-31}$$

对 α、β 值进行三角形内角和检查,若有少量不符值,则将其平均分配于 α、β 中,消除不符值。

$$f_{闭合} = \gamma + \beta_{算} + \alpha_{算} - 180^\circ \tag{4-32}$$

$$v_\beta = -\frac{f_{闭合}}{2} \tag{4-33}$$

$$v_\alpha = -\frac{f_{闭合}}{2} \tag{4-34}$$

对于地下联系三角形,边长、角度预处理过程与地面相同。

(3)方位角推算

如图 4-10 所示,方位角推算有 4 条路线:D-A-O1-A1-D1、D-A-O2-A1-D1、D-A-01-02-A1-D1、D-A-02-01-A1-D1。经有关文献论证,方位角传递方向选择经过长边 c 小角 β 路线的精度最高,因此按照路线 D-A-02-01-A1-D1 传递方位角精度最高,按照此传递路线,计算地下起始

方位角公式为

$$\alpha_{A1\text{-}D1} = \alpha_{D\text{-}A} + \omega + \beta + \beta' + \omega' \pm 360^\circ \tag{4-35}$$

当竖井悬挂了三根钢丝采用双联系三角形测量时，推算时可以有左右两条路线，取两条路线的结果平均值作为地下起算边计算值。

（4）坐标推算

根据投点坐标和地下方位角、观测数据，按照导线计算公式推算地下控制点坐标。

在进行联系三角形法定向测量时，要注意以下事项：

①距离测量时采用在钢丝上贴反射片，利用对边测量方法测量距离，这对贴片测距的精度需要进行验证。在测量之前，利用贴片测距和标准基线尺长度进行了对比验证，如果测距的较差均在1 mm之内，说明此方法是可行的。另外，对边测量是仪器内设的功能，这对于距离就无法进行仪器的加常数改正，由于联系三角形为直伸形，几乎接近直线，所以加常数几乎可以抵消。

②由于直伸形三角形，其γ（三角形观测内角）很小，只有几十分，这对于计算钢丝间距离的式（4-28）中的第三项的影响（可能只有零点几毫米左右）几乎可以忽略，那么如果γ角的测量中有几秒的粗差的话这一项的变化就更微小，那就根本就无法检测到粗差。因此，对γ角的观测要精确。

③根据联系测量自身的特点，其吊锤摆臂长，摆动的速度慢，摆动周期用时也长。特别是吊锤摆动将近静止时，摆幅很小，摆动的速度特别慢，在左、右摆动的顶点会有一个停顿，这样会造成一个隐形稳定。那么在井下观测的时候很有可能造成某个方向有几秒的偏差。假设在观测中A1-O2方向处加入了4″的粗差，三角形平差计算仍完全符合限差。但是两条路线结果互差就会变大，4″粗差经过其他计算角又被放大了，如果没有悬挂三根钢丝那么无法进行检核。而一旦悬挂三根钢丝进行观测，对左右路线结果进行平均后便可以使粗差减小，因此悬挂三根钢丝组成两条不同推算路线是必要的。

④三边改正数v_a、v_b、v_c并不一定是死套公式$v_a = -e$、$v_b = +e$、$v_c = -e$，而应是三角形中最大边之改正数$v = +e$，其余两个短边改正数$v = -e$。

⑤定向时，图形条件的选择宜尽量使两个锐角小。

⑥在进行三角形联系测量数据处理时，要先进行边长平差，然后再进行角度平差计算。如果过程反过来，（利用测边先进行角度计算、分配，然后利用平差的角度再进行边长计算、分配）则精度会降低。

⑦测边时测定温度和气压，现场输入全站仪进行气象改正，仪器的加乘常数也同时自动改正。

⑧不论什么方法，由于三角形的边长较短，很小的边长误差都可能引起较大的角度误差。因此，对边长的计算和测量过程，边长要求精确到0.01mm。

5. 联系三角形法测量提高精度措施

（1）重复观测

当采用联系三角形法传递地下方位角时，应尽量布设成直伸联系三角形，这时地下起始边方向的误差主要由角度观测误差引起。进行联系三角形测量时，为保证精度，需要重复观测数组。每组只将两垂线位置稍加移动，测量方法完全相同。各组数值互差满足限差规定时，取其平均值作为最后成果指导施工。

(2)风速影响

由于吊钢丝联系三角形法是通过钢丝来进行投点,所以在定向过程中风力对钢丝的影响直接影响投点精度。大深度的竖井中,钢丝上下端距离加大,风力更容易引起钢丝共振,导致投点精度差且角度观测时无法准确瞄准,宜选择微风或无风的天气条件进行施测。

(3)光照影响

吊钢丝联系三角形法测量时,地面与地下均应当建造固定观测墩用以架设仪器。如果地面观测墩是金属材质,就一定要注意光照影响。因为吊钢丝联系三角形定向测量中,测站(观测墩)与钢丝间的距离很近,观测墩金属表面受到光照后产生的微弱形变会直接影响角度观测精度。宜选择阴天进行施测,并将观测墩用混凝土覆盖并加固。

6. 双联系三角形定向测量方法

在生产实践中,测量工作者总结出了双联系三角形定向测量方法,该方法是在竖井中悬挂吊3根钢丝,组成两个联系三角形,双联系三角形定向测量示意图见图4-12。进行定向测量时,在地面和地下近井点分别测量近井点至3根钢丝a、b、c、a'、b'、c'和钢丝间O_1O_2、O_2O_3的距离以及近井点与钢丝间的角度α_1、α_2、α_1'、α_2'。然后根据观测数据,利用平差软件解算出地点下近井点的坐标和方位角。该双联系三角形定向测量具有方法简单、操作容易、精度高等优点,建议在竖井联系测量工作中广泛应用。

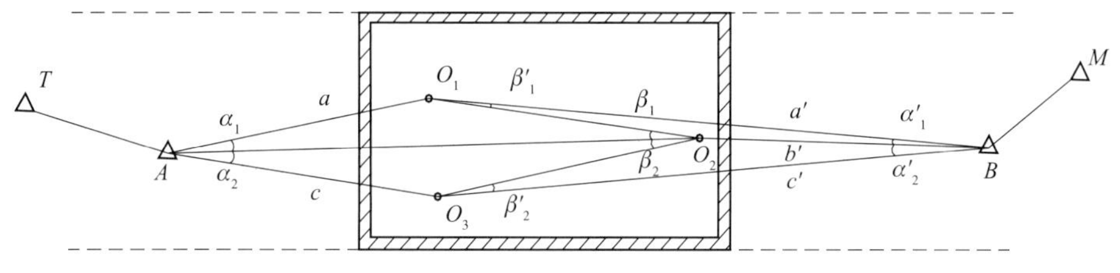

图4-12　双联系三角形定向测量示意图

四、钻孔投点法

1. 概述

如图4-13所示,钻孔投点法是根据地铁浅埋的特点,应用一根垂线上平面坐标相同的原理而总结出的竖井联系测量方法。特别适用于矿山法施工的地铁浅埋隧道或车站主体施工已封顶的车站结构。

在地铁车站通过车站两端的下料口、出土井等,利用垂准仪或垂线直接将坐标传递到地下,作为隧道地下控制测量坐标起算数据。如果要所投测点作为起算方位,则相邻两点须通视。

另外,当隧道贯通距离较长时,为控制隧道掘进的方向误差,对浅埋矿山法隧道可在地面钻一孔,将坐标直接传入地下隧道内,加强平面位置与方向的控制。此方法精度最优。

对于有中间风井的长距离(大于1500m)盾构法隧道,充分利用中间风井的条件进行投点定向,调整盾构掘进方位,提高盾构贯通精度。

井上井下投点用导线连接,钻孔投点法定向测量观测技术要求同地面精密导线。

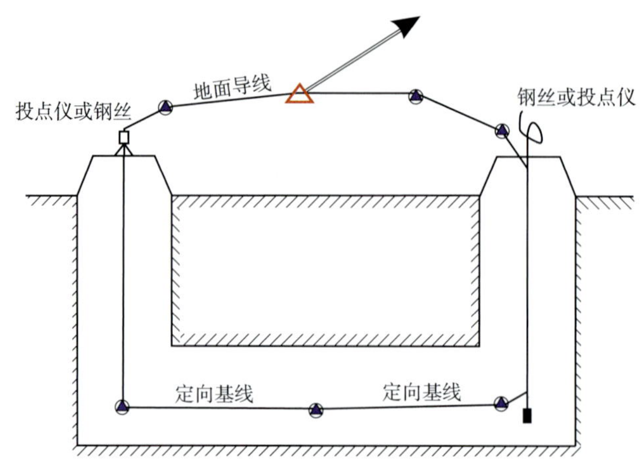

图 4-13　投点定向测量法示意图

2. 作业实施

(1)投点方法

投点工作可使用投点仪、钢丝及测量贴片完成。如图 4-15 所示,根据现场情况,选择施工竖井作一个投点 DT1(利用竖井,不需钻孔),在地铁已开挖的竖井通道或中线导洞上方选择一点 DT2,并用钻机钻出约 20cm 的圆孔。将光学垂准仪置于方孔上方,垂准仪置平后,按 0°、90°、180°、270°四个方向在井下投得 4 个点,构成近似正方形,边长小于 5mm 时,取正方形对角线交点为井下投点(图 4-14),否则重投。取近似正方形重心为精确投点,可以大大提高投点精度。依次分别投出 DT1(DT1′)和 DT2(DT2′)。地下投点 DT1、DT2 要预先平整地下投点场地,投点后刻好标记,测量完成之前要保护好投点。

(2)导线布设与投点坐标

根据钻孔和竖井的位置,结合现场情况布设的近井导线与投点连测。近井导线可以提前进行测量工作,也可以将钻孔投点(竖井投点)纳入近井导线中,进行统一测量,统一平差计算,以便提高投点坐标精度。

图 4-15、图 4-16 是某地铁工区地面导线与投点布设、连测实例,对地面近井导线进行检测确认无误后,置镜于四等导线点 TP24,后视 TP25,测角 α_1 与边长 d_1,置镜于近井点 DY1,测角 α_2、α'_2,测边长 d_2,计算投点 DT1(DT1′)和 DT2(DT2′)的坐标。

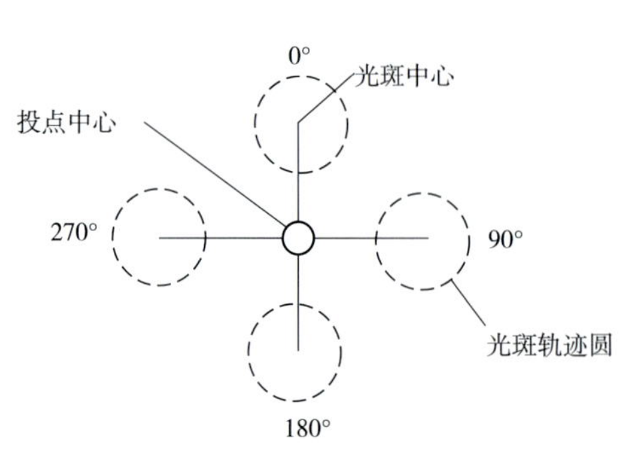

图 4-14　投点示意图

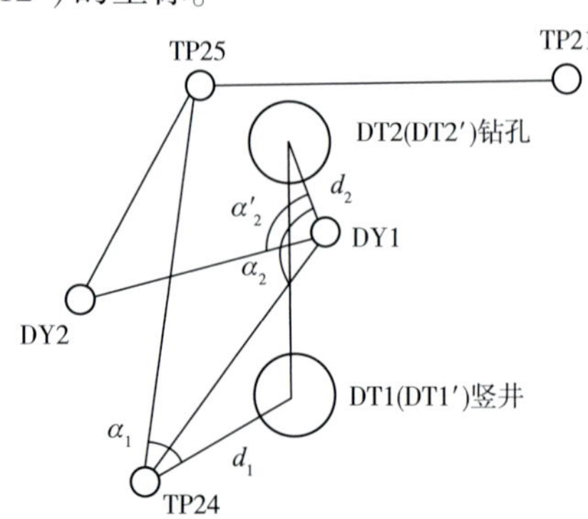

图 4-15　近井导线与投点关系示意图

结合洞内现场情况，利用左右线间横通道将左右线的导线点和投点 DT1、DT2 组成一个闭合导线，按照精密导线对边角测量的要求进行地面和洞内导线边角测量。观测水平角 α_1、α_2、……、α_9，测水平距离 d_1、d_2、……、d_9。经平差计算，得到洞内各导线点坐标和方位，指导施工。

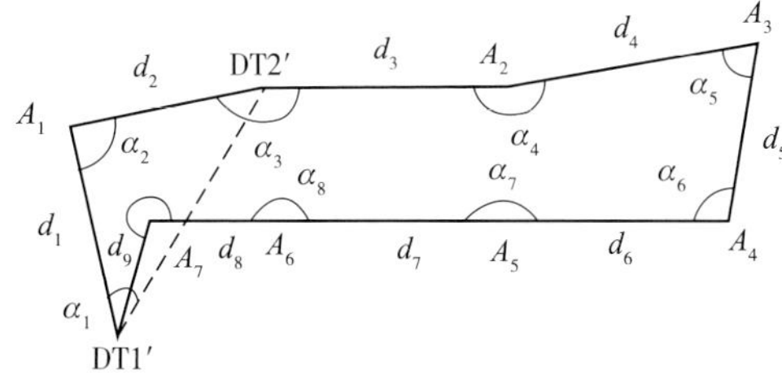

图 4-16　井下控制点测量示意图

3. 工作要求及注意事项

(1) 对两投点工作的要求

①投点定向测量独立进行两次，每次旋转基座 120°三个位置各测一测回。投点中误差小于±3mm。

②井上井下投点应注意安全，所投之点应稳固，不能因测量工作的进行发生位移等变形。

(2) 对两投点间距的要求

①车站内，投测的两点相互通视时，一般要求其间距大于 60m，特殊情况下不得小于 30m。

②隧道内满足观测条件的情况下，投点间距尽可能长，投点间距宜大于 100 ~ 120m；当两投点不通视（特别是洞内）时，投点间距应大于 150m。

③对两投点位置的要求

两投点尽可能都在正线上。亦可以利用施工竖井，减小钻孔工作量。投点位置最好在洞内洞外都能通视，以提高洞内洞外相应测量工作的测量精度

(4) 对两投点坐标测量的要求

①洞外投点坐标测量，尽可能按附合导线进行测量，有困难可按闭合导线进行测量，不能采用支导线测量投点坐标。另外，洞外投点坐标测量应在同一测量路线中完成，使洞外投点形成一个整体。也可以用钢丝和测量用的反射片联合代替投点形成无定向导线进行两井定向测量。

②地下定向边方位角互差小于 12″，平均值中误差小于 ±8″。

(5) 对投点钻孔的要求

钻孔大小可以结合使用投点仪确定，但其直径应不小于 20cm。钻孔应垂直，以方便投点，保证投点质量。

综上所述，钻孔投点法进行竖井联系测量，具有作业时间短、测量精度高、简单直观、容易操作等优点。该方法是一种适合于浅埋（埋深小于 30m）、矿山法施工地段竖井平面联系测量方法。

该方法的缺点是一般要在隧道上钻一个以上测量井。由于钻井位置大都位于交通繁忙地段，钻井手续审批麻烦、钻井和测量作业对交通影响大，限制了其在城市地铁的广泛应用。

当具备钻孔条件，近井导线易布设时，应优先采用钻孔投点法进行测量设计及作业。为了减少工程费用，一个测量井可利用生产竖井兼作或结合投料孔进行投点。

五、测量机器人后方交会法定向

1. 概述

测量机器人后方交会法定向是指定向测量时全站仪架设在竖井底部，利用机载的自动观

测程序对竖井口的数个坐标为已知的反射目标(棱镜、反射片等)进行观测,从而得到测站的坐标和定向角的测量方法。

这种方法之所以适用于地铁工程测量,是因为地铁隧道一般埋深较浅,而且近几年来采用盾构法施工的隧道越来越多,盾构法施工的盾构井筒直径一般较矿山法大,井底部可以直接和井口通视,另外全站仪双轴补偿功能的完善使得俯仰角较大时水平角观测精度能够保证,全站仪自动观测技术能够大大减轻人的劳动强度并提高观测效率。

2. 作业实施

测量机器人后方交会法的具体作业方法如下:

如图4-17所示,A、B、C、D四点为地面控制网中的控制点,R_1、R_2、R_3、R_4为设于竖井井口的过渡点,M、N为井下控制点,MN为井下的待定向边。

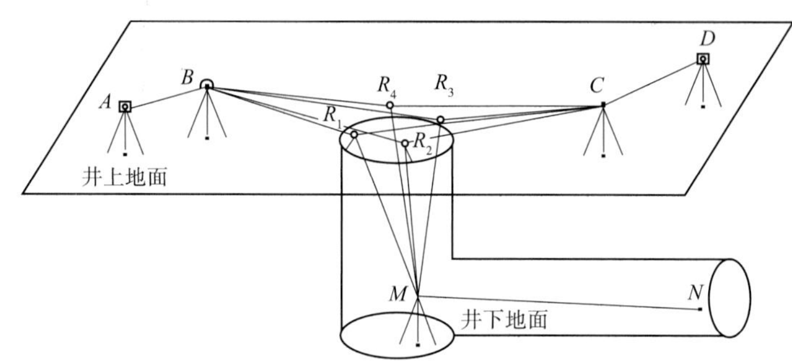

图4-17 测量机器人后方交会定向示意

地面测量时,分别在B、C两点设站,观测测站到R_1、R_2、R_3、R_4各点的水平方向和平距,井下测量时,全站仪在M点设站分别观测R_1、R_2、R_3、R_4各点的水平方向和平距,通过平差计算,就可以得到测站点M的坐标及M到N的坐标方位角。

在进行定向作业时,地面测量的图形不限于本文所介绍的情况,只要能够得到R_1、R_2、R_3、R_4诸点的坐标即可,但是为了提高各点坐标的测量精度,应尽量增加多余观测。另外,从理论上说,有两个井口过渡点就可以完成定向,同样为了提高定向精度,应多设置几个过渡点。实际作业时往往设置4~5个过渡点。

3. 数据处理

测量机器人后方交会定向法的数据处理与一般工程测量平差没有什么区别,都是按边角进行最小二乘平差。使用大部分测量平差软件均可进行计算。

六、两井定向

地铁隧道在采用暗挖法施工时,为了加快施工进度,区间中部经常设置施工竖井,一旦该竖井和相邻竖井或车站贯通,就可以进行两井定向,以两井定向成果指导剩余的隧道掘进。另外,由于地铁隧道埋深一般较浅,在掘进过程中往往还采用在隧道上方打孔或向下投测控制点,也可以与竖井或车站的控制点形成两井定向图形。

与一井定向相比,两井定向由于两根投点吊锤线的距离大大增加,因此减小了投点误差引起的方向误差,有利于提高地下控制网起算方向的精度。另外两井定向外业测量简单,占用竖井时间短。由于以上这些优点,两井定向也是地铁隧道工程定向测量常用的定向方法。

1. 作业实施

两井定向如图 4-18 所示。

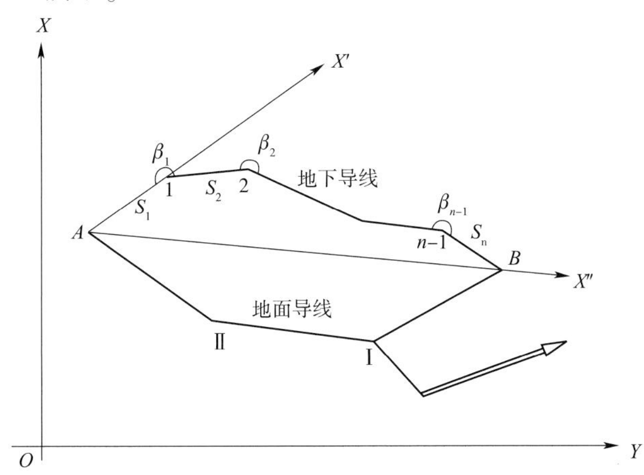

图 4-18　两井定向示意图

如图 4-18 所示,两井定向时,分别通过两个竖井向井下投测控制点,在隧道内,通过导线将两个投点连接起来,由于这种形式的地下导线没有前视方向,所以称为无定向导线。通过解算两个投点之间的无定向导线可以得到地下导线各点坐标及各边的坐标方位角,从而完成定向。

两井定向的过程可以分为以下几个步骤:

(1)投点

投点所用的设备及投点过程与联系三角形相同,可以用钢丝,重锤或铅垂仪进行投点。在使用钢丝、重锤投点时,重锤应浸入阻尼液中以便使钢丝尽快稳定。

(2)地面连接测量

地面上可以布设导线将两个竖井中的吊锤线相连接。为了增加多余观测条件。防止出现错差或错误,可以用双坐标法测量投点的坐标。如果是铅垂仪投点,还可以将投点直接纳入地面附合导线线路中观测。

(3)地下连接测量

在地下沿两竖井之间的隧道布设导线,布设导线是应注意尽量拉长导线边长。减少测站,以减小测角误差对定向成果的影响。

2. 数据处理

(1)计算两吊锤线在地面坐标系的方向角与距离

$$\alpha_{AB} = \arctan\frac{Y_B - Y_A}{X_B - X_A} \tag{4-36}$$

$$S_{AB} = \sqrt{(X_B - X_A)^2 + (Y_B - Y_A)^2} \tag{4-37}$$

(2)计算地下导线点在假定坐标系中的坐标

设 A 点为原点,A_1 边为 X'轴方向。

$$X'_i = \sum S_i \cos\alpha'_i \tag{4-38}$$

$$Y'_i = \sum S_i \sin\alpha'_i \tag{4-39}$$

其中 $\alpha'_i = \alpha'_{A1} + \sum_{1}^{n-1}(\beta_i - 180)(i = 1, 2, \cdots, n-1)$

B 点在在假定坐标系中的坐标为

$$X'_B = \Delta X'_{AB} \tag{4-40}$$

$$Y'_B = \Delta Y'_{AB} \tag{4-41}$$

由 A、B 两点在假定坐标系中坐标,反算其假定方位角与距离为

$$\alpha'_{AB} = \arctan\frac{Y'_B}{X'_B}, S_{AB} = \sqrt{X'^2_B + Y'^2_B} \tag{4-42}$$

(3)计算地下导线各点在地面坐标系中的坐标

$$\begin{pmatrix} X_i \\ Y_i \end{pmatrix} = \begin{pmatrix} X_A \\ Y_B \end{pmatrix} + \begin{pmatrix} \cos\alpha_i - \sin\alpha_i \\ \sin\alpha_i \cos\alpha_i \end{pmatrix} \begin{pmatrix} X'_i \\ Y'_i \end{pmatrix} \tag{4-43}$$

其中 $\alpha_i = \alpha'_i + \Delta\alpha, \Delta\alpha = \alpha_{AB} - \alpha'_{AB}$

(4)两竖井间地下导线的平差

由于 $\alpha_{AB} \neq \alpha'_{AB}$,产生坐标闭合差

$$f_X = X'_B - X_B \tag{4-44}$$

$$f_Y = Y'_B - Y_B \tag{4-45}$$

全长相对闭合差为

$$K = \frac{f}{[S]} = \frac{1}{[S]/f} \tag{4-46}$$

其中 $f = \sqrt{f_X^2 + f_Y^2}$

3. 无定向导线测量注意事项

(1)地下导线的边长应尽量拉长,从而减少测站数,以减少测角误差对导线精度的影响;又因为无定向导线增大的点位误差主要在横向,因此,应适当提高地面、地下导线测角的精度。

(2)两根吊锤线之间的距离应适当。如果距离太短,地面控制测量误差对定向精度的影响较大;如果距离太长,地下导线的测站数将增加,地下测角误差对定向精度影响较大。

(3)在地面、地下应布置适当测量图形,使得两点之间的相对横向误差尽量小。规范规定:无定向导线禁止布设成单导线,应布设成两个或两个以上的闭合环,或布设成结点网,以保证导线点位的精度与导线自身的可靠性。无定向导线较之两端有起始方位角的导线会肯定增大点位误差,但其增大的情况又随导线布设形式而不同。根据有关模拟计算:单一附合的一级导线作为无定向导线,最弱点的点位误差比典型的导线增大约 65%,且增大的主要为横向误差。而如果在两个投点之间自身构成两个闭合环,则在有、无定向角的点位误差比较中,无定向导线最弱点误差约增大 20%。

第三节　高程联系测量

高程联系测量主要包括地面近井水准、高程传递测量和地下近井水准三部分。高程传递引起的高程贯通中误差是独立的,直接传递到贯通面。

(1)地面近井水准

地面近井水准应形成附合水准路线,按《城市轨道交通工程测量规范》(GB 50308—2008)中的地铁二等水准要求作业。

(2)地下近井水准

当井下水准基点与高程传递所悬挂钢尺之间只测一站水准时,已满足高程传递的需求,不进行近井水准测量。当超过一站需增加临时点时,临时点与水准基点之间按《城市轨道交通工程测量规范》(GB 50308—2008)中的地铁二等水准要求作业。由于只能用单点闭合或支线水准测量,故在同一次联系测量时,必须测量两次或多次,以保证测量数据的准确性。

(3)高程传递测量

高程传递常用悬吊钢尺的方法进行,地铁竖井一般较浅,故高程传递检测均采用悬吊钢尺方法传递高程,见图4-19。

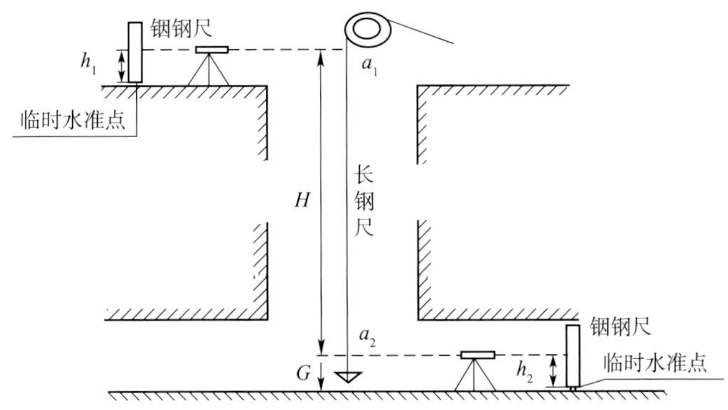

图4-19　高程联系测量示意图

作业方法及技术要求:作业钢尺必须是检定钢尺,并悬挂与检定相同质量的重锤。井上、井下两台水准仪同时观测。测量时独立观测三测回,测回间变动仪器高大于5cm。三测回测得的地面、底板水准点的高差较差应小于3mm。三测回测得的高差应进行温度、尺长改正。当井深超过50m时应进行钢尺自重张力改正。

为防止钢尺上读数错误发生,钢尺上读数的采用值应采取水准仪读数和钢尺上直接读数相互比较的结果。光学水准仪在钢尺上读数时,要使测微器处于正确状态,即测微器玻璃板处于垂直,测微器分划读数为50状态。

第四节　工程实例

一、陀螺经纬仪定向测量

下面以××市地铁区间(区间长度2.5km)竖井联系测量为例,介绍陀螺定向法的实施。

1. 仪器设备

全站仪、陀螺仪、反射片等。

2. 作业实施

(1)竖井投点、布网

井上、井下导线布置情况如图4-20所示，YP05、XYP04、XYP03为井上已知导线点，洞内点CZ3、CZ2、CZ6为待求导线点。在井口悬挂两根钢丝 G_1、G_2，井上、井下导线通过钢丝连成一闭合环。

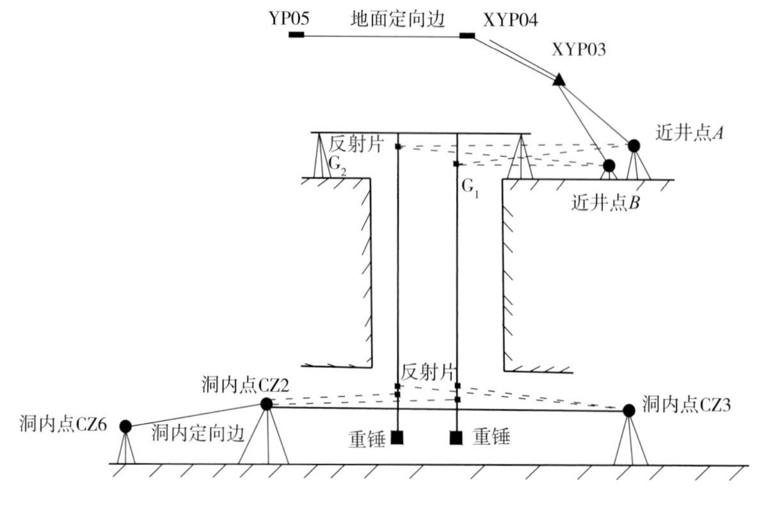

图4-20　陀螺经纬仪定向测量示意图

(2)陀螺经纬仪定向

定向时采用逆转点法进行。对一条边定向时，完成一端定向为半测回，完成两端定向为一测回。地面井上选择YP05、XYP04为定向边，井下选择洞内点CZ2、CZ6为定向边，进行陀螺定向观测。求出陀螺经纬仪的定向常数，并进行改正。

(3)导线边角测量

①地面导线测量：分别在A、B、XYP03架设全站仪按照精密导线要求进行观测。

②地下导线测量：分别在CZ2、CZ3设站，观测地下近井点、钢丝投点之间的边角关系角度。按照精密导线要求进行观测。

(4)空间夹角计算

将地面、地下导线投影到水平面上，通过地面、地下陀螺定向边测定的陀螺方位和地面、地下导线点之间的相对关系计算两钢丝投点上的水平夹角。从而将地面、地下导线形成了一个整体，具备了导线计算的所有要素。

(5)导线计算

根据以上导线测量成果，进行导线平差计算。坐标、方位从井上导线点传递到洞内导线点CZ3、CZ2、CZ6上，用于指导施工。

3.采用陀螺仪定向校核方位

如图4-21采用陀螺仪定向校核方位。地面定向一条边 *D*2-67～*D*2-68已知方位角；地下左线洞内定向一条边：左440～左290。

地面边陀螺经纬仪定向作业方法：先进行测前零位测量。测前零位测完后，采用逆转点法，测定逆转点读数5个，逆转点读数中值符合有关要求后，进行测后零位测定。当陀螺定向完成后，将陀螺经纬仪搬至定向边的另一端，按照上述方法进行陀螺定向。在陀螺定向满足有关规范要求后，取两端定向的平均值作为陀螺定向成果。

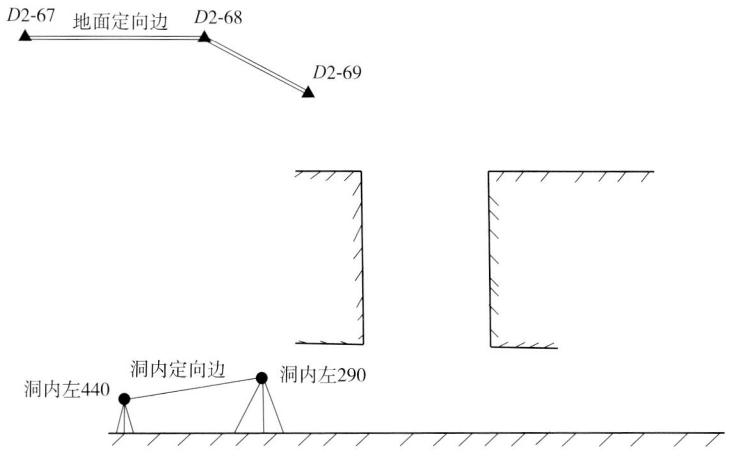

图 4-21 单项陀螺定向示意图

地下边陀螺定向作业方法:与地面边陀螺定向作业方法相同。

陀螺经纬仪定向方位角计算:通过地面的陀螺定向边测量,可以得到陀螺方位角和坐标方位角之间的参数差值,由于地面和洞内影响陀螺定向的外界因素相近,认为地面和洞内的陀螺方位角和坐标方位角之间的参数差值近似相等,由此就可以求得洞内陀螺定向边的坐标方位角。

二、直传导线法

应用实例 某城市地铁盾构区间始发边控制点检测。

此次平面检测采用直接传递法,在竖井口条件较好处选了 L_1、L_2 两个近井点,在 L_1、L_2 点上设站观测井下控制点 Z_1 的俯仰角分别约为 27°和 28°;观测井下控制点 Z_1 的俯仰角分别约为 27°和 28°。利用精密导线点 WJ076、WJ077C、WJ074 为起算依据,首先检测已知点之间的夹角与距离,起算点无误。检测施工单位在盾构始发井左右线布设的始发边控制点 Y_1、Z_1、Z_2。具体点位布设如图 4-22 所示。

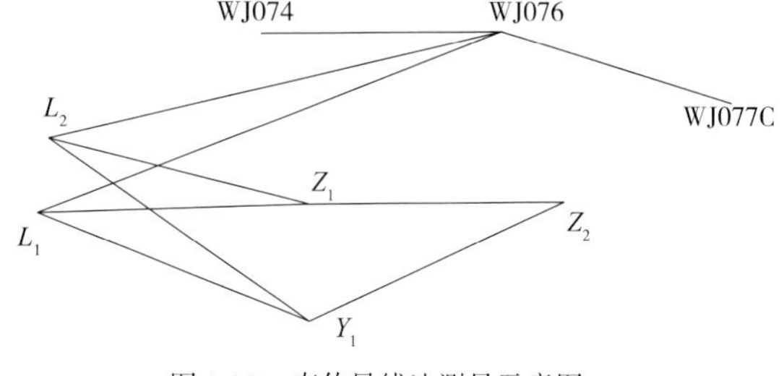

图 4-22 直传导线法测量示意图

检测坐标与原测坐标比较见表 4-2。

盾构始发边平面控制点坐标比较 表 4-2

点号	承包人坐标(m)		检测坐标(m)		差值(mm)	
	X	Y	X	Y	ΔX	ΔY
Z1	* *310.4416	* *426.246	* *310.4433	* *426.2496	1.7	3.6
Z2	* *305.7827	* *507.5405	* *305.7891	* *507.5402	6.4	-0.3
Y1	* *302.9423	* *424.5008	* *302.9446	* *424.5056	2.3	4.8

三、联系三角形法

应用实例 ××市地铁区间地下控制点检测

本工程联系三角形定向测量如图 4-23 所示。

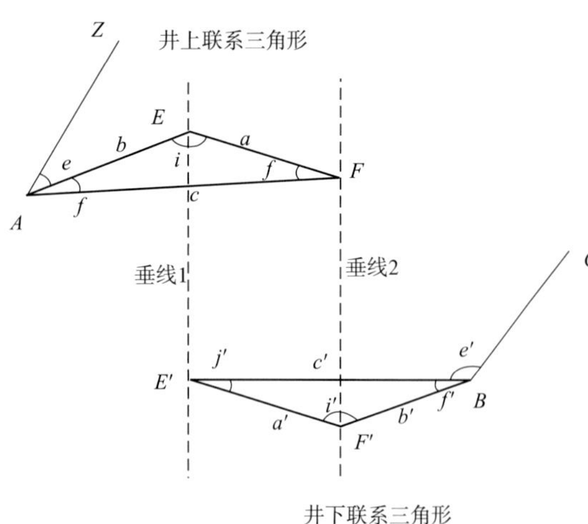

图 4-23　联系三角形定向测量示意图

1. 仪器设备

全站仪、10kg 重锤 2 个、ϕ0.5mm 高强钢丝 60m、小绞车、导向滑轮及经过检定的钢卷尺等。

2. 作业实施

(1)导线布设

导线布设情况如图 4-23 所示。垂线 1、垂线 2 是通过竖井绞车及导向滑轮悬挂并吊有垂锤的高强钢丝。Z、A 为已知的地面导线点，B、G 为待求的井下导线点，井下、井上三角形布设时应满足下列要求：

①垂线边距 a、a'应尽量布置长些。

②e、f、e'、f'角度应尽量小，最大不应大于 1°。

③b/a 及 b'/a'应尽量小，最大值不应大于 1.5。

(2)三角形测量

①测 e、f、e'、f'角度。

②量 a、b、c、a'、b'、c'边长。

(3)三角形平差计算

根据 a、b、c、f 求 j：$\sin j = b\sin\dfrac{f}{a}$

c 的计算值：$c_{算} = b\cos f + a\sin j$

c 的不符值：$h = c_{算} - c$

a 边长改正值：$\Delta a = -\dfrac{h}{4}$

b 边长改正值：$\Delta b = -\dfrac{h}{4}$

c 边长改正值：$\Delta c = -\dfrac{h}{2}$

以改正后的边长 a、b、c 为平差值，按正弦定理计算出 i、j，即为平差后的角值。f 改正很小，仍采用原测角值。

采用上述方法可计算出井下三角形平差后的边角 a'、b'、c'、i'、j'。f'改正很小，仍采用原测角值。计算成果见表 4-3。

边长观测值及计算成果　　表 4-3

井上观测算值	井下观测值
$f=0°25'14''$	$f'=0°35'2.2''$
$a=8.5745$m	$a'=8.5755$m
$b=12.0089$m	$b'=7.1924$m
$c=20.5834$m	$c'=15.7674$m

续上表

井上计算值	井下计算值
$j=\arcsin(b\cdot\sin f/a)=0°35'20.31''$	$j'=\arcsin(b'\cdot\sin f'/a')=0°29'23.24''$
$i=\arcsin(c\cdot\sin f/a)=178°59'25.64''$	$i'=\arcsin(c'\cdot\sin f'/a')=178°55'34.39''$
三角形闭合差	三角形闭合差
$\triangle=f+j+i-180°=-0.05$	$\triangle=f'+j'+i'-180°=-0.17$
简单分配后	简单分配后
$f=0°35'20.32''$	$f'=0°29'23.30''$
$j=178°59'25.66''$	$j'=178°55'34.45''$
$i=0°25'14.02''$	$i'=0°35'02.26''$

(4)坐标和方位传递计算

已知 A 点坐标为 X_A、Y_A,AZ 方位角为 Z_0。根据平差后的三角形边角计算如下参数

①BG 方位角 Z_0':

AF 方位角 $Z_1=Z_0+e$

FE 方位角 $Z_2=Z_1+180°+j$

$E'B$ 方位角 $Z_3=Z_2+180°-j'$

BG 方位角 $Z_0'=Z_3+180°+e'$

②B 点坐标:

$X_B=X_A+c\cos Z_1+a\cos Z_2+c'\cos Z_3$

$Y_B=Y_A+c\sin Z_1+a\sin Z_2+c'\sin Z_3$

(5)重复观测

进行联系三角形测量时,为保证精度,要重复观测数组。每组只将两垂线位置稍加移动,测量方法完全相同。由各组推算井下同一导线点坐标和同一导线边坐标方位角。各组数值互差满足限差规定时,取各组的平均值作为该次测量的最后成果。

四、钻孔投点法

投点定向测量法也就是两井定向法,特别适合车站主体施工已完成的盾构区间。

应用实例　××市地铁区间测量检测

此次平面检测采用两井定向法。

地面:在竖井口条件较好处选了 D、E 两个近井点,D、E 分别能观测钢丝 1、钢丝 2,起算依据为导线控制点 A、B、C。

井下:导线点 D_1、D_3 分别能观测钢丝 1、钢丝 2;检测施工单位在盾构始发井布设的导线控制点 D_2。具体点位布设见图 4-24。

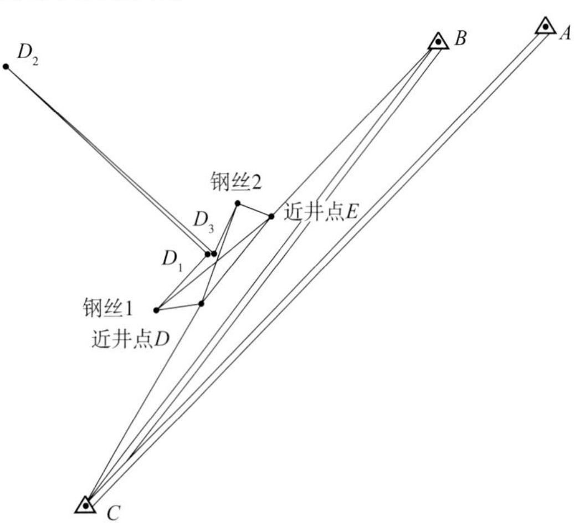

图 4-24　两井定向测量示意图

计算步骤:首先,根据地面测量的结果计算两投点的坐标及其连线的方位角和距离;其次,根据

假定坐标系统计算地下连接导线；然后，按地面坐标系统计算地下各导线边的方位角及各点的坐标；最后，根据起算数据 *XA*、*YA* 与地下导线的测量数据重新计算地下连接导线点的坐标，将坐标增量闭合差按井下连接导线边长成比例反号加以分配。

计算结果见 4-4。

钻孔投点法计算结果 表 4-4

点号	转折角	假定方位角	边长	假定坐标增量		改正后方位角	坐标增量		坐标	
	(° ′ ″)	(° ′ ″)	(m)	$\Delta X'$	$\Delta Y'$	(° ′ ″)	ΔX	ΔY	X	Y
A									24127.6449	35993.8329
		00 00 00	15	15	0	4 309 59.8	10.9405	10.2618		
D_1	89 01 33								24138.5851	36004.0945
		269 01 33	54.39	-0.9247	-54.3821	312 11 32.8	36.5296	-40.2972		
D_2	359 00 36								24175.1137	35963.7966
		88 02 09	55.32	1.8961	55.2875	131 12 08.8	-36.4405	41.6220		
*D*3	74 50 28								24138.6722	36005.4179
		342 52 37	10.903	10.4197	-3.2101	26 02 36.8	9.7959	4.7870		
B									24148.4679	36010.2047

五、高程联系测量

高程检测按精密水准进行作业，采用悬吊钢尺的方法，使用 NA2 + GPm3（0.4mm/km）及配套铟瓦尺。

应用实例 ××市地铁区间高程检测

高程由二等水准基岩点Ⅱ地 5-26、Ⅱ地 5-28 作为检测起算依据。已知高程点检查：基岩点Ⅱ地 5-26 至Ⅱ地 5-28 实测高差为 -0.6201m，理论高差为 -0.6215m，差值 1.4mm，起算点稳定。本次检测了承包人布设在井下的水准控制点：BM1。高程成果见 4-5。

检测成果比较 表 4-5

点号	原测高程(m)	检测高程(m)	差值(mm)
BM1	-8.3631	-8.3588	4.3

第五章

土建施工测量

第一节　概述

地铁土建工程一般包括车站、区间隧道、高架结构、停车场、车辆段、控制中心等。车站按布线高程分为高架车站、地面车站、地下车站。地铁车站施工方法有:明挖法、盖挖法(顺作法、逆作法、半逆作法)、浅埋暗挖法。区间隧道施工方法有:明挖法、盖挖法、暗挖法(盾构法、矿山法、钻爆法之新奥法)、沉埋法(又称沉管法、顶进法)。线路埋设方式分为:地面线、地下线、高架线。施工方法不同,对测量的方法和要求也有所不同。

总之,地铁土建测量主要包括以下内容:地面交接控制网复测;根据现场施工条件而进行的地面平面、高程加密控制测量;将地面上的坐标、高程和方位传递到地下的联系测量;地下平面、高程控制测量;土建施工测量,包括车站及区间施工导线、施工高程测量、施工放样、贯通误差测量等;土建竣工测量等。以上测量工作的作用都是为地铁施工指定方向和确定相对位置关系,以保证地铁工程结构能按照设计的平面位置和高程准确就位,尤其是保证区间施工两相向开挖(单向掘进)过程中,施工中线和高程能按照设计的要求正确贯通,确保开挖不超过规定的设计限界,保证所有建筑物在贯通前能正确修建,同时为设计和管理部门提供后续地铁施工(如轨道工程、通号工程、接触网工程、装修及机电设备安装工程等)提供测量基础数据及成果资料等。

目前全国绝大多数城市均施行了第三方测量管理模式,成立了地铁测量中心,有的称为地铁测量队或者第三方测量项目部等。土建施工测量涉及业主、监理、施工、第三方测量等单位。业主主要进行施工测量管理,监理单位主要对施工测量进行监理复核,第三方测量单位主要任务是施工期间维护地面平面、高程控制网的完整性、可靠性,对施工单位控制测量进行检测;施工单位则负责完成土建施工所需要全部具体测量工作。

本章主要围绕地铁工程的土建施工测量进行叙述,联系测量在第四章、竣工测量在第六章叙述。

第二节　地面加密控制测量

在地铁土建工程开工之前,一般由业主组织监理、施工、第三方测量等单位向土建施工单位进行交接桩,办理交接桩手续。土建施工单位接桩后,测量人员应对交接桩位进行复测,地面平面控制点复测按《城市轨道交通工程测量规范》(GB 50308—2008)精密导线测量的要求进行复测;地面高程控制点按《城市轨道交通工程测量规范》(GB 50308—2008)地铁二等水准测量的要求进行复测。经复测无误后方可进行下一步工作,如有问题及时反馈给交桩单位以便及时解决。

当地面控制网点的密度不能方便施工测量时,施工单位可以进行加密。需要提醒的是,在施工前或施工中,由各标段土建承包人自己分析、确定是否需要引测加密控制点(平面、高程),不强制要求进行加密测量;如果需要进行加密,土建承包人须向第三方测量单位上报加密测量报告,由第三方测量单位审核、检测以确定其是否满足要求,能否满足施工需要。

为了防止加密后点位破坏或者不能使用,造成二次加密,甚至多次加密,要选择合适的加密时间。虽然对交接控制点要求进行及时复测,一般要求在交接时间之后15个日历天内完成复测,否则,就认为交接控制点无误。但是,对施工加密没有时间要求。建议土建施工承包人进场后不要急于加密,完成所谓的管理流程,更何况不要求强制加密,一般在土建结构实体实质施工之前一周内完成即可。对于前期场地建设、征地拆迁等准备时期的测量工作,一般精度要求较低,可以布设临时点进行低精度普通测量开展前期工作。

一、平面加密测量

根据工程平面布置图和现场实际情况进行布设,在施工影响范围以外布置平面加密点,为了方便施工测量检查、恢复,一般要求施工场地附近不少于3个平面控制点。平面加密点布置要考虑稳定可靠、便于施工使用及利于保护、长期保存、标志明显。可以用混凝土进行护桩,在四周用红白相间的钢管设圈,悬挂警示牌进行保护。

加密控制点埋设宜选用不锈钢材料或铜质标芯,表面加工成凸形球面状,中线十字丝应该清晰而且不能太粗以保证对中的精度。控制桩点号应采用标准字模板刻注在混凝土上,字体应该美观、清晰。字体和点号刻注完采用红色油漆进行喷底。整个埋设过程如图5-1所示。

a)挖坑

b)浇底

c)抹面

d)点号刻注

图5-1　加密控制点埋设过程

平面加密控制测量的起算控制点一般不少于3个,起闭于GPS点或精密导线点。导线最好布置成附合导线(图5-2),布置成附合导线有困难时可布置成闭合导线(图5-3)。不宜按支导线进行布设。当条件比较困难,不得已布设支导线时,支导线总长度不应超过120m,支导线边数不应超过2条。

按《城市轨道交通工程测量规范》(GB 50308—2008)对精密导线测量的要求进行观测。计算结果需经监理复核合格后,报第三方测量单位进行检测,合格后方可进行下一步工序的施工。

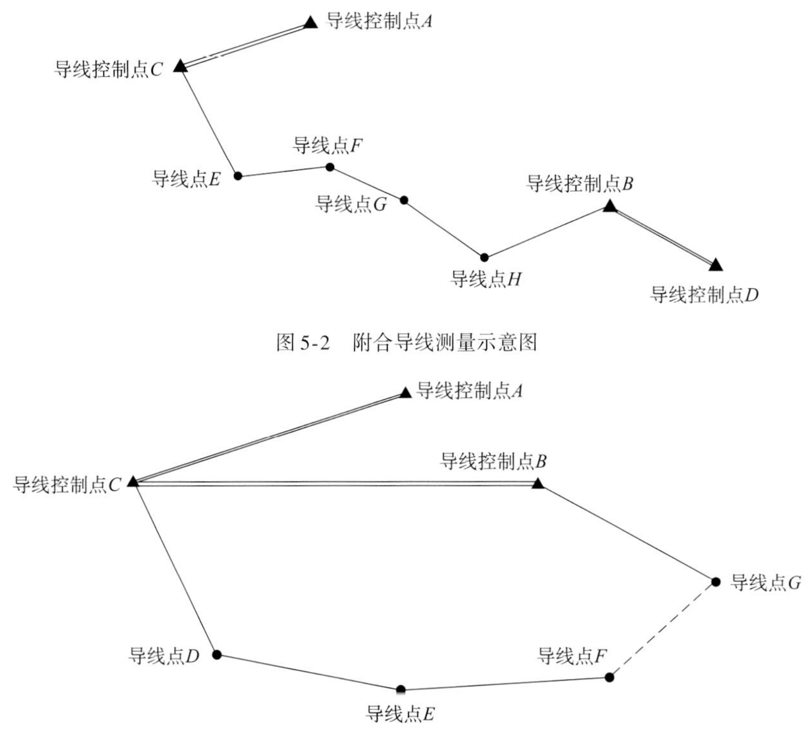

图 5-2　附合导线测量示意图

图 5-3　闭合导线测量示意图

作业时应按要求对已知点进行检核。边、角观测值满足有关要求后，进行边长投影改正，严密平差求算各点的坐标。

二、高程加密测量

根据交接的地铁地面高程控制点进行加密水准点布设，加密高程点布设比较灵活，为了施工测量方便使用，一般也布设在施工测量作业区附近。高程加密点布置要稳定可靠、便于施工使用及利于保护、长期保存、标志明显。一般要求施工场地附近不少于 2 个高程控制点，包括交接和加密高程点。加密高程点可以与平面加密点共用。

加密高程测量起闭于地面高程控制点，形成闭合或附合水准路线，按《城市轨道交通工程测量规范》(GB 50308—2008)对地铁二等水准测量的要求测量加密点高程。

作业时应按要求对已知高程点进行检核，使用平差软件对加密水准测量进行严密平差计算。计算结果需经监理复核合格后，报第三方测量单位进行检测，合格后方可进行下一步工序的施工。

第三节　明挖车站施工测量

在地铁建设中，车站往往采用明挖法施工，根据明挖车站施工的组织流程特点，其施工测量包括基坑支护结构施工测量、基坑开挖施工测量、车站主体结构施工测量、车站附属结构施工测量以及竣工测量。

一、基坑支护结构施工测量

对于地铁明挖车站施工来讲，由于城市中心地带建筑物、交通设施稠密，故地铁工程的基坑开挖只能在支护结构保护下进行垂直开挖，即使在城市之外为了节约施工场地，明挖车站基坑开挖往往也采用垂直开挖。另一方面为了保证基坑及周边环境安全，根据基坑水文、地质条件和地下、地面环境条件基坑支护结构采用不同的形式，一般有地下连续墙、钻孔灌注桩、水泥搅拌桩止水帷幕、咬合桩、人工挖孔桩、高压旋喷桩、SMW 工法桩、工字钢桩、钢板围堰和预应力锚索等形式。

车站围护结构施工使用全站仪利用极坐标法进行放样，采用水准测量或者三角高程测量方法进行标高控制。除预应力锚索外，上述其他支护结构的施工测量精度基本相同，在基坑支护结构放样时，为了保证支护结构净空尺寸，往往在设计的基础上将轴线整体外放 50 ~ 100mm。以地下连续墙为例，地下连续墙施工测量技术要求应符合以下规定：

(1)地下连续墙的中心线放样中误差应在 ±10mm 之内。

(2)内、外导墙应平行于地下连续墙中线，其放样允许误差为 ±5mm。

(3)连续墙成槽施工应测量其深度、宽度和垂直度。

(4)连续墙竣工后，其实际中心线位置与设计中心线的偏差值应小于 30mm。

随着城市地铁工程的规模化建设和岩土锚固技术的不断发展，预应力锚索支撑体系在地铁车站主体围护结构中得到广泛应用。在青岛、深圳、沈阳、成都、北京等城市地铁施工中，有些车站采用了预应力锚索围护结构施工。预应力锚索支撑体系施工精度应满足如下规定：

(1)根据各点工程立面图，按设计要求，将锚孔位置准确测放在坡面上，孔位误差不得超过 ±50mm。孔位测量中应考虑到整体坡面的平整度，放样后应根据纵横孔位拉出通线统一适当调整锚孔位置，严格控制孔位的偏差；在锚索贯通整坡面时应注意边坡中部检查台阶的预留，在施工图中锚索施工里程范围里往往包括检查台阶位置。如遇既有刷方坡面不平顺或特殊困难场地时，需经设计、监理单位认可，在确保坡体稳定和结构安全的前提下，适当放宽定位精度或调整锚孔定位。

(2)锚孔钻进施工，搭设满足相应承载能力和稳固条件的脚手架，根据坡面测放孔位，准确安装固定钻机，并严格认真进行机位调整，确保锚孔开钻就位纵横误差不得超过 ±50mm，高程误差不得超过 ±100mm，钻孔倾角和方向符合设计要求，倾角允许误差为 ±1.0°，方位允许误差为 ±1.0°。锚孔钻造结束后，须经现场监理检验合格后，方可进行下道工序同时要求复查锚孔孔位、倾角和方位，全部锚孔施工分项工作合格后，即可认为锚孔钻造检验合格。

当采用护坡桩围护基坑时，其施工测量技术要求应符合：

(1)护坡桩地面位置放样允许误差纵向不应大于 100mm，横向为 0 ~ 50mm。

(2)护坡桩竣工后，应测量各桩位置与轴线的偏差，其横向允许偏差值应为正，在 0 ~ 50mm 范围内。

(3)桩成孔过程中应测量孔深、孔径及铅垂度。

二、基坑开挖施工测量

地铁基坑开挖是分层分段开挖，在基坑开挖过程中，围护结构会因为土体卸载而产生竖向和横向变形，基坑开挖前将各横轴线测放于第一道支撑顶面，放样误差控制在 10mm 以内，以控制下部支撑的平面位置,支撑两端高程差不应大于 20mm。当基坑挖至距离设计坑底高程 30cm 位置时,改用人工配合机械修挖、平整坑底,进行垫层施工。基坑开挖时还应满足以下要求:

(1)采用放坡开挖的基坑,其边坡线位置放样允许误差为 ±50mm。

(2)基坑纵向边坡应不大于 1:3,可采用坡度尺或其他方法检测边坡坡度。

(3)基坑底部线路中线纵向允许误差为 ±10mm,横向允许误差为 ±5mm。

基坑开挖到设计高程后,在底板、侧墙施工之前,应测量垫层高程、围护结构净空尺寸及距离设计线路偏距是否满足限差要求,防止车站结构实体宽、厚不满足验收要求。根据经验,垫层高程控制在 ±50mm 之内,围护结构净空尺寸控制在 ±60mm 之内,距离设计线路偏距控制在 ±30mm 之内。

三、车站结构施工测量

车站结构施工主要包括车站主体结构施工和附属结构施工,车站主体结构由底板、柱、侧墙、梁、中板及顶板等组成,主体结构以外的土建结构一般都划分为附属结构,例如:出入口、联络通道、风道、站台等。对于主体结构而言,测量精度要求较高,应满足以下要求:

(1)结构底板施工前在垫层上依据线路中线放样钢筋位置,放样允许误差为 ±10mm。

(2)底板混凝土立模的结构宽度与高度,预埋件的位置和变形缝的位置放样后,必须在混凝土浇筑前进行检核测量,测量技术要求按相关施工验收规范。

(3)结构边、中墙模板支立前,应按设计要求,依据线路中线放样边墙内侧和中墙中心线,放样允许偏差为 0 ~ 5mm,不允许出现负偏差。

(4)车站主体结构施工模板安装过程中,应将线路中线点和顶板宽度测设在模板上,并测量模板高程。顶板、中板、底板中线测量允许误差均为 ±10mm,顶板、中板高程测量允许误差为 0 ~ +10mm,底板高程允许误差为 -10 ~ 0mm,宽度测量允许误差控制在 -10 ~ +15mm 之内。

附属结构施工可以参考主体结构施工标准。需要注意是车站站台施工,竣工时,其偏差要求较严格,站台沿外侧距离线路中心线与设计距离偏差既不能太大也不能太小,一般要求为 ±20mm(其他结构一般要求为 ±50mm),高程允许偏差为 ±10mm,因此要严格控制。

四、底板控制测量

明挖车站主体结构施工是分段施工,先施工底板,然后中板、站台层侧墙同步施工,再施工顶板和站厅层侧墙。在车站底板施工后,应及时在底板中心线附近埋设底板控制点,一般要求标准长度车站左右线各埋设 3 个底板控制点,均匀分布在车站两端和中间,即在第一块底板、中间一块底板、最后一块底板埋设底板控制点;对于非标准长度车站,一般情况下每 60 ~ 80m 埋设一个底板控制点。在上述每块底板控制点埋设完毕后,应及时利用明挖基坑敞开的有利测量条件,采用导线直接传递法进行底板控制点坐标测量。之所以说要及时进行,是为了工期进度,车站施工组织很紧凑,底板完成后,很快就会在底板上搭设脚手架进行中板结构施工,测量必须在中板施工脚手架搭设之前完成测量、报检,第三方测量单位也应在此之前完成检测。否则,破坏了有利的测量条件,就会使底板控制点测量困难,增加测量的工作量,可能还会降低测量精度,甚至失去测量条件而无法测量。

有人曾经问过这样一个问题:车站底板控制点测量后,马上就会被后续中板施工脚手架挡住，在车站主体结构施工中几乎用不上（没有条件使用），为什么还要做底板控制测量呢？

底板控制测量是车站施工必须要做的一项测量工作。有利的测量条件能够提高测量精度，降低测量成本（人力、物力、时间）。车站底板控制点至少有以下作用：

（1）车站主体封闭后，往往不再具备测量条件，车站底板控制点无疑是进行车站站台、风道等附属结构施工测量的依据。

（2）车站底板控制点是竣工测量时进行断面净空测量的依据，高精度底板点无疑有利于评价车站施工净空质量，对于保证行车安全至关重要。

（3）车站底板控制点是进行贯通误差测量重要依据、区间地下控制点联测的起算数据，是评价隧道与车站是否准确衔接的重要依据。

（4）车站底板控制点是装修、设备、安装、铺轨等后续工序施工的测量依据。

第四节　盾构隧道施工测量

联系测量完成后，把坐标、方位、高程传递到地下，随着盾构机的不断沿线路方向往纵深掘进，隧道内也需随后进行平面及高程控制测量，以指导盾构机按设计线路方向正常掘进及对环片姿态、盾构机姿态进行检测、对导向系统控制点坐标进行调整。盾构隧道施工测量主要包括：地下控制测量、洞门环测量、始发托架测量、盾构机姿态测量、管片姿态测量、贯通测量、竣工测量等。竣工测量将在第六章讲述，本章主要讲述地下控制测量以及细部测量。

一、地下控制测量

地下控制测量包括地下平面控制测量和高程控制测量。

1. 地下平面控制测量

盾构机每掘进到一定长度后，则需加密一个平面测量控制点，以便指导盾构机正常掘进。洞内施工控制导线一般采用支导线的形式向里传递，但是支导线没有检核条件，很容易出错，所以最好采用双支导线的形式，然后在双支导线的最前端连接起来（图5-4）。

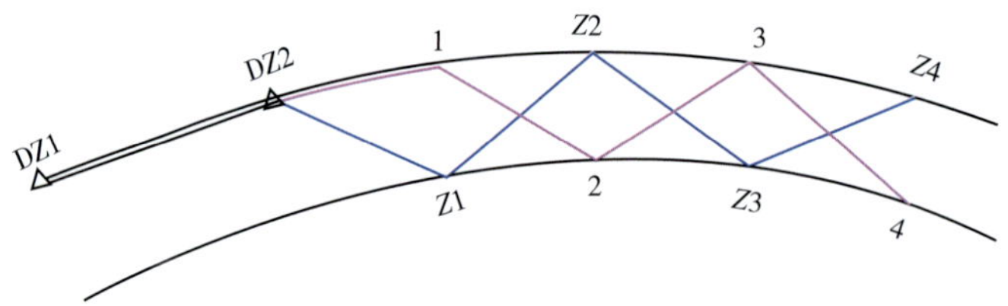

图5-4　地下双支导线示意图

为了增加图形条件及检核条件，剔除粗差，提高测量精度，地下导线控制也可以布设成若干个彼此相连的带状导线环（网），如图5-5所示。

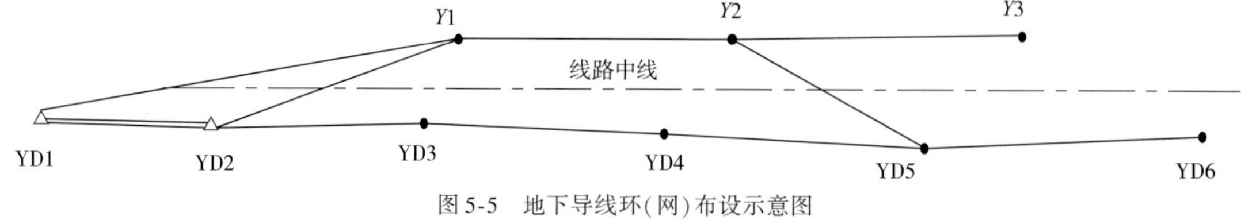

图5-5　地下导线环（网）布设示意图

如图 5-6 所示，盾构洞内导线可以按两种类型分布，洞内精密导线共布设两组，一组可以在隧道内管片的一侧埋置强制对中托架，规格为 30cm × 30cm × 100cm，强制对中托架安装时应注意：强制对中托架尺寸形状要控制好，以便可以直接安装在管片的螺栓上，不需要电钻打眼安装；强制对中螺栓离开管片内壁的距离和高度要能保证全站仪或陀螺仪安装。

另一种点位埋设在洞底管片上，在膨胀螺栓顶上镶一直径 1mm 的铜丝标志，点位埋设在隧道的一侧不受运输车辆和施工的影响的位置（图 5-7），保证点位的稳定性。布点时，应使导线边长尽可能长。

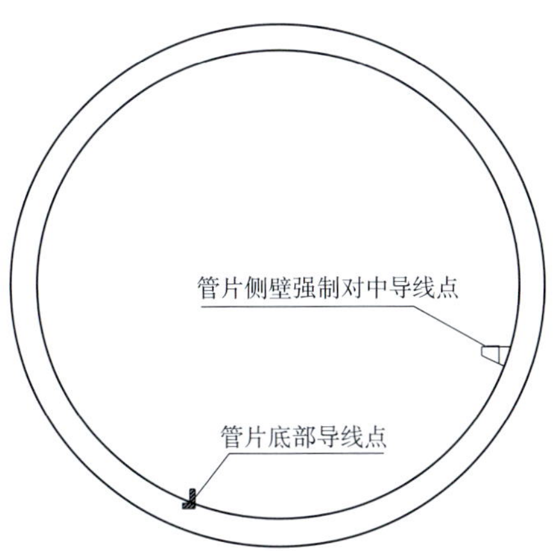

图 5-6　两种类型导线位置布置示意图

图 5-7　埋设于盾构隧道一侧的强制对中标

从隧道掘进起点开始，要求直线段每掘进 200m 或者曲线段隧道每掘进 100m 时，布设地下平面控制点，并进行地下平面控制测量。直线段控制导线点的平均边长可在 180m 左右，特殊情况下，不应短于 100m，曲线段施工控制导线点尽量沿曲线最大弦长布设（所以要先在图上设计大概位置）。为了消除和减弱折光差对测量的影响，导线点埋设在隧道两侧并且交叉向前延伸达到消除或减弱折光差影响的目的。

外业作业要求可按精密导线测量或不低于精密导线作业精度要求进行施测，网中所有边和角都全部观测，采用严密平差方法计算。精度要求如下：

（1）地下控制导线测量应采用不低于Ⅱ级全站仪施测，左、右角各测两测回，左右角平均值之和与 360°较差应小于 4″，边长往返观测各两测回，往返观测平均值较差应小于 4mm。测角中误差为 ±2.5″，测距中误差为 ±3mm。

（2）控制导线点位横向中误差应符合下式要求

$$m_{\mathrm{u}} \leqslant m_{\Phi} \times \left(0.8 \times \frac{d}{D}\right) \tag{5-1}$$

式中：m_{u}——导线横向中误差（mm）；

m_{Φ}——贯通中误差（mm）；

d——控制导线长度（m）；

D——贯通距离(m)。

每次延伸导线之前,应对已有的洞内导线至少前三个点进行检测。如有变动应选择另外稳定的洞内导线点进行洞内延伸导线测量。因盾构隧道中的管片在一定范围、一定时间内总是处于动态的,因此在洞内控制导线向前延伸时必须检查后三个导线点点位稳定情况,即检核作为已知导线的夹角有无变动,如有较大变动,应再向后检测直至满足为止。此时应用稳定的导线点重新测量移动的点,并用新坐标向前延伸。

由于盾构施工一般都是双线隧道错开掘进,错开距离不宜太大(约 50 环左右即可),如果错开环数很大,后面掘进的盾构机由于推力很大,会对前面另一个洞的导线点产生影响。特别是在左右线间距较小岩层很软时,影响很大,很容易导致测量出大错,尤其是在曲线隧道里。因此,管片上的导线点间的边角关系经常受盾构机的推力和地质条件的影响而改变,所以要经常复测。洞内施工控制导线应在盾构掘进 300~400m 重复测量一次,每次测量的方向角应小于8″,再取重合点两次角值的平均值作为使用测量结果。如果掘进进度基本相同,一方面左右线可以同时做联系测量,减少测量工作量。另一方面,一条隧道的施工对另一隧道的影响是在小范围内,可以通过“非影响区”控制点及时恢复和方便复测。

地下控制导线在隧道贯通前至少测量三次,测量时间与竖井定向同步。重合点重复测量的坐标值与原测量的点位较差小于 $30 \times d/D$ 时,采用逐次平均值作为控制导线点的最终成果指导导线延伸测量和隧道掘进施工。

若贯通面一侧隧道长度超过 1500m,掘进至 600m 后每 500m 须增加一次包括联系测量在内的地下导线控制及水准测量。单向掘进长度超过 1500m 后,宜将地下控制导线布设成网或者边角锁,并应在适当的位置,通过钻孔投点或者加测陀螺定向以校核坐标方位等方法提高控制导线精度。

为保证地下工程的施工质量,在工程施工前,应进行工程测量误差预计。预计中应将容许的竣工误差加以适当分配。一般来说,地面上的测量条件比地下好,故对地面控制测量的精度应要求高一些,而将地下测量的精度要求适当降低。

综上所述,在地下工程中应尽量采用先进的测量设备,地面控制测量应采用 GPS 测量技术进行,平面联系测量应尽量采用陀螺定向。坑道内的导线测量应采用红外测距仪测距以加大导线边长,减少导线点数。为限制测角误差的传递,当导线前进一定距离后应使用高精度陀螺经纬仪加测陀螺定向边。

2. 地下高程控制测量

以竖井传递的近井水准点为起算,在隧道底部宜每隔 200m 左右布设一个固定水准点(图 5-8),高程控制点可以利用地下导线点。洞内水准测量按地铁二等水准测量精度要求进行施测,全程闭合差$\leqslant 8\sqrt{L}$mm(L 为全程长度,单位:km)。

作业前,应对所使用的水准仪器和标尺进行常规检校,水准仪 i 角检查二等水准测量的仪器 i 角应小于或等于 20″。采用二等水准的方法,并应起算于地下近井水准点(至少联测两个已知点)。水准测量应在隧道贯通前至少进行三次,重复测量的高程点间的高程较差应小于 5mm,满足要求时,应取逐次平均值作为控制点的最终成果指导隧道的掘进。

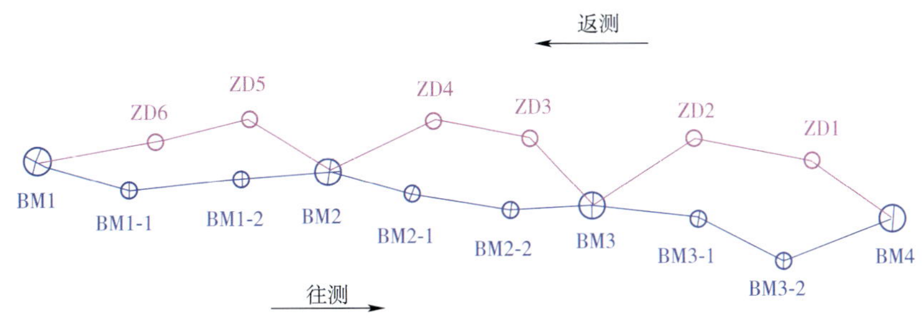

图 5-8　地下高程控制点布设示意图

二、洞门预埋钢环施工测量(图 5-9、图 5-10)

图 5-9　下半部钢环

图 5-10　上半部钢环

洞门钢环一般是由 4 块构成,放样控制的重点针对四块洞门钢环的连接位置就会使该测量工作比较简单有效。具体做法是:放样出洞门中心线,可以在墙上或洞门上方的支撑上中线位置打点,控制底部和顶部两个钢环连接的中心位置,这个中心位置定准后,整个洞门的中心位置也就定准。高程控制相对简单,先在洞门施工附近引测一个高程控制点,洞门钢环就位过程中,直接测量底部和顶部高程,进行调整。洞门钢环定位后,进行加固,注意加固筋不应与洞门中心标志连接(应完全脱离),防止引起洞门中心标志位移。

混凝土浇筑过程中发生跑模是洞门位置偏差较大的主要原因,测量人员一定要关注,混凝土浇筑过程中,测量人员要经常通过洞门中心复核钢环模板位置。洞门钢环施工完成后要及时对洞门位置进行复测,复测可以使用具有免棱镜测距功能的全站仪进行,直接测量洞门整圈点的三维坐标,随后在 CAD 中进行模拟,外业工作量少,精度高。

盾构洞门环中心放样与理论设计值允许限差:点位互差≤± 20mm,高程互差≤± 15mm。

三、始发托架和反力架定位测量

盾构机初始状态主要决定于始发托架和反力架的安装,因此始发托架的定位在整个盾构施工测量过程中显得格外重要。始发托架的高程要比设计提高,以消除盾构机入洞后“栽头”的影响。反力架的安装位置由始发托架来决定,反力架的支撑面要与隧道的中心轴线的法线平行,其倾角要与线路坡度保持一致。

1. 始发托架定位测量

图 5-11 为某盾构机始发托架设计图，此构件是根据盾构机的外径尺寸预制而成的，并且整体吊装下井，几何尺寸在安装过程中可不考虑变形。

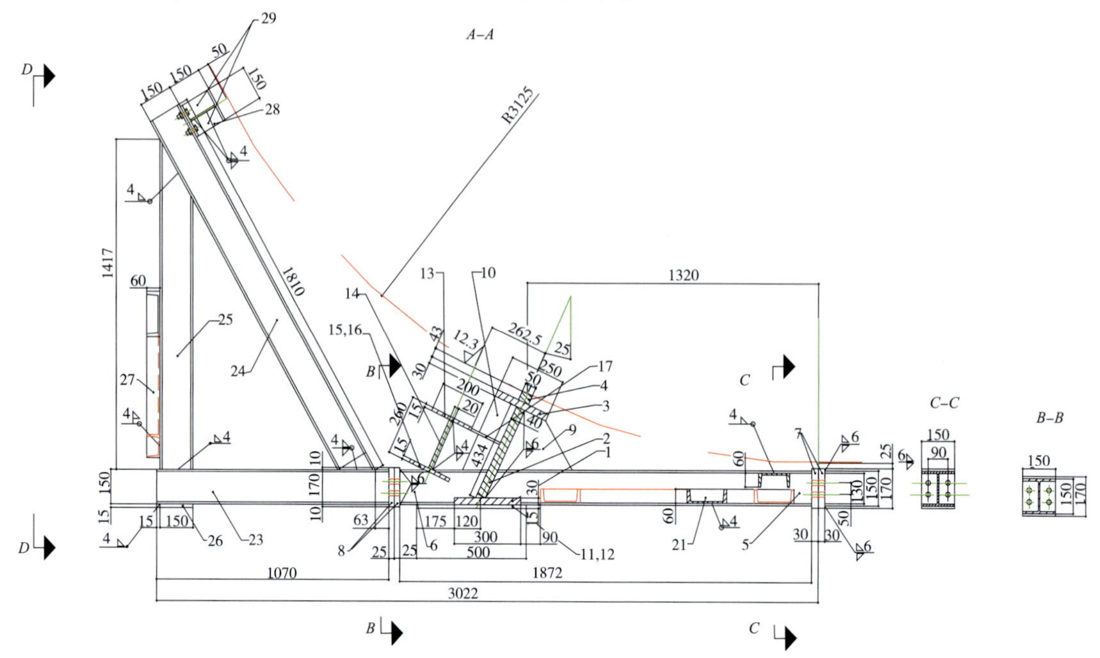

图 5-11　某盾构机始发托架图(尺寸单位:mm)

图 5-12 为某盾构机始发台座图，台座的设计尺寸应根据洞门环实际中心而定。洞门环的实际中心应在托架定位前进行重新测量，求得的实际中心若不大于设计限差，则可按照设计隧道中心线放样台座高程。

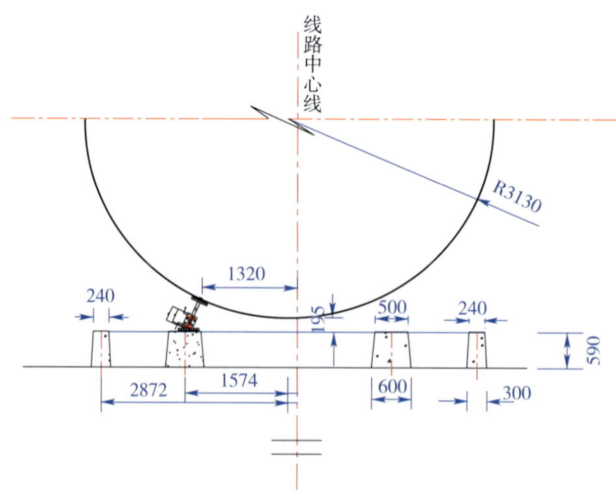

图 5-12　某盾构始发台座图(尺寸单位:mm)

高程可先定四个周边点(必要时也可增加中间两个点)，再定其他各点。以轨面高程为准，高程中误差为 ±2mm。考虑到盾构始发后，盾构机有可能下沉，故在始发托架放样过程中整体抬高 20～40mm。其倾角要与线路坡度保持一致。

待台座完成后，放样出隧道中心线点 3～4 个，并且测量出混凝土浇筑后台座实际高程，根据此高程数据决定是否需要增设垫片，然后吊装托架放置到台座上，依据设计测量托架的位置关系，做好调整工作，使托架实际位置与设计相符，托架定位后必须连接牢固且可以抬高 2～4cm。

2. 反力架定位测量

反力架定位时，反力架的四脚位置可事先放样出来，全站仪放样精度控制在 ±3mm，高程放样精度控制在 ±2mm，高程可事先将底板凿除一部分，使其低于设计高程 2～3cm 再垫钢板，钢板必须和混凝土用螺栓固定牢固。其前后倾斜应和始发托架的倾斜程度相对应。其最后位置应根据盾构机安装时的实际中心线进行相应调整，使得盾构始发时反力架受力均匀，不能发生扭曲变形现象。

反力架的安装位置由始发托架来决定，反力架的支撑面要与隧道的中心轴线的法线平行，其倾角要与线路坡度保持一致。

图 5-13 中的 5、6、7 为反力架的支架，其长度是可变的，定位主要是定出四个支架的准确位置，根据四个角支架与反力架中心的位置关系，对支架放样，确定了支架位置就固定了反力架的中心位置。

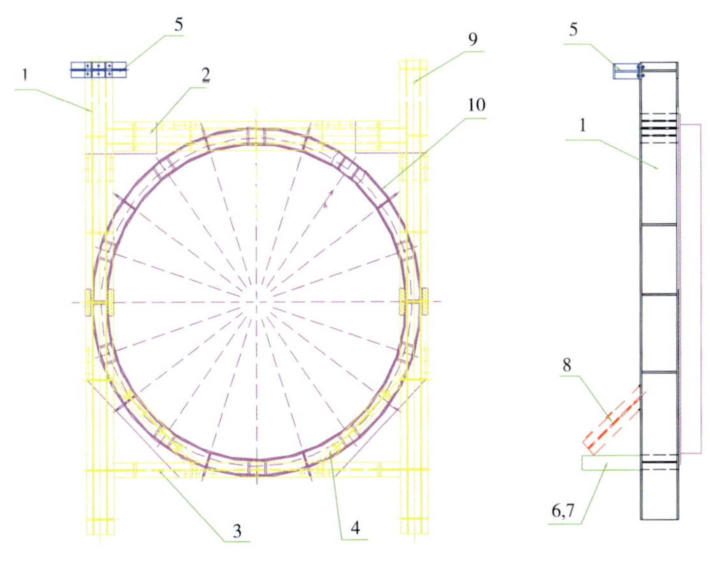

图 5-13　反力架设计剖面图

四、盾构始发测量

1. 始发基线及水准测量

采用联系测量方法进行盾构始发基线边及地下水准测量。盾构在车站始发的，始发基线边必须及时与车站底板测量控制点进行联测。测量结果需报第三方测量检测合格后才能进行盾构始发。

2. 始发姿态定位测量

盾构机始发姿态的定位主要通过始发台和反力架的精确定位来实现，始发台为盾构机始发时提供初始的空间姿态；反力架为钢结构，主要提供盾构机推进时所需的反力，反力架的姿态直接影响盾构机在始发阶段推进时的盾构机姿态。

将全站仪架设在后配套输送器的架子上，后视后参考棱镜，精确测定盾构机上棱镜的三维坐标，根据棱镜与盾构机之间的固有关系，应用软件系统，来判断盾构机的实际直径和盾构机的零参考面是否和始发里程相吻合，盾构机的中心和隧道的设计中心线是否相重合，若符合要求，盾构机的始发定位就完成了。

盾构机在直线段的始发比较简单，盾构轴线与线路轴线重合。盾构机在曲线段始发方式通常有两种：切线始发和割线始发，见图 5-14。

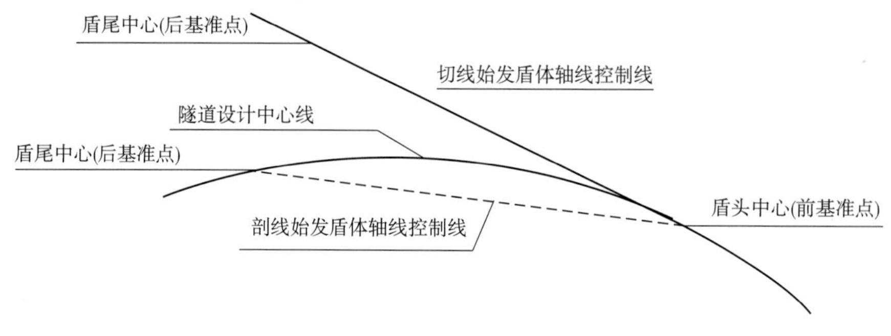

图 5-14　两种始发方式示意图

五、盾构机掘进姿态测量

盾构施工之前首先要将测量控制点从地面引到井下底板上，检查好洞门的位置，调试好盾构机始发托架，确保盾构机始发前定位的准确性。

1. 自动导向系统

盾构掘进采用导向系统进行控制，其主要目的就是为了确定各相关点的坐标，通过系统在盾构机操作室的电脑上显示前后参考点的水平和垂直偏离值、里程。

此处以德国 VMT 公司的 SLS-T 系统为例介绍自动导向系统。VMT 导向系统测量原理是：在盾构机掘进的过程中，首先是激光站（全站仪）测量电子激光靶的位置，然后根据电子激光靶和那些固定的参考点之间既定的相对关系，推算整个盾构机刚体的实际位置，然后模拟出盾构机中心线上前后基准点的位置关系，最终通过激光靶的数据线传输到中央控制箱中，然后又通过中央控制箱的数据线传输到电脑中所安装的专业软件中，软件对这些数据进行调用，进而显示盾构机的实际姿态。

SLS-T 导向系统系统主要由激光全站仪（TCA）、中央控制箱、ESL 靶、黄盒子和计算机及掘进软件组成。

（1）激光全站仪（（TCA）

如图 5-15 所示，全站仪（TCA）具有伺服电动机，可以自动照准目标和跟踪，并可发射激光束。主要用于后视定向，测量距离、水平角和竖直角，并将测量结果传输到计算机。

（2）电子激光接收靶（ELS）

如图 5-16 所示，电子激光系统也称光靶板，是一台智能型的传感器。通过其可测出盾构机的俯仰和旋转姿态，ELS 接收全站仪发射的激光束，测定水平和垂直方向的入射点。偏角由 ELS 上激光的入射角确认，坡度由该系统内的倾斜仪测量。ELS 在盾构机体上的位置是确定的，即对盾构坐标系的位置是确定的。

(3)后视棱镜

如图 5-17 所示,后视棱镜为导向系统提供后视点。

(4)电源

如图 5-18 所示,中央控制箱为主要的接口箱,它为本地黄盒子 A 以及 ALTU 靶提供电源,并且同时回收全站仪和 ALTU 靶的数据,然后进行综合分析,通过数据线传输到工业电脑。

图 5-15　全站仪(TCA)

图 5-16　电子激光接收靶(ELS)

图 5-17　后视棱镜

图 5-18　中央控制箱

(5)黄盒子(本地黄盒子 A 和远程黄盒子 B)

黄盒子主要为全站仪供电,保证全站仪工作和与计算机之间的通信和数据传输。其中黄盒子 A 和中央控制箱连接,无线接受黄盒子 B 来的数据,黄盒子 B 和全站仪进行连接,给全站仪供电,并回收数据,进而无线传输给黄盒子 A,见图 5-19、图 5-20。

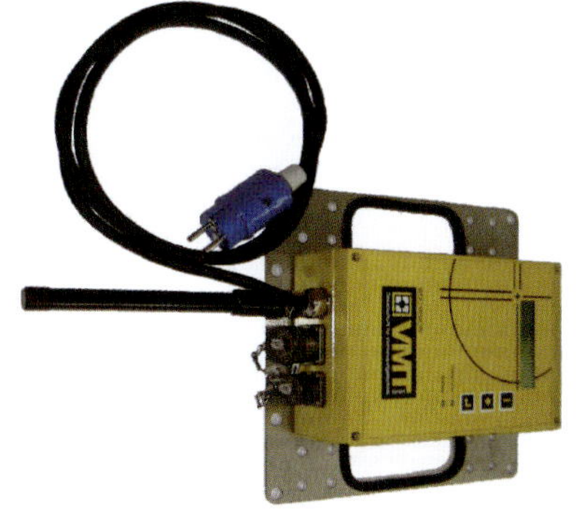

图 5-19　黄盒子 B

图 5-20　黄盒子 A

(6)工业电脑及软件

SLS-T 软件是自动导向系统数据处理和自动控制的核心,该软件就安装在 VMT 公司专门配置的工业电脑上面,通过计算机分别与全站仪和 ALTU 通信接收数据,然后软件对数据进行调用,最终使得盾构机在线路平、纵面上的位置计算出来后,以数字和图形在计算机上显示出来。见图 5-21、图 5-22。

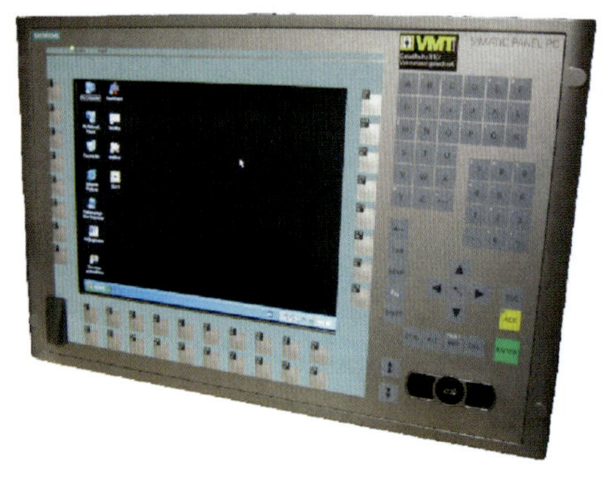

图 5-21 工业电脑

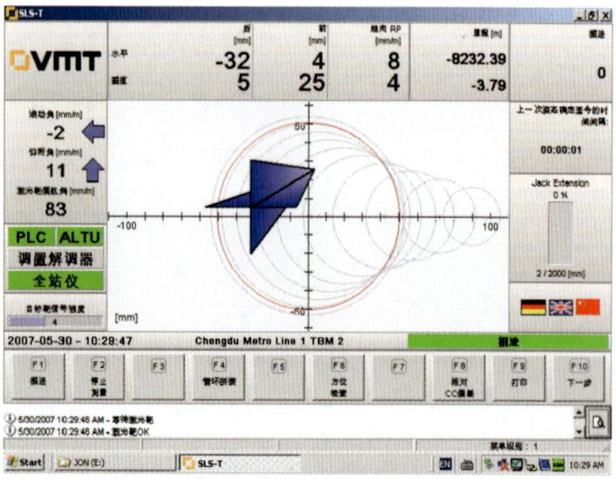

图 5-22 SLS-T 软件

(7)网卡

(8)电缆卷盘

此外要实现该系统的功能,相关联的部件和软件还有盾构机掘进系统的 PLC,要实现一些附加功能的部件,如:自动测量盾尾间隙的部件、要实现管片环收敛等量测的部件、隧道掘进软件等。

整个系统的组成情况及各个部件之间的相互关联如图 5-23 所示。

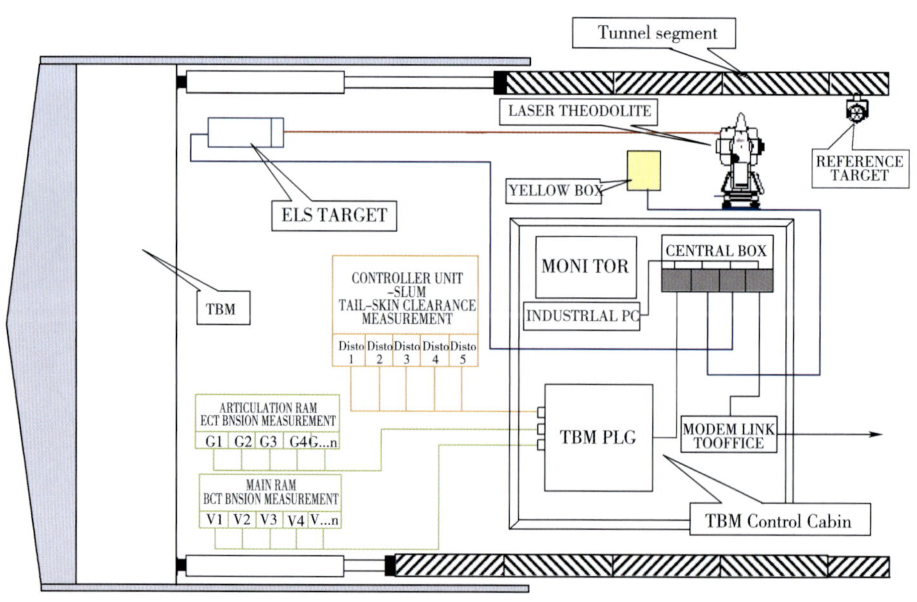

图 5-23 系统组成及各部件之间的相互关联图

2. 盾构施工测量坐标系

任何测量工作的基础都是坐标系统，SLS-T 采用了 3 种不同的坐标系统。

(1) 大地坐标系统

也就是普通意义上的全球坐标系统，这种系统通常用于现场测量，用于计算全部固定点、起点、中间点位置放样、求平均点等，是整个工程路段在局部或全国意义上的控制网中的位置描述。盾构施工单位负责将这些坐标数据提供给 VMT，包括 DTA 数据，激光站、后视靶的坐标数据等，见图 5-24。

(2) DTA 坐标系统(图 5-25)

这个系统用于确定 TBM 的位置，也就是 TBM 的前后参考点。坐标是以水平、垂直偏差和 TBM 的里程来体现的。SLS-T 软件的主要目的就是确定在这个系统中参考点的坐标。

DTA 坐标系是盾构施工坐标系统，它是以线路设计中线为参照的一种三维坐标。只要将盾构始发站开始的线路设计资料输入，掘进中任意里程点的平面坐标和高程以及线路的平面、纵剖面状态，通过计算机处理后，均为已知并可显示出来。

盾构机掘进中某一时刻的里程位置，则是通过设置在导线点上的激光自动全站仪，自动跟踪盾构机上的光靶进行测量获取的。TBM 坐标系是盾构机本身的一种局部坐标系统，它主要用来检测盾构机的姿态，也是三维坐标。

在系统中显示 TBM 前后基准点的里程和偏离值。对此坐标系统应以动态的意识来进行理解，它是即时(实时)的显示盾构机相对于 DTA 的偏移值。

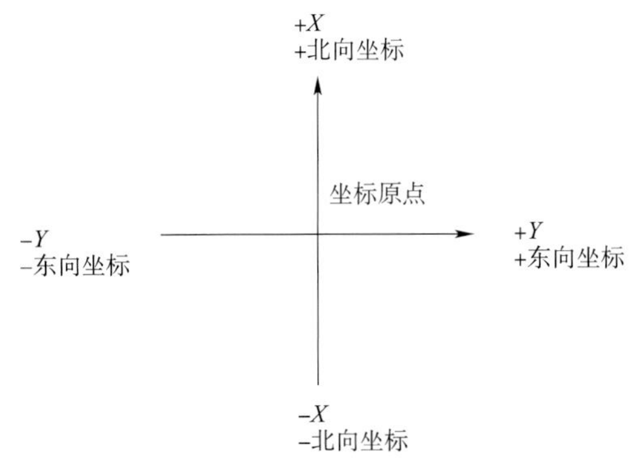

图 5-24　大地坐标系统图

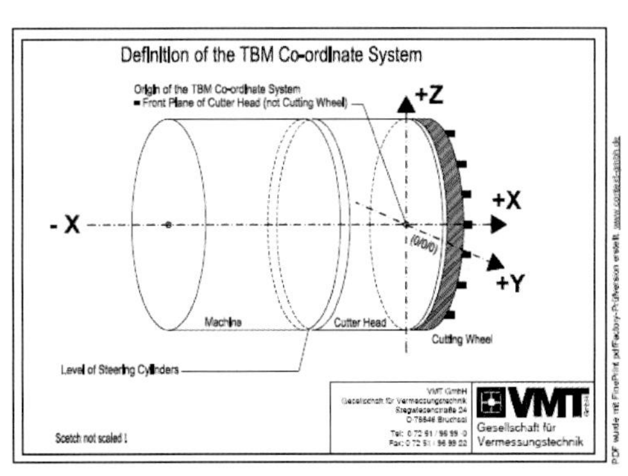

图 5-25　DTA 坐标系统

(3) TBM 坐标系统：

TBM 坐标系定义：如图 5-26 所示，TBM 坐标系以盾体中轴线为 X 轴，X 轴的水平法线为 Y 轴，垂直法线为 Z 轴。

3. 盾构机姿态定义

盾构机掘进过程通过偏差值、滚动角、趋向来反映盾构姿态。

(1) 偏差

前参考点、后参考点和盾头的偏差是相对于 DTA 或者纠偏曲线的。水平方向为正表示在轴线的右方，为负在轴线的左方。在垂直方向上，正表示在轴线的上方，负表示在轴线的下方，如图 5-27 所示。

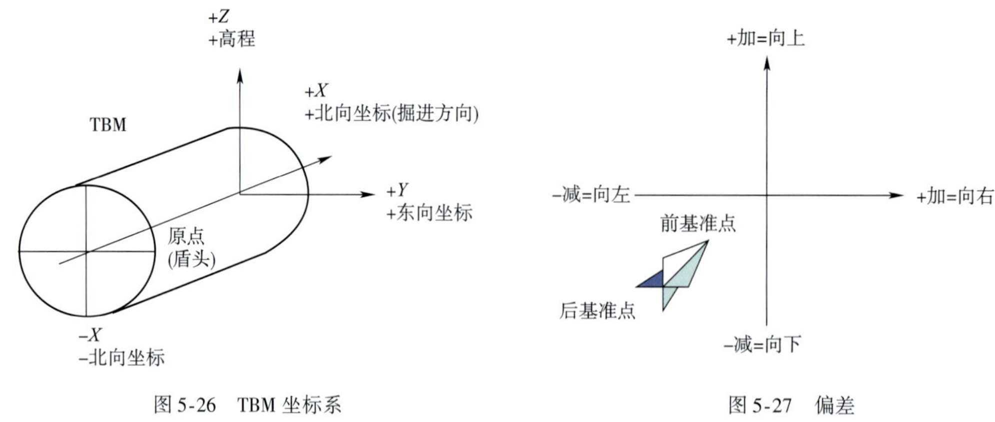

图 5-26　TBM 坐标系　　　　图 5-27　偏差

(2)滚动角

当前 TBM 的滚动角显示在 SLS-T 的主界面上,正表示向右滚动,负表示向左滚动(面向掘进方向),如图 5-28 所示。

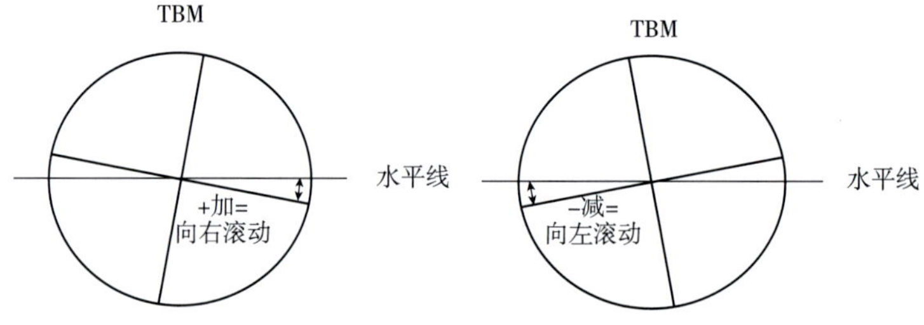

图 5-28　滚动角

(3)水平及垂直趋向

趋向是 TBM 和刀头位置的另外一个重要信息,在水平方向上,趋向为正表示 TBM 相对于 DTA 向右转,负表示向左转。垂直趋向为正表示 TBM 前面向上,为负表示向下,见图 5-29、图 5-30。

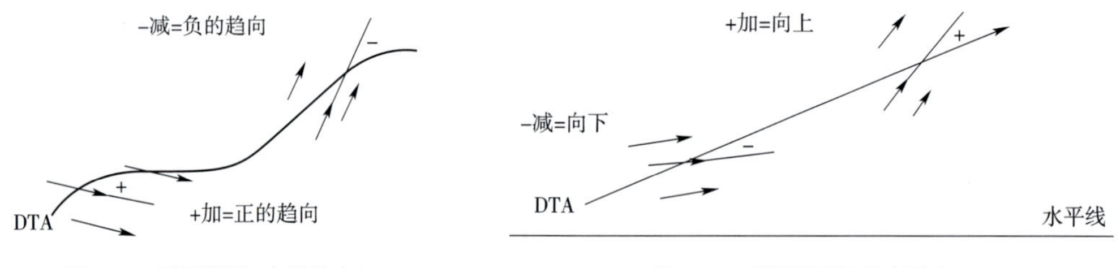

图 5-29　平面视图(水平趋向)　　　　图 5-30　侧面视图(垂直趋向)

如图 5-31 所示,上述盾构姿态在盾构掘进过程中实时显示在盾构控制操作室,盾构操作工程师通过上述盾构姿态判断盾构掘进曲线与设计曲线的差值,及时调整盾构姿态,保证盾构满足设计曲线要求。

(4)VMT 导向系统测量过程

洞内控制导线是支持盾构机掘进导向定位的基础。激光全站仪安装在位于盾构机的右上侧管片上的拖架上,后视一基准点(后视靶棱镜)定位后,全站仪自动掉过方向来,搜寻 ALTU 靶, ALTU 接收入射的激光定向光束,即可获取激光站至 ALTU 靶间的方位角、竖直角,通过 ALTU 棱镜和激光全站仪就可以测量出激光站至 ALTU 靶间的距离。盾构机的仰俯角和滚动角通过 ALTU 靶内的倾斜计来测定。ALTU 靶将各项测量数据传向主控计算机,计算机将所有测量数据汇总,就可以确定 TBM 在全球坐标系统中的精确位置。将前后两个参考点的三维坐标与事先输入计算机的 DTA(隧道设计轴线)比较,就可以显示盾构机的姿态了。

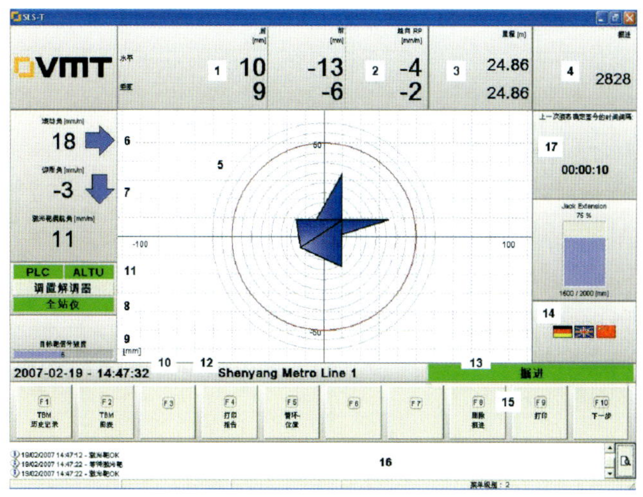

图 5-31　盾构姿态显示主屏幕

4. 盾构机姿态人工复测

在盾构施工的过程中,盾构机上的自动导向系统虽然能满足盾构机掘进中对方向的控制,但为确保该自动导向系统的准确性,在盾构机掘进一定的长度或时间之后,还要利用人工测量对该自动导向系统进行定期和不定期检查,避免因系统自身原因而引起施工误差,从而确保隧道的顺利贯通。

尤其是在盾构掘进初期,利用井下控制点对盾构姿态进行人工复测,及时将人工复测的数据与 VMT 导向系统记录的数据进行比较,当差值较大时,用全站仪对激光站和后视棱镜点坐标进行检查,修改 VMT 中的设置参数,以确保掘进过程中盾构姿态的正确。在始发掘进阶段(1～100 环),盾构姿态每 5～10 环人工复测一次。掘进到 150m 时,进行一次包括联系测量在内的地下导线复测及地下水准复测。

盾构机姿态人工复测一般在激光站的移站后进行,或在环片测量结果与盾构姿态数据差距较大时进行。用全站仪测定在盾构机壳内的三点(已知在 TBM 坐标系中坐标)的三维坐标后,反算出刀盘中心点的三维坐标和盾尾中心点的三维坐标,由刀盘中心、盾尾中心两点的坐标计算出盾构机在掘进过程中瞬时的水平方向和垂直方向的偏离值,与自动导向系统所显示的相关数据进行比较就可以知道自动导向系统是否正常工作。

5. 管片环姿态测量

管片环姿态测量主要是测定管片环安装位置是否符合设计要求。自动导向系统的管片环测量一般和盾构机姿态测量同时进行,其所测的管片环状态为管片环背后未注浆前的瞬间状态,随着注浆压力和围岩应力对管片环的作用,管片环的空间位置将发生变化,位移量大时,常常引起管环限界超限(规定拼装好的管环允许最大限界值是 ±10cm)。因此,需要人工实测出管环的位移趋势(复核测量),尤其为掘进过程中管片上浮提供依据,以便采取措施尽量减小位移量。另外,管环测量还起到复核导向系统的作用。

一般每拼装5环，就逐环测量一次，确认已稳定的管片环可不再进行重复测量。每次管环测量时，应重叠5环已经稳定了的管环，这样就可以消除测错的可能。

思路是利用全站仪和辅助工具测定管片环上或与管片环相关的一些特征点，通过几何计算确定管片环安装位置的正确性。衬砌管片环测量内容包括：环中心偏差、环的椭圆度、环的高程和坡度、环两侧纵向超前量以及环的横向旋转等，其中环中心偏差是管片环姿态最主要的控制参数。规定管片环中心偏差应控制在5cm以内。

衬砌管片环测量要求应满足下列规定：

(1)衬砌环测量应在盾尾内完成管片拼装和衬砌环完成壁后注浆两个阶段进行。

(2)在盾尾内管片拼装成环后应测量盾尾间隙。

(3)衬砌环完成壁后注浆后，宜在管片出车架后进行测量，内容包括衬砌环中心坐标、底部高程、水平直径、垂直直径和前端面里程，测量误差为±3mm。

(4)每次测量完成后，应及时提供盾构机和衬砌环测量结果，供修正运行轨迹使用。

管环位移产生的可能原因如下：

(1)由于注浆压力较大，管环受力不均，下部受力大于上部分，导致了管环上浮，从而引起管环抬高。

(2)盾构机上、下坡时，盾尾各方向推进油缸受力不一样。上坡时，盾构机压迫后面管环，导致了上、下推进油缸受力不平衡，下面受力比上面大，导致了后面管环偏低；下坡时，上面的推进油缸受力比下面的大，导致了管环向上抬起。在水平直线隧道，盾构机施加给后面管环的压力，四周是一样的，所以管环不会因为上、下和左、右受力不均而发生偏移。在上坡，盾构机压迫管环向下偏；下坡时，盾构机压迫管环向上偏移。在曲线隧道中，由于向前掘进有向后的推力，使管片向曲线的凸方向偏差。

管环测量方法如下：

根据管环的内径(假设是5.4m)，采用铝合金制作一铝合金尺，铝合金尺长3.8m(可根据实际情况调整长度)，见图5-32。在铝合金尺正中央，贴上一个反射贴片。根据管环、铝合金尺、反射贴片的尺寸，就可以计算出实际管环中心与铝合金尺上反射贴片中心的高差，见图5-33。测量时，首先用水平尺把铝合金尺精确整平，然后用全站仪测量出铝合金尺上反射贴片中心的三维坐标。

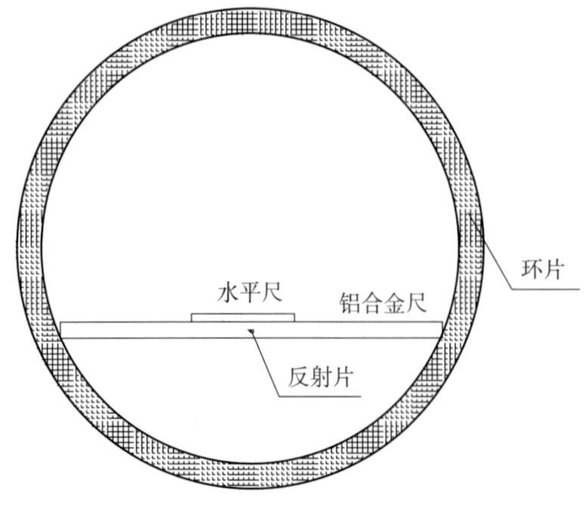

图5-32　管环测量示意图

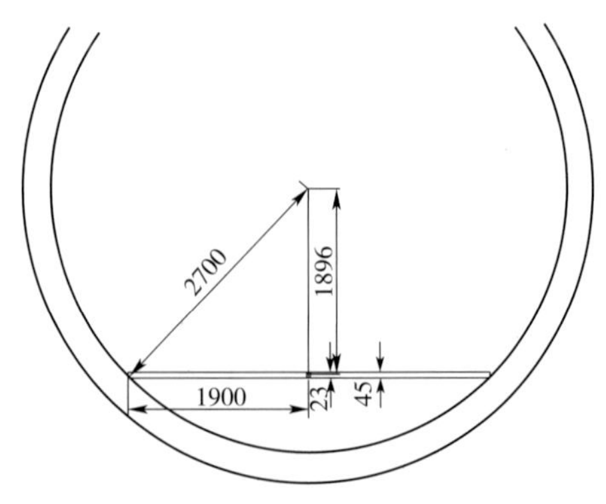

图5-33　管环中心标高推算示意图(尺寸单位：mm)

第五节　矿山法隧道施工测量

矿山法隧道主要是采用喷射混凝土和锚杆为衬砌，把衬砌和围岩看作是一个相互作用的整体，既发挥围岩的自承能力，又使得喷锚衬砌起到加固围岩的作用。初期支护能随着围岩变形，充分发挥围岩的自承能力。矿山法隧道的施工测量也是包括地面控制测量、联系测量、地下控制测量及施工放样测量四个主要部分，本节重点阐述矿山法隧道的地下控制测量及施工放样测量的内容。

一、地下控制测量

地下控制测量包括地下平面控制测量和高程控制测量。

1. 地下平面控制测量

地下平面控制测量按照精密导线精度要求施测，直线隧道施工控制导线点间距不小于150m，特殊情况下，不应小于100m。曲线隧道施工控制导线点应根据通视情况而定，但不宜小于60m。矿山法隧道地下平面导线宜采用双支导线，隧道内以平面联系测量基线边为起点，支导线向洞内延伸。

矿山法隧道的洞内导线控制点埋设及测量，根据隧道施工工序可分为初期支护和二次衬砌两个阶段分别实施，这是区别于盾构法隧道洞内控制测量的一个重要特点。

初期支护阶段的洞内导线可以按两种类型分布，洞内控制导线可布设成两组，一组可以在隧道内侧墙埋置强制对中托架，托架与初支钢拱架结构连接为一体。但考虑到隧道形变的影响，此类控制点一般适用于Ⅳ类以上的围岩。

另一种点位埋设在初支隧道底部，采用钢筋头十字中心或钢板上镶一直径为1mm的铜丝标志的方式埋设，点位埋设在隧道的一侧不受运输车辆和施工的影响的位置，保证点位的稳定性。布点时，应使导线边长尽可能长，并注意防止点位汲水和施工覆土影响。

随着隧道开挖，初支结构上的控制点随之向前延伸。并且，由于二次衬砌结构施工，需要根据施工进度分阶段地将初支结构上的控制点引测至二次衬砌结构的仰拱上，并与初支结构上的控制点组成一套洞内测量控制网。

导线的作业要求与盾构法隧道内要求相同，按精密导线测量或不低于精密导线作业精度要求进行施测，网中所有边和角都全部观测，采用严密平差方法计算。

由于隧道围岩形变影响，因此在洞内控制导线向前延伸时必须检查后三个导线点点位稳定情况，即检核作为已知导线的夹角有无变动，如有较大变动，应再向后检测直至满足为止。此时应用稳定的导线点重新测量移动的点，并用新坐标向前延伸。

地下控制导线在隧道贯通前至少测量三次，测量时间与竖井定向同步。重合点重复测量的坐标值与原测量的点位较差小于$30 \times d/D$时，采用逐次平均值作为控制导线点的最终成果指导导线延伸测量和隧道开挖施工。

综上所述，在地下工程中应尽量采用先进的测量设备，地面控制测量应采用GPS测量技术进行，并增加联系测量的复核次数。为限制测角误差的传递，当导线前进一定距离后应使用高精度陀螺经纬仪加测陀螺定向边。

2. 地下高程控制测量

以竖井传递的近井水准点为起算，在隧道底部宜每隔200m左右布设一个固定水准点，高程控制点可以利用地下导线点。洞内水准测量按地铁二等水准测量精度要求进行施测，全程闭合差≤$8\sqrt{L}$mm（L为全程长度，单位：km）。

作业前，应对所使用的水准仪器和标尺进行常规检校，水准仪i角检查二等水准测量的仪器i角应小于或等于20″。采用二等水准的方法，并应起算于地下近井水准点（至少联测两个已知点）。水准测量应在隧道贯通前至少进行三次，重复测量的高程点间的高程较差应小于5mm，满足要求时，应取逐次平均值作为控制点的最终成果指导隧道的掘进。

二、隧道中线及开挖断面放样测量（图5-34）

矿山法隧道开挖过程中，要严格控制控制隧道的开挖方向（包括平面与高程），并要进行开挖边线的放样及超欠挖检核。矿山法隧道的线路中线或结构中心线测定宜采用不低于Ⅲ级的全站仪，应利用地下平面及高程控制点。高程控制线宜采用不低于DS3级的水准仪测定。隧道每掘进30～50m应重新标定中线和高程控制线，标定后应进行检查。

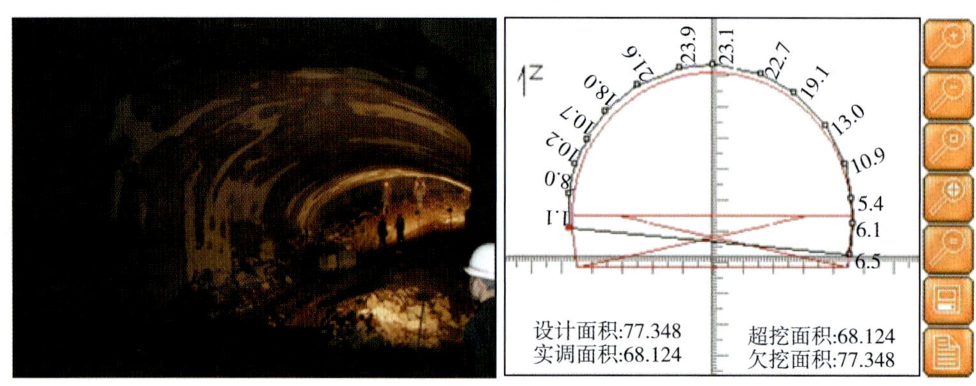

图5-34 隧道中线及开挖断面放样测量

直线上临时中线桩的测设：直线上临时中线桩可根据两点成一线的原理，在开挖面两个临时中线桩处悬挂吊垂球，用眼瞄对，即可定出开挖面中线位置。因为此方法在其中一垂球位置发生移动时，不能立即发现，从而造成测量方向错误，为此现场采用三个垂球用眼瞄对。

曲线上测量：缓和曲线上每5m布设一个点，利用经纬仪或全站仪偏角法找方向。圆曲线上每10m布设一个点。在隧道变断面地段加布两个隧道的控制桩。

施工导线一般平均边长30m，角度观测中误差应在±6″之内，边长测距中误差应在±10mm之内。

简易水平测量法：根据仪器测量的各点高程进行。A、B、C三点为用仪器的高程点，设在坑壁上的三点连的直线与隧道纵坡一致，测设时将弦线通过A、B、C连成一条直线，延伸到开挖面D，过D就可以定出拱顶及底部的位置。

采用弦线支距法测设曲线，弦线与相对应的曲线矢距不超过下列数值时可用弦线代替曲线：①混凝土结构施工，矢距不大于10mm；②开挖土方和进行导管、管棚、格栅等混凝土支护施工，矢距不大于20mm。

隧道施工使用的高程点宜利用施工水准点用普通水准测量方法测定,水准测量应往返或两次仪器高观测,其两次测量的高程较差不应大于10mm。

三、矿山法隧道超欠挖测量

开挖是隧道施工中的关建工序。超挖过多,不仅会因出渣量和衬砌量增多而提高工程造价,而且由于局部超挖会产生应力集中而影响围岩稳定性。欠挖则直接影响衬砌厚度,处理起来费时、费力,所以隧道开挖必须控制好超欠挖,以利于下道工序的正常进行。

隧道超欠挖是以设计的隧道开挖轮廓线为基准线,实际开挖获得的断面在基准线以外的部分为超挖,在基准线以内的部分则称为欠挖。

隧道超欠挖测量方法主要有以下四种:直接测量法,直角坐标法,三维近景摄影法,激光断面仪法(极坐标法)。

1. 直接测量法

在二次衬砌立模后,以内模为参照物,从内模量至围岩壁的数据L加上内净空R1即为开挖断面数据。量测时,钢尺尽量与内模垂直。量测段数的划分:自一侧盖板顶至拱顶均分9段,两侧共18段,19个量测数据,编号分别为A1~A19。隧道内每隔5m或10m测量一个开挖断面,且断面里程尾数最好为0或5,这样既有一定的规律性,能全面反映情况,又便于资料的管理与查阅。

开挖质量评价原理:隧道开挖不能以某一个开挖断面为标准进行评价,而应以某一长度段内所有的实测数据的综合计算分析来评价。通常以50m(或100m)长、围岩类别相同段落的开挖实测数据作一分析群,这一分析群内共有50/5+1=11个断面,11×19=209个数据。通过对这些数据的综合计算,再与设计要求进行比较分析,则可对这50m的开挖质量作出评价,并与设计要求进行比较分析。

2. 直角坐标法

用经纬仪或全站仪测量被测开挖断面各变化点的水平角及竖直角,并已知置镜点与被测断面的距离、置镜点仪器高程、被测断面开挖底板高程,以开挖底板高程点为坐标原点,垂直向上为y轴正方向,向右为x正向,向左为x负向,利用立体几何原理,计算出各测点距坐标原点的纵横坐标,按一定的比例画出断面图形,并同设计断面比较得到开挖断面的超欠挖情况。

3. 三维近景摄影法

需要在隧道内设置摄影站,布设垂直隧道轴线的摄影基线。用摄影经纬仪分别在隧道轴线上,摄影基线的左端、右端采用正直、等倾右偏、等倾左编等摄影方法获取立体像对。摄影时需对欲测的洞壁较均匀地照明,然后将获取的隧道开挖的立体像利用隧道内的施工控制导线,在室内用立体测图仪进行定向和测绘,即可获得实际开挖轮廓线与设计开挖轮廓线的比较。若要定量获取各实测点的超欠挖距离,则从这些实测点上向设计轮廓线作该线的法线,从设计轮廓线上的垂足到实测点的距离即为超欠挖值。此法费工费时,条件多,因此只作为科研的一种手段。

4. 激光断面仪法

激光断面仪法,以某物理方向(如水平方向)为起算方向,按一定间距(角度或距离)依次测定仪器旋转中心与实际开挖轮廓线的交点之间的矢径(距离)及该矢径与水平方向的夹角,将这些矢径端点依次相连即可获得实际开挖的轮廓线,与设计轮廓相比较便可得超欠挖。

激光断面仪法操作方法、步骤:用断面仪进行测量,断面仪可以放置于隧道中任何适合于测量的位置(任意位置),扫描断面的过程(测量记录)是全自动的。将断面仪的控制器中的数据传输到普通的PC机中,运行断面仪配套的后处理软件,则可以从打印机、绘图机上自动获得较为理想的视图效果。

四、隧道二次衬砌结构施工测量

隧道二次衬砌结构施工测量应符合下列要求:

(1)以平差后的地下控制点作为二次衬砌施工测量依据,进行中线和高程控制测量。

(2)在隧道未贯通前必须进行二次衬砌施工时,应采取增加控制点次数、钻孔投点以及加测陀螺方位等方法,提高现有控制点的精度,并以其调整中线和高程控制线。同时应预留不小于150m长度的隧道不得进行二次衬砌施工,作为贯通误差调整段。待预留段贯通后,应以平差后的控制点为依据进行二次衬砌施工测量。

(3)用台车浇筑隧道边墙二次衬砌结构时,台车两端的中心点与设计中线偏离允许误差为±5mm。曲线段台车长度与其相应曲线的矢距不大于5mm时,台车长度可代替曲线长度。台车两端隧道结构断面中线点的高程,应采用直接水准测设,与其相应里程的设计高程较差小于5mm。

第六节　高架段施工测量

高架放样主要包含桥墩放样,中线放样及桥面系、栏板的测设放样。高架桥放样部位及方法如下。

一、下部结构的测设

高架桥的桩基、承台、立柱、盖梁均采用极坐标法测定。为了确保下部结构的测设精度,尽量从控制点直接测设墩位。

1. 桩基放样

根据施工图计算桥墩上桩位的坐标,从控制点直接测设桩位坐标,并用钢尺复核每只桥墩中桩与桩的相对位置,再填写桩基轴线和桩位标志记录。

2. 承台放样

根据施工图计算承台纵横轴线上某点坐标,一侧3~4点,共计12~16点。在实际测设时,从控制点只使用其中4点(即一侧1点),以确保承台放样速度不受因基坑开挖大小、场地堆物等因素的影响,同样也减少了利用转点测设承台要素的出现,测设完毕后用混凝土保护承台轴线桩。

3. 立柱放样

根据承台轴线桩测设立柱纵横轴线。如发现承台轴线桩有被破坏或位移的迹象,从控制点复测轴线桩。立柱纵横轴线用红三角标注在已浇完毕的承台上。

4. 盖梁放样

盖梁是控制跨径和桥面高程的重要项目,因此盖梁测设时要确保精度。具体测设时可根据桥墩控制点坐标计算盖梁底板边框上4个角的设计坐标,然后从控制点直接测设4点位置,再用钢尺检查4点的相对距离并丈量跨径以确保梁位置。

二、上部结构施工的测量

首先测设桥梁纵轴线(轨道线)和桥墩横轴线,再将箱梁的平面坐标点投影到地面,放出设计箱梁中心线,再将平面坐标点向空间投测,准确地投放到箱梁的投影平面及支撑系统上。严格控制梁底高程,箱梁支架的高度应根据箱梁底模高程来确定。

三、桥面系、栏板的测设

采用极坐标法和常规测设方法相结合的手段来测设。首先根据平面线形要素表用极坐标法测设要素点位置(中线和边线),即测设直线和曲线的起讫点,然后用常规测设方法根据要素点位置,按照施工需要测设线上各点,直线用通视法,曲线用偏角法。

第七节 贯通测量及贯通后地下控制网平差

一、贯通测量

贯通测量内容主要包括:隧道的纵向、横向贯通误差测量以及高程贯通误差测量等。贯通误差测量评定标准见表5-1。

贯通误差测量评定标准 表5-1

贯通项目	总贯通中误差	贯通项目	总贯通中误差
横向贯通	≤±50mm	纵向贯通	≤L/10000
竖向贯通	≤±25mm		

1. 平面贯通测量

平面贯通测量是测定实际的横向和纵向贯通误差,测量方法随洞内控制的形式而异,主要有中线法和坐标法两种测量方法。

(1)中线法

采用中线法施工的隧道贯通之后,可以采用中线法进行贯通误差测量。从相向测量的两个方向各自向贯通面延伸中线,并各钉一临时桩,量取两桩之间的距离,即得隧道的实际横向贯通误差,两临时桩的里程之差即为隧道的实际纵向贯通误差。

如图5-35所示,由贯通面两侧最近的中线点(或导线点)向贯通面测设中线A、B,则A、B点间距离即为横向贯通误差,贯通面两侧推算的A、B里程差即为纵向贯通误差。

(2)坐标法

采用导线作为洞内控制时,贯通之后在贯通面上钉一临时桩,从相向测量的两个方向各自向临时桩进行支导线测量，分别测取临时桩点的平面坐标，将两组坐标的差值分别投影到线路和线路的法线方向上，即为横向和纵向贯通误差。如图5-36所示。

方位角贯通误差利用两侧控制点测定与贯通面相邻的同一导线边的方位角较差确定。

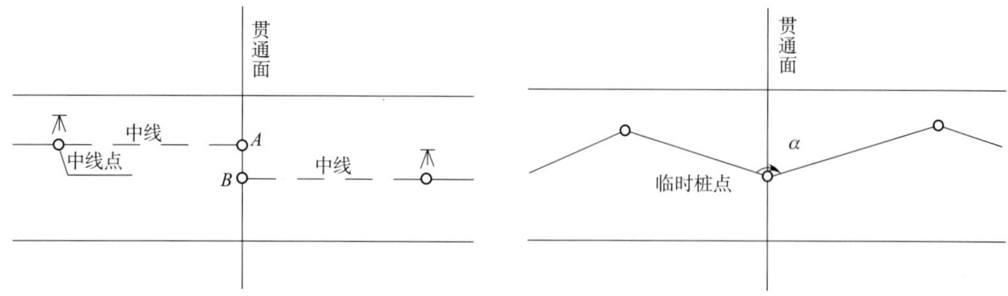

图5-35　中线法贯通误差测量示意图　　图5-36　坐标法贯通误差测量示意图

分标段施工的地段，不同标段之间的结构贯通误差测量工作可根据实际情况，采用以上提到的坐标法或中线法测定。盾构区间一般采用坐标法进行平面贯通测量，高架段贯通测量一般采用中线法。

外业资料满足要求后，求算贯通误差，判断横向贯通误差是否满足≤±1000mm，纵向贯通中误差是否满足≤$L/10000$的要求。

注意：进行贯通测量前应先检测地下已知控制导线点、边的稳定情况，选用稳定的地下导线边、点作为贯通测量的起始边、点。

2. 高程贯通测量

高程贯通测量是测定实际的竖向贯通误差，当两相向开挖的隧道贯通后，应及时进行高程贯通测量。高程贯通测量采用水准仪由隧道两端洞门附近的水准点向洞内各自进行水准测量，分别测出贯通面附近的同一水准点的高程，其高程差即为实际的高程贯通误差。对仪器的要求与地下高程控制测量相同。求出高程贯通误差，判断高程贯通误差是否满足≤±50mm的要求。

注意：进行贯通测量前应先检测地下已知控制水准点的稳定情况，选用稳定的地下水准控制点作为贯通测量的起始点。

二、贯通误差调整

贯通误差求出来后，应进行贯通误差的调整处理。一般将贯通误差按比例分配在贯通面附近（约200m范围内）的平面、高程控制点上。当贯通误差较小时（如限差的1/3内），可在整个区间进行平差分配贯通误差，同时要检查距贯通面较远的已知平面高程控制点的改变情况，判断处理方法是否可行。贯通误差的调整应遵循以下原则：

（1）方位角贯通误差分配在未衬砌地段的导线角上。

（2）计算贯通点坐标闭合差，坐标闭合差在贯通地段导线上，按边长比例分配，闭合差很小时也可按坐标平差处理。

（3）在贯通面两侧没衬砌地段进行高程贯通误差调整，求出各点调整后高程，用以指导相应地段施工。

三、贯通测量成果提交

贯通测量工作完成后，及时按要求提交测量报告。测量报告主要内容包括：

(1)说明；

(2)控制点成果表；

(3)贯通误差成果表；

(4)测量示意图；

(5)施工单位申请报验单等。

第八节　停车场、车辆段施工测量

一、控制网

1. 平面控制网

停车场、车辆段平面控制网采用导线网布设，导线起闭于 GPS 控制点或精密导线点。停车场、车辆段加密导线按精密导线要求布设、测量，在停车场、车辆段施工期间按期维护。

2. 高程控制测量

一般以二等水准点作为停车场场区的高程控制点，当水准点的分布不能满足停车场、车辆段施工、勘测设计要求时，可根据现场需要加密水准点。场区的水准点应在 3 个以上。加密水准点的测量与地铁二等水准测量相同。

二、基线测设及断面测量

在土建施工阶段，停车场、车辆段基线测设及断面测量在平面控制网和水准网的基础上进行。停车场、车辆段基线测设及断面测量的目的是为站场、路基、工艺等设计提供设计范围及附近的地面特征；该测量成果作为车辆段设计的输入资料，断面测量成果还作为车辆段工程地质填图和路基土石方工程计量支付的输入资料。

1. 基础资料

基础资料来源于业主或设计单位，由业主或设计将停车场、车辆段设计的有关资料转交给测量单位作为基线测设及断面测量的基础资料。转交的基础资料包括：平面图、内线路(股道)布置及线路要素、基线坐标及里程、断面位置及坐标和其他必要的资料及其电子文件。

2. 基线测设

按照工点设计和设计总体的要求进行测设，在停车场、车辆段内测设若干条基线(一般为 1 ~ 3 条)。基线一般测设在停车场、车辆段居中位置，用于施工放样。

基线点采用极坐标法测设，并与精密导线点联测、平差计算，将基线点归化到设计坐标位置上后，埋设标石。基线点的高程按地铁二等水准测量要求施测，其往返路线或附合路线闭合差应在 $\pm 8\sqrt{L}$以内。

当基线较长时，可以在基线两端之间加密测设基线桩。在停车场、车辆段内，根据设计需要，还要测设如下桩点：

(1)沿基线每隔 20 ~ 30m(一般为 25m)测设基线中桩。

(2)测设基线或线路(出入段线)要素,如交点、起点、终点、缓直点、直缓点、车挡等。

3. 断面测量

停车场、车辆段场地测量采用基线横断面测量或方格网法测量方式。

(1)断面测量内容

①基线纵断面;

②垂直基线的横断面;

③停车场、车辆段地面线(停车线、试车线等)和出入段线纵断面;

④停车场、车辆段地面线(停车线、试车线等)和出入段线垂直的横断面;

⑤其他设计需要的纵、横断面等。

(2)断面测量要求

基线、线路横断面施测宽度和密度,应根据地形、地质情况和设计需要而定。一般情况下,每 100m 不得少于 4 个断面,并在基线百米标、线路纵、横向地形明显变化的最高和最低处,路基宽度变化处等测绘横断面。测绘宽度测至规划红线外 30m,遇到建筑物、道路、水塘、沟心、大孤石、洞穴、钻孔、试坑、土地分界点等处均应有测点,并在图上注明。具体如下:

①所有横断面与基线(或出入段线)垂直;

②沿基线(或出入段线)每隔 20 ~ 30m(一般为 25m)布设一个横断面;

③测量横断面的地物特征点和地面突变点;

④沿基线布设的横断面测量范围测至左侧边缘和右侧边缘(面对里程增大方向之左为左侧,之右为右侧);

⑤沿出入段线布设的横断面测量范围一般为线路左侧 60m 和右侧 60m(尚需视设计的具体需要而定);

⑥在相邻两条横断面之间,如遇尚未受横断面控制的地形突变或地物特征点(如最高点、最低点、陡坎、水塘等),应加密横断面。

(3)断面图编制

断面图编制要求如下:

①横断面图上应注明主要地物名称、特征点的高程及基线(出入段线)的距离以及基线(出入段线)位置及高程等。距离、高程单位以 m 计,要求精确到 0.01m。

②横断面图的比例、竖直比例按照设计要求设置。例如某地铁车辆段要求横断面绘图比例为:水平和竖直均为 1:1000,而另一城市地铁设计单位要求:横断面图的水平比例为 1:200,竖直比例为 1:200。

③其他断面图则应满足相应的设计要求。

4. 提交成果

所有纵横断面电子文件均为 AutoCAD 环境下的 *.DWG 文件格式或转换成设计专业所需的图形文件格式。包括纸质文件及其相应的电子文件,电子文件可以在电脑中编辑。

三、建(构)筑物测量

建(构)筑物测量按照相应规范精度要求采用极坐标法、直角坐标法、交会法等测设平面位置;按照高程精度要求进行高程测设。

第六章
竣工测量

地铁工程竣工后，为检查建筑主体及竣工线路是否符合设计要求，须进行竣工测量。竣工测量是工程建设竣工、验收时所进行的测量工作。按测量服务对象的不同主要包括：结构竣工测量、轨道竣工测量、设备竣工测量以及管线竣工测量等，本章重点介绍土建结构竣工测量的内容和方法。

第一节　结构竣工测量

结构竣工测量包括地下隧道、车站和高架桥等线路中线方向的底、顶板断面测量及垂直于线路中线方向的两侧结构横断面测量。分段施工的地铁线路土建结构完工后，应按照限界技术要求对该段隧道、高架桥或车站的结构横断面等进行测量，检验其土建结构是否满足设计要求。地铁工程的结构横断面测量和普通工程中的横断面测量方法、要求有所区别。普通工程横断面测量是通过测量断面线上地物、地貌变化的特征点，得到中线两侧起伏变化的剖面图。地铁工程横断面测量则主要测设线路法截面上由设计指定的点位，通过测量其相对于线路中线平面位置和高程，形成竣工剖面图，与设计数据进行比较，检查土建结构是否满足结构限界要求。

线路贯通且土建结构完成后，应完成贯通测量及地下控制点联测，并保证其精度及正确性。测量人员必须查阅线路平面图、纵断面图、剖面图等设计图纸，并根据设计图中的曲线要素、坡度、相关标注尺寸等信息，对线路里程、百米标等重要控制点进行平面、高程及横距的计算，并收集已有的施工资料，依据设计图纸对资料进行内业复核，保证测设中线点设计坐标及设计高程值的准确性，为结构限界的测量做好充分准备。

结构竣工测量中，结构横断面及底板纵断面测量应以竣工贯通测量平差后的平面和高程控制点为依据，一般按照直线段每6m、曲线段每5m测设中桩，以中桩所处线路法线方向为基准，测量该处的平面、高程及断面横距，结构横断面变化处和施工偏差较大段应加测断面。

断面测量完成后，应及时对成果进行检核，结构尺寸异常的断面应再次复测，测量方法和精度要求应与施工测量相同，并按实测的资料编绘竣工测量成果。横纵断面测量数据应及时提交给设计单位，根据设计反馈意见，对不满足设计要求的数据应进行复核测量。对结构断面净空超限等引起设计变更的区段，应根据变更后的设计文件重新进行线路中线定线，变更区段内结构断面应重新测量。

一、线路中线点平面测量

土建结构完成后，一般以两站一区间控制点联测平差坐标为依据进行线路中线点放样，常采用的方法为极坐标法，实地逐点标记出线路平面位置，放样点的间距及标示特殊地段线路点的位置应满足设计单位提出的要求。点位放样精度以规范要求为准。

二、线路中线点高程测量

土建结构完成后，应以两站一区间控制点联测平差高程为依据，按四等附合水准技术要求施测，逐点测量断面中线点隧道仰拱和拱顶高程，并与该里程的设计高程比较。

三、线路中线横断面测量

地铁工程线路主要由隧道及高架区间、地下及地面车站、停车场(库)等设施组成，对应的结构横断面形式与要求也有所不同。区间隧道主要分为圆形、单洞单线马蹄形、单洞双线马蹄形、单洞单线矩形、单洞双线矩形等形式。如果按照隧道内线路数量划分，则分为单洞单线和单洞双线两种横断面形式。车站分为矩形侧式车站、矩形岛式车站、高架侧式车站及高架岛式车站。

结构横断面测量又称结构净空测量，是检查结构竣工后剖面尺寸与设计是否相符的验证手段。可采用不低于Ⅲ级全站仪或断面仪等测量设备进行测量，横断面里程中误差为±50mm，断面点与线路中线法距的测量中误差为±10mm，断面点高程的测量中误差为±20mm。底板纵断面高程点可使用不低于 DS3 级水准仪测量，高程测量中误差为±10mm。

(1)盾构区间断面测量

通过绘制出的隧道断面图，计算中线至侧墙断面控制点(图 6-1 上 A、B、C、D、E、F、G、H 点)水平横距以及与 A 的高差，其圆形隧道检测高度(应根据各设计单位具体要求执行)作为隧道断面控制点。圆形隧道断面横距测量记录表，如表 6-1 所示。

(2)单洞单线马蹄型隧道断面横距检测

通过绘制出的隧道断面图(图 6-2)，计算中线至侧墙断面横距，测量轨面线、轨面上1.95m、3.65m 和4.32m处断面横距。

(3)单洞双线马蹄形隧道断面横距检测

特殊大跨段隧道一般多为大小渐变的矿山法双线隧道，通过绘制出的隧道断面图(图 6-3)，计算左右线路中线至侧墙断面横距，测量轨面线、轨面上 1.95m、3.65m 和 4.32m 处断面横距。

(4)矩形隧道或车站断面横距检测

将全站仪置于中线点，在标定位置处放置棱镜，直接测量中心线至轨面、轨面上 1m、轨面上 3.5m 高度侧墙的水平距离(图 6-4、图 6-5)，车站还需测量中心线至站台边缘的距离，与设计值进行比较。车站矩形隧道断面横距测量记录表，如表 6-2 所示。

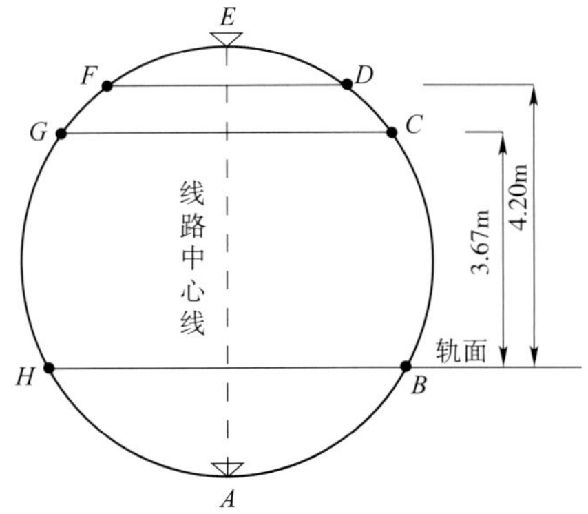

图6-1 圆形隧道建筑限界断面检测示意图

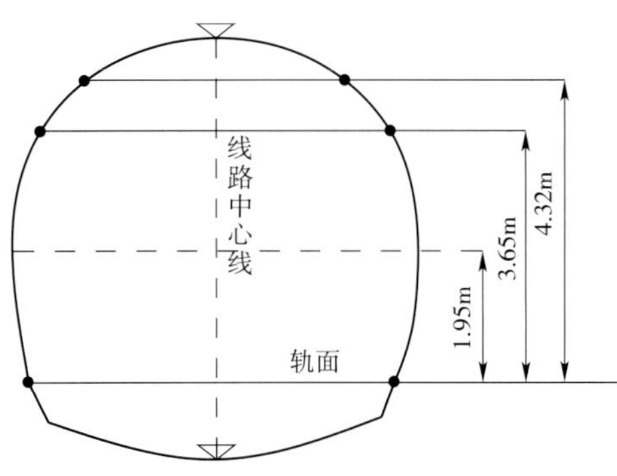

图6-2 单洞单线马蹄形隧道建筑限界断面检测示意图

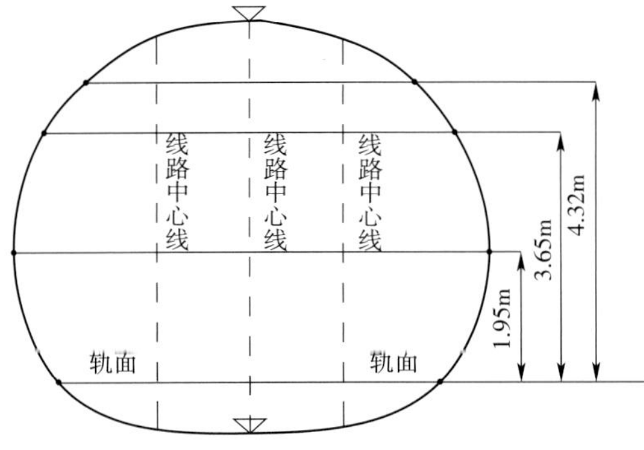

图6-3 单洞双线马蹄形隧道建筑限界断面检测示意图

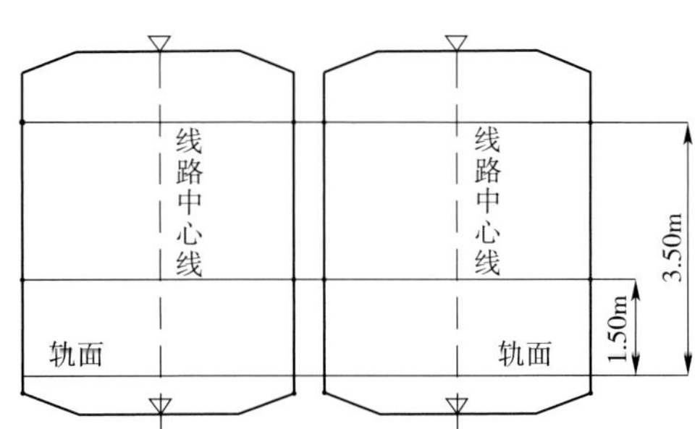

图6-4 矩形隧道建筑限界断面检测示意图

四、高架桥区间或高架车站断面横距检测

将全站仪置于任意中线点，以另一线路中线点作定向，按照设计人员给出的断面里程测量区间(高架车站)护栏内侧绝对坐标，通过计算机导出数据，并展点 CAD 设计线路图，直接量取护栏坐标点至线路中线点的法向水平距离，与设计值进行比较(图6-6)。高架区间断面横距测量记录表，如表6-3所示。

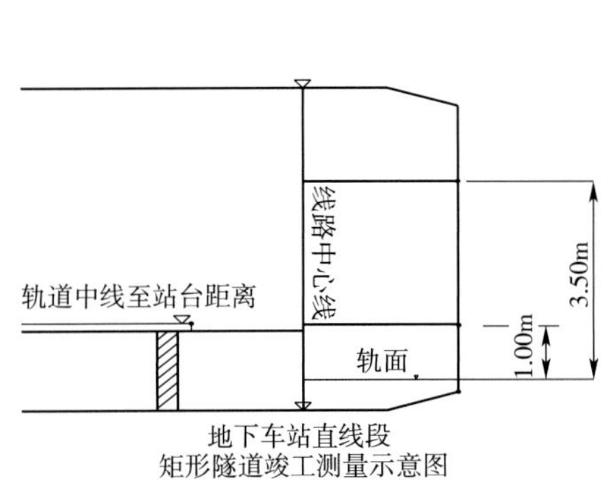

图6-5 矩形车站建筑限界断面检测示意图

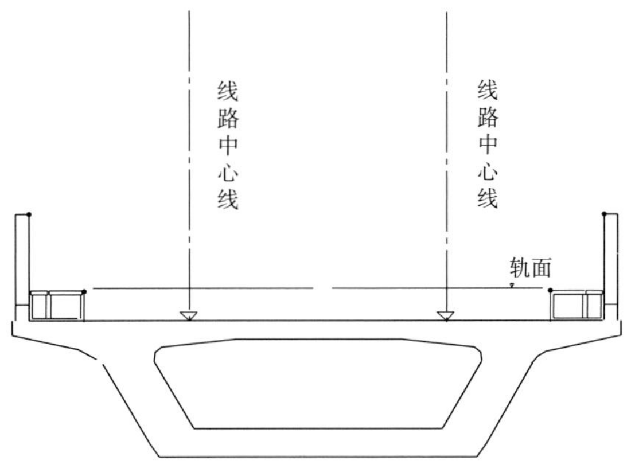

图6-6 高架桥区间或高架车站建筑限界断面检测示意图

圆形隧道断面横距测量记录表

表 6-1

检测断面里程	轨面线左侧			轨面线右侧			轨面线上 3.67m 左侧			轨面线上 3.67m 右侧			轨面线上 4.26m 左侧			轨面线上 4.26m 右侧			偏移量（mm）	备注
	设计值（m）	实测值（m）	差值（mm）	设计值（m）	实测值（m）	差值（mm）	设计值（m）	实测值（m）	差值（mm）	设计值（m）	实测值（m）	差值（mm）	设计值（m）	实测值（m）	差值（mm）	设计值（m）	实测值（m）	差值（mm）		
K8 +830.420	1.817	1.893	76	1.817	2.031	214	1.867	2.057	190	1.867	2.195	328	1.000	1.385	385	1.000	1.523	523	0	
K8 +842.452	1.817	1.888	71	1.817	2.144	327	1.867	1.951	84	1.867	2.207	340	1.000	1.232	232	1.000	1.488	488	0	
K8 +854.519	1.817	1.879	62	1.817	2.099	282	1.867	1.993	126	1.867	2.213	346	1.000	1.300	300	1.000	1.520	520	0	

车站矩形隧道断面横距测量记录表

表 6-2

检测断面里程	轨面线左侧			轨面线右侧			轨面线上 1m			轨面线上 3.5m			站台边缘			加宽值（cm）	备注
	设计值（m）	实测值（m）	差值（mm）	设计值（m）	实测值（m）	差值（mm）	设计值（m）	实测值（m）	差值（mm）	设计值（m）	实测值（m）	差值（mm）	设计值（m）	实测值（m）	差值（mm）		
ZK15 +723	1.960	1.936	-24	—	—	—	2.200	2.164	-36	2.200	2.181	-19	1.620	1.595	-25	—	左线有效站台
ZK15 +733	1.960	1.977	17	—	—	—	2.200	2.201	1	2.200	2.219	19	1.620	1.586	-34	—	左线有效站台
ZK15 +743	1.960	2.002	42	—	—	—	2.200	2.237	37	2.200	2.252	52	1.620	1.581	-39	—	左线有效站台

高架区断面横距测量记录表

表 6-3

检测断面里程	左侧电缆槽			左侧护栏顶内侧			右侧电缆槽			右侧护栏顶内侧			加宽值（cm）	备注
	设计值（m）	实测值（m）	差值（mm）	设计值（m）	实测值（m）	差值（mm）	设计值（m）	实测值（m）	差值（mm）	设计值（m）	实测值（m）	差值（mm）		
K21 +950	—	—	—	2.370	2.387	17	—	—	—	2.370	2.382	12	—	
K21 +960	—	—	—	2.370	2.385	15	—	—	—	2.370	2.390	20	—	
K21 +970	—	—	—	2.370	2.383	13	—	—	—	2.370	2.380	10	—	

五、竣工测量技术总结编写提要

单位工程竣工测量完成后，除了提交相关的图表数据外，还应编写竣工测量技术总结，连同竣工测量技术要求和全部内业资料一起存档保存。

竣工测量技术总结是一项重要工作，是评判施工质量的重要依据，必须认真编写，编写提要大致如下：

(1)工程概况，包括工程施工方法、施工起讫日期，施工单位等。

(2)实施竣工测量前准备工作，包括平面和高程贯通测量、观测方法和精度要求、平差结果的精度评定。

(3)竣工断面测量完成情况，包括中线测设方法、精度，设计断面点的标志情况以及断面横距偏差统计，对测量过程和结果的自我评判。

(4)所需要提交的成果，包括断面测量成果表、断面测量位置图、断面测量总结报告。

第二节　限界车检测设备限界方法

目前，测量地铁设备限界最常用的方法是限界车检测法，根据设备限界尺寸，根据不同的断面、半径制作一个可以伸缩的框架，固定在平板车上，作为限界检测车，用内燃机牵引，对全线逐段进行检测。限界检测车限界设计依据如图6-7所示。这种方法的优点是检查简单、直观，缺点是只能确认是否侵限，不能反映侵限具体量值大小。

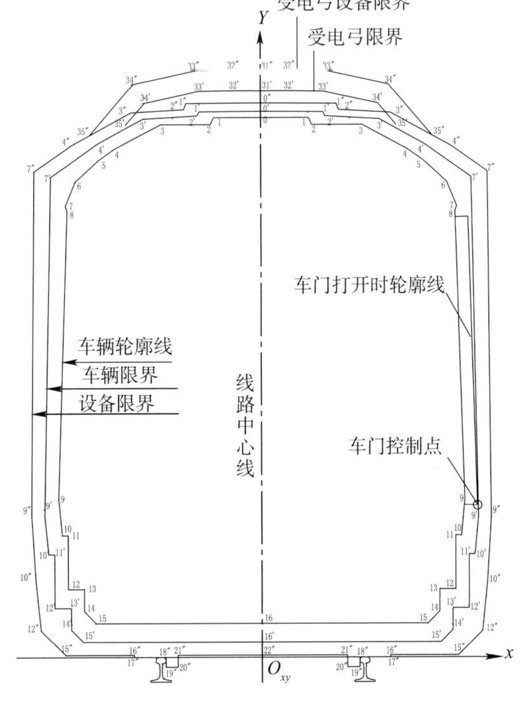

图6-7　限界检测车设计限界依据

设备限界检测车的结构如图6-8所示。限界轮廓由活动测试板构成，在平直线上全站仪、水平仪对外轮廓线进行测量、校正，使之符合设计限界要求，误差控制在+10mm。

根据限界结构图，现场制作的设备限界车照片如图6-9所示。

在直线取用内燃机车以5～10km/h的速度进行通过式连续检测。

在曲线段，因轨道超高所需要的限界加宽和加高是检测车随轨道超高得到自然补偿。因车辆纵向中心线偏离线路中心所需的限界加宽量，由人工调节检测车的左右检测板进行补偿。其加宽量根据公式计算而得。

圆曲线段全加宽。

缓和曲线加宽为：

当$l=0$时，曲率半径$\rho=\infty$；

当 $0 < l < 10$ 时，$\infty > \rho > R$，并满足 $1/\rho = 1/R \times 1/10$。

由上式可以看出，缓和曲线某点处的加宽量与 l 延伸值成正比。

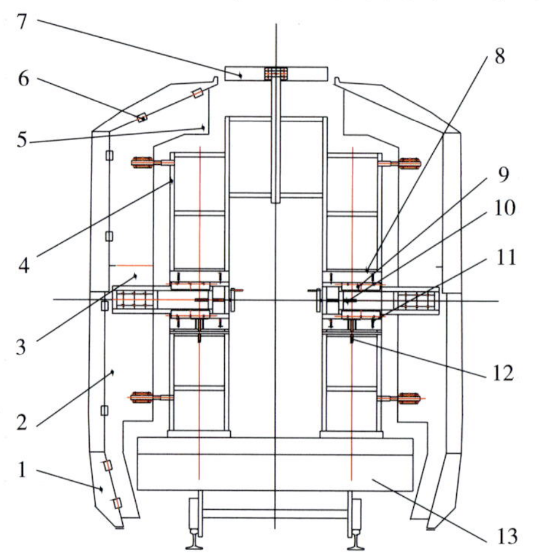

图 6-8　设备限界车检测结构示意图

1-活触板；2-支撑板；3-移动机构；4-构架组件；5-清套；6-2″铰链；7-受电弓检测；8-底板；9-压板；10-T22 水平丝杠副；11-M10 六角螺栓；12-垂直丝杠副；13-垂直丝杠副

图 6-9　限界检测车照片

（1）实际检测时的操作步骤：

①根据设备限界值计算出各区段（如隧道段、高架段）、各半径的加宽量，检测时根据加宽量调整限界车。

②统计全线检测段的曲线起始里程及曲线要素，以便检测时使用。

③为了偏于安全和便于检测，在曲线外 12m 至缓和曲线中间段，加宽为该曲线总加宽的 1/2，曲线的其他地段为全加宽。

④同样为了方便操作，可以取最小曲线半径至 500m 为一检测断面，500 ~ 800m 为一检测断面，800m 以上为一检测断面。各范围段内均取最大加宽量，即该范围最小半径的加宽量，在操作中如有侵限，调整至实际的半径加宽量再进行检测。

⑤遇到侵限地段即刻进行重检确认，并记录侵限段起讫里程、做好标志，再利用全站仪、水准仪等进行专门复核，如仍侵限即进行处理。

⑥由于站台是离车辆最近的设备，且有些车辆的型号对站台设备限界有特殊要求，站台限界检测在检测车检测通过后，应采用全站仪、水准仪独立复核。

（2）设备限界测量注意事项

①限界检测车每次检测之前，都要用全站仪、水平仪对外轮廓线拐角点测量面板相对位置，确认行车震动引起检测车的变形而产生误差并加以修正。

②检测车外轮廓活动板上应安装声、电感应报警器，遇到侵限触碰即发出报警。

③检测车上线检测前因对沿线区域施工清场，落实专人负责安全检查，检测人员应做好防护措施。

④接触网限界因地面、地下段的不同分柔性接触网和刚性接触网，应采用接触网检测车，通过冷滑的方式进行检测。

⑤道岔处的限界应根据道岔加宽图专门进行检测。

第三节　其他竣工测量

竣工测量成果是竣工验收阶段必备资料,除结构竣工测量外,还需对工程附属结构竣工测量、轨道铺设竣工测量、沿线设备安装后的竣工测量以及地下管线最终竣工测量。

根据竣工测量成果所做的竣工图是施工单位在工程竣工后移交生产前所提供的技术文件之一,也是设计图经过施工后实际情况的全面反映,这与一般的测绘图完全不同,为了使实测竣工图能与原设计图相比较,实测竣工图的各项要求,如平面坐标及高程系统、比例尺、图例符号等一般应与设计图相符。

其他竣工测量主要包括:线路轨道竣工测量;区间、车站和附属建筑结构竣工测量;线路沿线设备竣工测量;地下管线竣工测量。

(1)线路轨道竣工测量在隧道内应以车站控制基标为起始数据,在地面应以地面控制点为起始数据。隧道或线路产生变形时的地段应重新进行控制测量,并以新的控制测量数据为起始数据。线路轨道竣工测量应包括铺轨基标竣工测量和轨道铺设竣工测量,铺轨基标竣工测量一般主要检测折角和高程,线路轨道竣工测量应在线路轨道长轨锁定后进行。直线线路轨道竣工测量应采用轨道尺测量右股钢轨至铺轨基标间的距离及两股钢轨间的轨距。曲线线路轨道竣工测量除用轨道尺测量右轨到铺轨基标间的距离外,还应测量两钢轨的加宽量和外轨对内轨的超高量。轨距测量值的较差范围应在 -2 ~3mm。道岔区的线路轨道竣工测量,应以道岔铺轨基标为依据,分别测量基标与对应的直股钢轨、曲股钢轨的距离,其测量值和设计值的较差均应在 ±2mm 之内。用不低于 DSI 水准仪测量铺轨基标与对应的钢轨的轨顶间的高差,测量值与设计值较差均应在 ±2mm 之内。

(2)高架线路应对其桥墩承台、墩柱等建筑物的主要轴线、坐标、顶面高程以及外形轮廓主要尺寸等作重点测量。浅埋车站出入口、通道及风亭等附属结构的竣工测量,应测量其结构中心轴线的位置和内部净空空间。车站站台大厅地面、立柱、站台沿、两端站台角、站台上部吊顶饰物、边墙灯光广告和饰物等,应以铺轨基标为准,测量它们和其相互之间的位置、高程,测量允许误差应为 ±10mm,实测的站台沿和两端站台角与线路中线的距离与设计值较差应在 ±10mm 之内。

(3)地下管线竣工测量控制点布设和管线点的平面位置及高程用全站仪采用数字测绘法进行。技术要求按《城市地下管线探测技术规程》(CJJ 61—2003)执行。地下管线的测量精度:平面位置中误差相近与邻近控制点不得大于 5cm,高程中误差相近与邻近图根点不得大于 3cm。实量地下管线埋深误差不得大于 5cm。

第四节　测量机器人进行断面测量简介

采用徕卡 TCRA 系列全站仪(测量机器人)进行断面测量是一种快速高效的断面测量方法。它具有智能、高精度的特点,集无棱镜测距、电子计算、发动机驱动及目标自动识别、照准、跟踪等高科技自动化性能于一体,能够进行自动测量。它可与计算机方便连接进行数据传输，运用分析处理软件对数据综合处理，可快捷方便地获得最终成果，并以各种图形、报表数据输出，是一套外业数据采集到最终成果输出全自动化、数字一体化的智能多功能测量系统。

徕卡TCRA型全站仪机内配置有断面测量程序，对准所测断面点的位置安设仪器，建站后确定仪器的三维坐标及设置方向，量取仪器距断面点的距离即仪高。然后启动断面测量程序，设置好有关参数后，仪器在发动机的驱动下照准部于隧道轴线法线的竖直平面旋转一周，同时按设置间距测取仪器到各测点的距离及角度，并存储于仪器内置PC卡上，即完成一个断面的数据采集。内业仅需将全站仪采集并存储在PC卡上的数据读入计算机，利用LEICA TMS OFFICE断面测量系统绘制隧道断面图，最后通过AutoCAD软件进行断面横距测量。

1. 徕卡TCRA型全站仪采集数据过程

(1)仪器操作界面见图6-10。

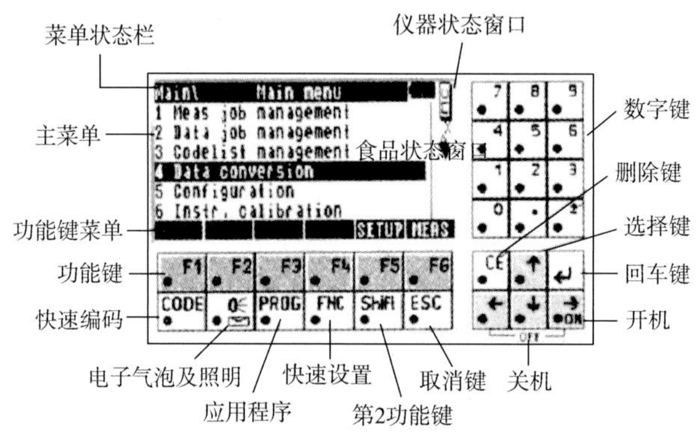

图6-10　徕卡TCRA1101操作界面

(2)开机后选择PROG功能键，即显示应用程序菜单，选择文件管理(定义平面及纵坡参数)选项，进行平面参数和纵断面参数的设置，启运File Manager即进入文件管理界面。

(3)Profiler Survey是专门用于隧道横断面数据采集的全站仪机载软件。Profiler Survey利用File Manager机载软件生成的平、纵面参数文件经过交点计算和测站点设置，自动进行隧道断面数据采集，采集的数据保存在全站仪的PC卡上。用Setup进行测站设置，确定测站点的坐标和测站所处的里程，并配置水平度盘，使全站仪位于路线坐标系统中。

(4)Profiler断面测量。在进行断面测量之前定义开始角和结束角，用于确定所测断面采集数据的区域，同时还要定义两相邻点间的距离——步长，一般间距设置为0.5m。各项准备工作完成后，按STAR即进入隧道断面数据自动采集。

(5)当天断面数据测量完成后，通过Leica Survey Office软件将数据导出为.gis格式。

2. LEICA TMS OFFICE隧道测量系统及AutoCAD绘图软件测量

(1)新建工程

在软件的主界面，选择“File”中的“New Project”，新建新工程，并在弹出对话框中(图6-11)，按照要求输入工程名称、日期等信息，以便于进行资料管理。

(2)数据导入

新工程建立后，主界面上选择“TMS Proscan GSI Format”，见图6-12。

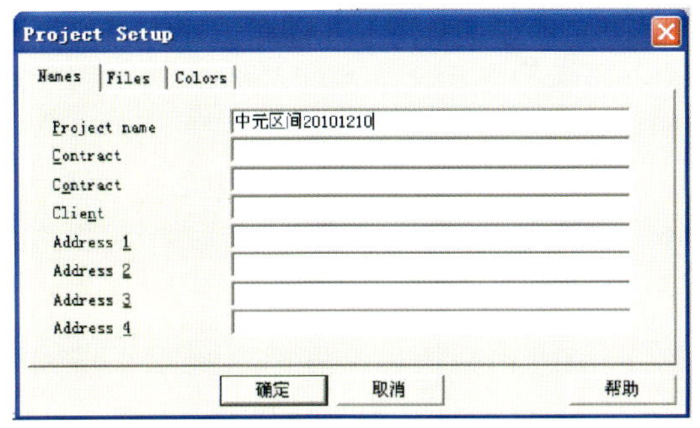

图 6-11 新建工程信息对话框

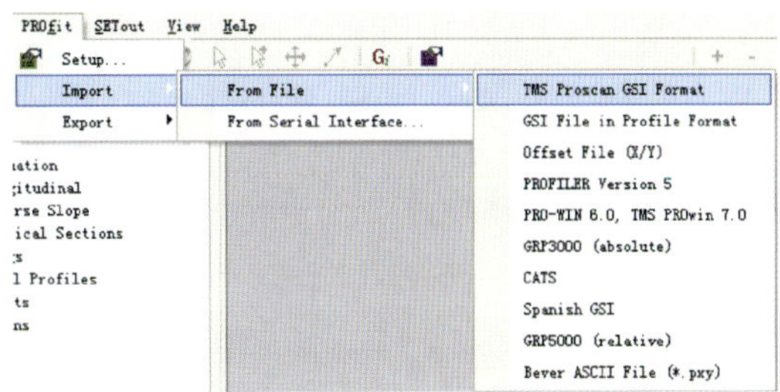

图 6-12 数据导入界面

弹出对话框后选择要导入的. gis 格式数据并打开。弹出对话框(图 6-13),选择全部断面数据,点击 Add ,使所有选中断面数据进入"List of Selected Profiles"框中,再点击 OK ,便可将文件导入系统。

(3)断面图形格式转换

在 TMS 主界面选择"DXF",将断面图形依次导出为 AutoCAD 可识别的. dxf 格式(图 6-14)。

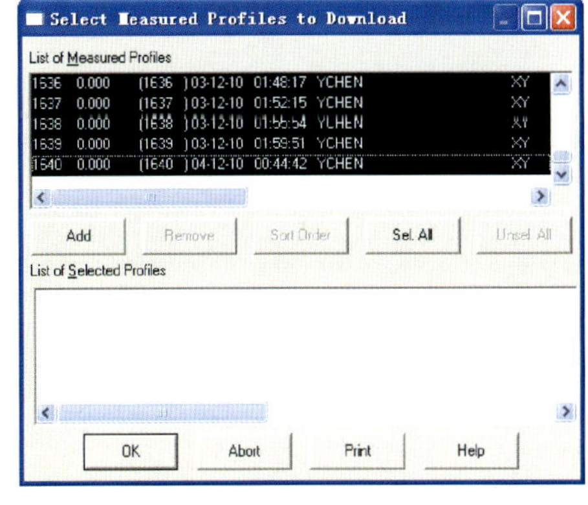

图 6-13 添加数据界面

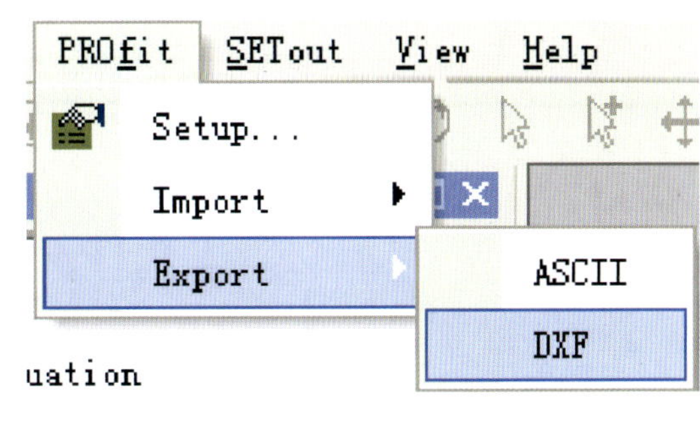

图 6-14 断面图形格式转换

(4)断面横距测量

在 AutoCAD 绘图软件中打开. dxf 格式断面图形,通过测量时记录的仪高以及该断面点纵断面高程测量时与设计高程的高差,确认设计轨面线及限界需检测面的位置,量取线路中线至隧道横断面左、右边界的距离。

详细步骤如下:

①在 AutoCAD 绘图软件中打开. dxf 格式的图形文件后,设置以(0,0)为直线一端点水平画线,确认置镜点所在平面,并以垂直于该线并通过置镜点即(0,0)位置的直线作为中线垂线。

②将此置镜点所在水平面的直线,以该断面现场记录的对应仪高为平移距离,向下平移,得到实测断面点所在水平面。

③以实测该断面点标高与设计底标高的较差为平移距离,将实测断面点标高水平面平移至设计底标高所在水平面。

④以设计底标高所在水平面为基础,按设计图纸要求,向上依次平移标示出设计轨面线及

各需检测面所在水平位置线。

⑤将各水平线延伸至断面边界,分别量取设计轨面线及各检测面与中线垂线交点至断面左右两端的距离,依次记录入断面横距检测成果表中。

(5)数据分析及处理

对于测量出的距离,依次填入断面横距检测成果表后,与设计横距进行比对,分析断面超限情况。

实践证明,徕卡 TCRA1101 全站仪和 TMS 断面测量系统在隧道断面测量检测中具有快速、准确、方便和适用的优点,使隧道竣工测量上升到自动化、智能化数据采集分析。

第五节　注意事项

本章简要介绍了土建工程结束后的限界测量及竣工测量的相关工作,广大地铁建设者尤其是测量工作者必须认识到这两项工作的重要性。

限界测量(关键是土建结构断面测量)工作是发现侵限问题,由设计单位调线调坡解决土建施工侵限问题的最关键工序之一。其测量数据必须全面、真实、不得隐瞒任何存在的问题。

断面测量工作存在作业量大、外业条件差、工期紧等特点,其作业要求也往往根据设计单位不同而存在差异,比如有的设计单位对盾构区间需要测量的只是盾构隧道中线点实际坐标和高程。做该项工作应注意以下问题:

(1)测量控制依据应以区间贯通后“两站一区间”导线和水准平差后资料为准。

(2)作业前应由设计单位对监理单位、第三方单位、施工单位进行技术交底,提出不同工法、不同结构类型的断面测量技术要求。

(3)断面测量原理简单但方法多样,各实施单位需根据交底要求结合工程实际情况制定最佳作业方法。

(4)断面测量工作往往任务量大、时间紧、作业环境差,需统筹合理安排。

竣工测量是各施工阶段的最后一道测量工序,竣工测量数据是编制竣工图的依据,其成果将作为竣工资料的一部分存档。因此,作为土建、铺轨、设备各承包人测量技术人员应高度重视,充分准备,做好竣工测量工作。

第七章
轨道工程测量

第一节　概述

地铁具有运量大、速度快等特点，为了保障列车行驶的安全性和乘坐的舒适性，就需要对地铁轨道工程施工精度提出更高的要求。现阶段应用于地铁轨道工程测量的方法主要包括：车辆段等有砟段使用的放样线路中线点法，整体道床段使用的铺轨基标法和铺轨控制网 CPⅢ法（类似高速铁路铺轨测量）。

线路中线点测量方法是铁路、地铁有砟轨道测量的传统方法，本章将不作介绍。

铺轨基标是地铁现阶段普遍采用的方法。铺轨基标测量是按照设计线路和铺轨综合设计图的要求，以一定的间隔，根据地下控制点在线路中线或其一侧高精度放样出的三维坐标标志，并作为铺轨工程施工、养护的测量基准。铺轨基标分控制基标和加密基标。

铺轨控制网 CPⅢ是采用高速铁路铺轨技术延伸引用到地铁铺轨的一种方法，目前运用较少，地铁规范还没有引入，主要是铺轨控制点起闭于地下导线控制网和高程控制网，按照自由设站后方交会的原理进行施测，本章将作建议性介绍。

第二节　控制基标测量

一、控制基标的布设

控制基标宜设置在线路中线上，也可设置在线路中线的一侧。

控制基标布设的一般原则：直线上每间隔 120m、曲线上每间隔 60m，曲线的起止点、缓圆点、圆缓点及道岔起止点等，均应设置控制基标。

二、控制基标的埋设

控制基标应设置成等高 K（离设计轨面高程固定距离常数）、等距 D（离线路中线固定距离的常数），原则上整体道床施工后基标头部露出混凝土 5～10mm，用混凝土埋设，作为永久标志（图 7-1、图 7-2）。道岔段基标埋设见本章第三节加密基标及道岔处基标的埋设。

控制基标的埋设应满足下列要求：

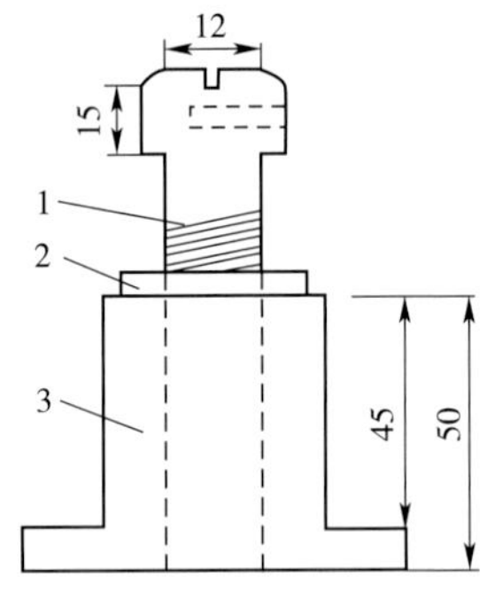

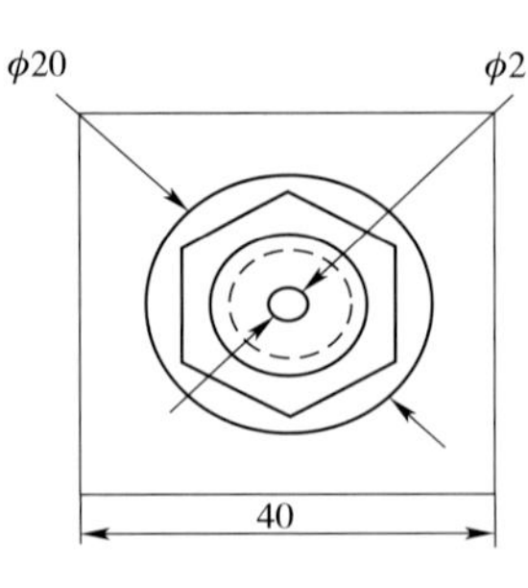

图 7-1　矩形(车站)隧道铺轨基标标志(尺寸单位:mm)
1-铜质螺纹栓;2-螺母;3-混凝土底座

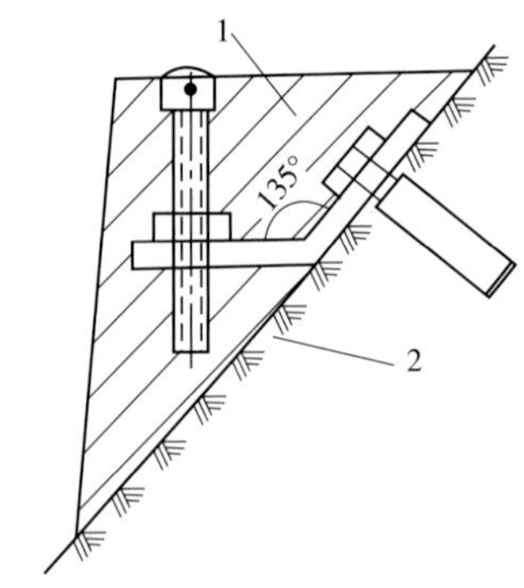

图 7-2　马蹄形或圆形隧道铺轨基标标志
1-混凝土;2-隧道结构

(1)在埋设基标点的结构底板上,开凿出 0.3m×0.3m 的毛面。

(2)用简易活动模板灌注 C30 混凝土,并埋设基标标志底座。

(3)以 ±2mm 的精度调整基标标志螺杆到设计位置,并初步固定。

基标标桩应埋设牢固,桩帽中线和高程调整符合要求后应及时固定,并使标志清晰。

三、控制基标的测设

控制基标设置前,工程应已按照第五章隧道贯通测量、地下导线高程测量、联通测量和第六章竣工测量的要求完成相应的工作,然后再根据铺轨设计图测设控制基标。

测设时以两个车站间的控制点作为起算点,并与区间隧道内的原有施工中线控制点布设成附合导线,如果左、右隧道之间有联络线,则应布设结点网。平差后,在导线点坐标与原来坐标的较差不影响隧道限界时,即可用这些中线控制点进行下一步的控制基标测量。如果影响到隧道限界时,则应改移或调整中线至允许误差内的合适位置上。

1. 控制基标测设的方法

直线上可采用偏角法、极坐标法、截距法埋设,在曲线上可根据曲线五大桩采用偏角法、极坐标法测设。高程采用水准仪直接放样的方法测设。放样完后,控制基标点要用附合导线、附合水准的方法测量进行平差,然后再改正至正确的位置。

2. 控制基标的测设

控制基标三维设计坐标由铺轨综合设计图计算得出。

(1)初测

根据设计三维坐标将控制基标放样到实地。依据事先计算的控制基标测设数据,用坐标法测设到地面,并精确测定其位置。

(2)调线测量

按照附合导线测量方法对控制基标进行联测,并检测相邻控制基标间的夹角与距离是否满足规范要求,即检测控制基标间角度、边长等几何条件是否满足设计精度要求。当控制基标之间构成的几何条件超限且与线路存在较大偏差时,应进行调线测量。

调线测量前,首先在室内计算控制基标间夹角理论值与实测值的较差 $\Delta\beta$,当 $\Delta\beta > 6''$ 时,

可根据 $\Delta\beta$ 和控制基标间距计算出控制基标在垂直于线路方向的改正值 δ;然后在现场对超限的控制基标进行归化改正。归化改正时,要顾及相邻基标改正值的相互影响,通常仅改正一个点就可使相邻点组成的几何条件满足精度要求。

控制基标的高程根据车站的水准点用附合水准测量方法施测,观测方法和限差要求与精密水准测量相同。

如果控制基标之间的角度、边长及高程达不到限差要求,应重新进行调整测量,直至满足精度要求为止。因此,控制基标的测设往往需要进行多次。

(3)归化改正

根据调线测量成果计算控制基标间所有夹角与理论值的较差,如有超限,则需要对部分或全部控制基标点位进行归化改正,以使各个控制基标间组成的几何条件满足限差要求。

3. 归化改正的一般方法及存在问题

(1)归化改正的一般方法

①坐标法。根据调线测量的平差结果计算各个控制基标的坐标改正数,并进行改正。

②角度距离法。根据控制基标串测导线的角度和距离偏差,沿线路垂直方向调整控制基标点位,使相邻控制基标的夹角满足限差要求。

坐标法能严格将点位改正到理论位置,但计算烦琐,实际操作较困难,一般不采用。而角度距离法在满足施工需要的前提下,合理忽略距离偏差,重点考虑角度偏差,计算、操作相对简单,是目前工程中常用的归化改正方法。

(2)存在问题

利用角度距离法进行归化改正时,通常凭借经验判断和选择需要改正的点位,并试探该点的横向改正值。在串测导线上,由于某点的横向改正会引起相邻两点间夹角的变化,因此需反复试探、调整各点的改正值,才能满足调线和归化改正要求。

4. 控制基标测量精度

控制基标测量过程属于放样测量,使用仪器为Ⅱ级全站仪和 DS1 级水准仪。上述附合导线方法对控制基标进行联测测设,宜按照第六章地下平面控制测量精度要求进行,水准联测按二等水准测量技术要求施测。归化改正后,应对控制基标进行检测。

四、控制基标的检测

控制基标埋设完成后应进行检测,检测的主要内容有:

(1)检测控制基标间夹角时,其左、右角各测二测回,之和与 360°较差小于 6″,距离往返观测各两测回测,测回与往返互差均小于 5mm。

(2)直线段控制基标间的夹角与 180°较差应小于 8″,实测距离与设计距离较差应小于 10mm;曲线段控制基标间夹角与设计值较差计算出的线路横向偏差应小于 2mm,弦长测量值与设计值较差应小于 5mm。

(3)控制基标高程实测值与设计值较差及相邻控制基标间高差与设计值的高差较差应小于 2mm。

(4)经检测控制基标满足各项限差要求后,应进行永久固定。

(5)控制基标检查见表 7-1 控制基标竣工测量成果表。

控制基标竣工测量成果表 表 7-1

＿＿＿＿＿＿线＿＿＿＿＿＿段

<table>
<tr><th rowspan="2">控制基标名称和里程</th><th rowspan="2">间距（m）</th><th rowspan="2">设计夹角（° ′ ″）</th><th rowspan="2">实测夹角（° ′ ″）</th><th colspan="2">夹角较差（″）</th><th colspan="2">控制基标相对偏移量 δ(mm)</th><th colspan="3">控制基标高程</th><th rowspan="2">备注</th></tr>
<tr><th>+</th><th>-</th><th>左</th><th>右</th><th>实测高程（m）</th><th>设计高程（m）</th><th>较差（mm）</th></tr>
<tr><td></td><td></td><td></td><td></td><td></td><td></td><td></td><td></td><td></td><td></td><td></td><td></td></tr>
<tr><td></td><td></td><td></td><td></td><td></td><td></td><td></td><td></td><td></td><td></td><td></td><td></td></tr>
<tr><td></td><td></td><td></td><td></td><td></td><td></td><td></td><td></td><td></td><td></td><td></td><td></td></tr>
<tr><td></td><td></td><td></td><td></td><td></td><td></td><td></td><td></td><td></td><td></td><td></td><td></td></tr>
</table>

制表： 复核： 日期：

五、控制基标测量经验总结

根据对哈尔滨地铁控制基标检测结果，发现在直线段上相邻边长接近 120m 时，很容易满足 8″限差要求，但在相邻边长相差悬殊时，如在曲线五大桩处，很难满足限差要求。

1. 计算公式

结合铺轨单位的反馈意见，总结并推导出了经验公式：$D = ab\theta/[(a+b)\rho]$。在现场检测基标时，根据所测的边角利用该式可以计算出 D（注：a、b 为相邻边的长度；ρ 为弧度的换算常数；D 为控制基标间的夹角与设计值计算出向偏差）。

2. 推算过程

如图 7-3 所示，假设 ABC 为 3 个控制基标，$AE = D$，$AB = a$，$AC = b$。若基标间夹角的实测值与理论值较差为 θ，则 $\theta = \angle BEC - \angle BAC$。

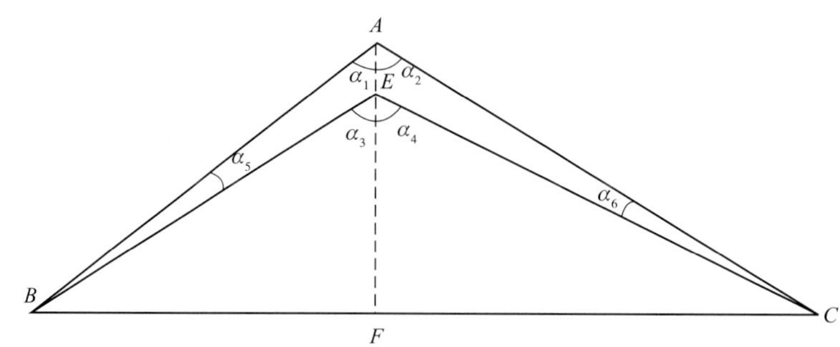

图 7-3 基标点位调整示意图

设 $\angle BAC = \alpha_1 + \alpha_2$、$\angle BEC = \alpha_3 + \alpha_4$、$\angle ABE = \alpha_5$、$\angle ECA = \alpha_6$。

根据三角形的外角和定理，得出

$$\theta = \alpha_5 + \alpha_6$$

根据小角的正弦和正切等于该边长对应的弧度，得出

$$\alpha_5 = \frac{D\rho}{a}$$

同理可得

$$\alpha_6 = \frac{D\rho}{b}, \theta = \alpha_5 + \alpha_6 = \frac{(a+b)\rho D}{ab}$$

当 $a = 100\text{m}$、$b = 120\text{m}$、$D = 2\text{mm}$ 时

$$\theta = (120 + 100) \times 103 \times 206265 \times 2 \div (120 \times 100 \times 106) = 7.5$$

因此,以 8″作为测量限差。

在实际情况下,曲线部分的控标相邻边长相差悬殊,基标埋设时经常出现限差超限情况,这就需要反复进行检测,浪费了大量的人力和财力。鉴于此,利用 $D = ab\theta/[(a+b)\rho]$ 公式,在现场直接计算出 D,然后与 2mm 进行比较即可。如果超限,现场进行调整。

第三节　加密基标测量

一、加密基标的布设

加密基标宜设置在线路中线上,也可设置在线路中线的一侧。

加密基标直线上每 6m、曲线上每 5m 各设置一个点。

二、加密基标的埋设

1. 加密基标的埋设

加密基标示意图见图 7-4。

加密基标是轨道铺设的临时测量依据,不需要长期保留。因此,为方便测设,可适当放宽距离常数 D 与 K,也可等距不等高;距离 D 的测设要求与控制基标相同,为方便埋设可根据实际埋设高度精确测定,但必须提交实测高程值及与轨顶面设计高程的差值,供架设轨道调整使用。加密基标标志形式可采用与控制基标形同的标志,也可根据埋设地点条件自行设计。

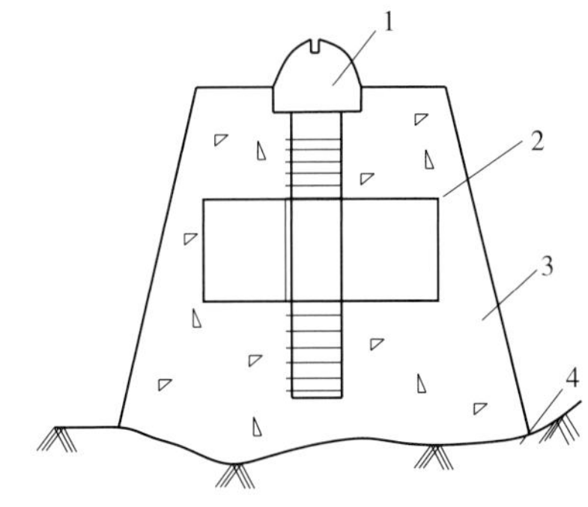

图 7-4　加密基标

1-带孔螺栓;2-螺母;3-混凝土;4-结构底板

铺轨基标的埋设位置需要根据道床的设计类型、排水沟的设计位置来确定,一般埋设在线路中线上(轨道中心线上)以及线路一侧的排水沟内,或道床、结构边墙及路肩上。

2. 道岔段基标埋设

在道岔段岔区道岔分为单开道岔、交叉渡线道岔和复式交分道岔 3 种,岔区道岔基标一般设置在轨道两侧,道岔形式不同,基标设置数量与位置也不尽相同,所以道岔处的加密基标间距应根据设计要求进行设置。具体步骤如下:

(1)单开道岔

控制基标应测设在岔头、岔尾、岔心和曲股位置或一侧,加密基标按设计给出的间距埋设在道岔控制基标之间。单开道岔铺轨基标的埋设位置如图 7-5 所示。

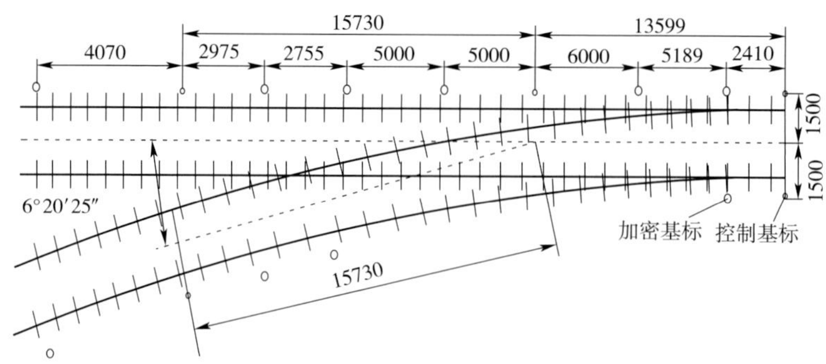

图 7-5　单开道岔铺轨基标埋设位置示意图(尺寸单位:mm)

(2)复式交分道岔

控制基标应测设在长轴和短轴的两端及岔头、岔尾位置或一侧,加密基标按设计给出的间距埋设在道岔控制基标之间。复式交分道岔铺轨基标的埋设位置如图 7-6 所示。

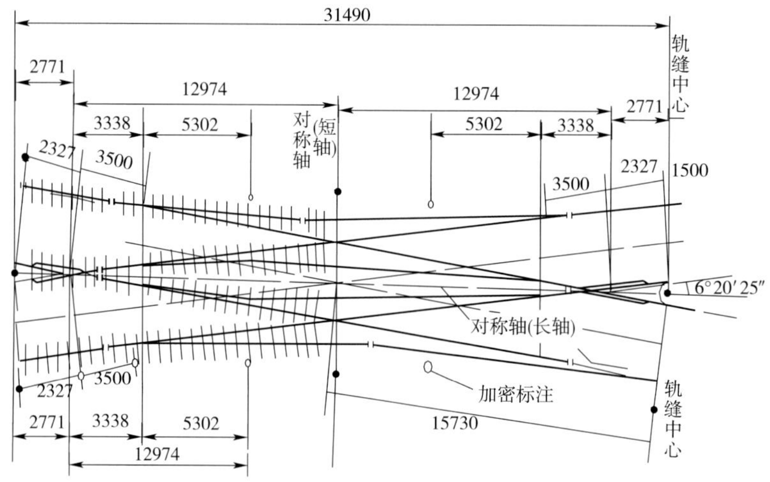

图 7-6　复式交分道岔铺轨基标埋设位置示意图(尺寸单位:mm)

(3)交叉渡线道岔

控制基标需测设在长轴和短轴的两端、岔头、岔尾以及与正线相交的岔心位置或一侧。加密基标按设计给出的间距埋设在道岔控制基标之间。

对于碎石道床(有砟轨道),控制基标应测设在线路前进方向的右侧路肩上。碎石道床控制基标按照每间隔 100m 进行设置,加密基标则按每 20m 进行设置。碎石道床单开道岔和复式交分道岔的基标设置如图 7-7、图 7-8 所示。

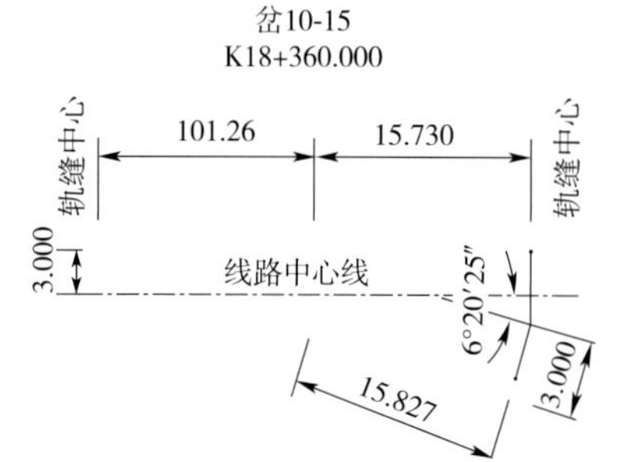

图 7-7　碎石道床单开道岔基标设置图(尺寸单位:m)

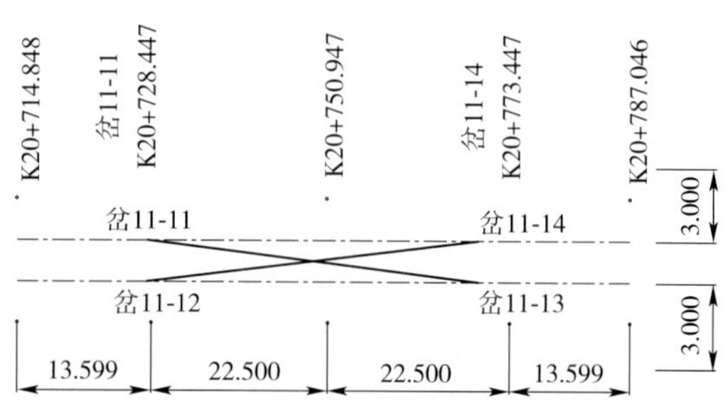

图 7-8　碎石道床复式交分道岔基标设置图(尺寸单位:m)

三、加密基标的测设

1. 加密基标的测设方法

直线上平面采用基标截距法，高程采用水准法。曲线上采用偏角法或极坐标法。

2. 加密基标的测设

加密基标测设是以其两侧的控制基标作为起始点。

直线路段依据控制基标间的方向，按加密基标的间距在控制基标间埋设加密基标。埋设时，利用全站仪定向或钢尺量距等方法确定各加密基标的位置。

因加密基标之间的距离测量误差应控制在 ±5mm 之内。实际工作中，为控制里程上的误差累积，通常采取由两个控制基标分别向中间埋设加密基标的方法；为减低方向观测误差，测量中要经常对后视进行方向校正。两控制基标间的加密基标全部埋设完成后，重新对仪器和觇标进行对中和整平，并对加密基标进行检核。

曲线路段应将仪器安置在控制基标或曲线元素点上，用偏角或极坐标方法设置加密基标。放样时，将仪器安置在控制基标上，根据计算控制基标至各加密基标的偏角或方位角及距离，逐一测设曲线路段上的加密基标。

四、加密基标的检测

1. 直线段加密基标的测设精度指标

(1)纵向：相邻基标间纵向误差应在 ±5mm 内。

(2)横向：加密基标偏离两控制基标间的方向线应在 ±2mm 内。

(3)高程：相邻加密基标实测高差与设计高差的较差应在 ±1mm 内，每个加密基标的实测高程与设计高程较差应在 ±2mm 内。

2. 曲线加密基标测设精度指标

(1)纵向：相邻基标间纵向误差应在 ±5mm 内。

(2)横向：加密基标相对于控制基标的横向偏差应在 ±2mm 内。

(3)高程：相邻加密基标实测高差与设计高差的较差应在 ±1mm 内，每个加密基标的实测高程与设计高程较差应在 ±2mm 内。

第四节 轨道竣工验收

一、测量方法和要求

线路轨道竣工测量应以控制基标作为起始数据。施测前要对控制基标进行检核，当底板控制点发生变动时，应重新进行控制测量，并以新的控制测量成果作为起始数据；当控制基标发生变动时，应选用其他稳定的控制基标作为起始数据。

铺轨基标竣工测量在道床铺设之后进行，主要检测控制基标间的夹角、距离和高程，要求使用的全站仪不低于Ⅱ级、水准仪为 DS1 级。具体施测方法和精度应按照控制基标测量的规范执行，并提交控制基标竣工测量成果表(表 7-1)。

线路轨道竣工测量应在线路轨道锁定后，利用轨道尺对轨道与铺轨基标的组成的几何关系、轨距进行测量。对于直线段，测量右股钢轨至铺轨基标间的距离和高程以及两股钢轨间的轨距和水平，而曲线段还应加测轨距加宽量和外轨对内轨的超高量。测量水平（超高）时使用内置倾角仪测倾角，然后进行基准长度换算。轨道平面位置和高程使用全站仪实测，并得到轨检小车上棱镜的三维坐标，然后结合标定的轨检小车几何参数与定向参数、水平传感器所测横向倾角及实测轨距，即可换算出对应里程处的实测平面位置和轨面高程，然后与该里程处的设计平面位置和轨面高程进行比较，对比得到的偏差值用于指导轨道的调整。轨道距铺轨基标或线路中心线的允许偏差为±2mm，轨道高程允许偏差为±1mm，轨距允许偏差范围为－1～2mm，左、右轨的水平允许偏差为±1mm。测量中误差为允许偏差值的1/2。

道岔区的线路轨道竣工测量以道岔铺轨基标作为参考依据，分别测量基标与对应道岔轨道的位置、距离、高程及轨距。道岔岔心里程位置允许偏差为±15mm，轨顶全长范围内高低差应小于2mm，道岔轨道的高程、水平轨距以及距铺轨基标距离的允许偏差应满足以上要求。

二、轨道验收标准

地铁轨道验收标准主要是针对轨道铺设精度制定的，而轨道施工是根据基标进行铺设的，只有基标测设精度满足精度要求才能确保铺轨的质量，而施工时往往有施工误差，需要测定误差并调整至准确的位置。

（1）轨道钢轨调整精度

根据《地下铁道工程施工及验收规范》（GB 50299—1999）制定出了地铁轨道的验收标准，轨道钢轨调整精度应符合表7-2、表7-3中的规定。

轨道钢轨调整精度要求 表7-2

项目名称		精度要求
钢轨	轨道中心线	距基标中心线允许偏差±2mm
	轨道方向	直线段用10m弦量，允许偏差±1mm。曲线段用20m弦量，正矢允许偏差见表7-3
	轨顶水平及高程	高程允许偏差±1mm，左右股钢轨顶面水平允许偏差±1mm。在延长18m的距离范围内应不大于1mm的三角坑
	轨顶高低差	用10m弦量应小于1mm
	轨距	允许偏差 $^{+2}_{-1}$mm，变化率不应大于1‰
道岔	导曲线及附带曲线	导曲线支距允许偏差±1mm，附带曲线用10m弦量连续正矢允许偏差1mm
	轨顶水平及高程	全场范围内高低差应小于2mm，高程允许偏差为±1mm
	转撤器	尖轨与基本轨间隙不应大于1mm，尖轨的尖端处轨距允许偏差1mm
	里程位置	允许偏差为±15mm

轨道曲线正矢调整允许偏差值(mm)　　表 7-3

曲线半径(m)	缓和曲线正矢与计算正矢差	圆曲线正矢连续差	圆曲线正矢最大最小值差
251 ~ 350	3	5	7
351 ~ 450	2	4	5
451 ~ 650	2	3	4
>650	1	2	3

(2)轨道钢轨验收标准

依据《地下铁道工程施工及验收规范》(GB 50299—1999)制定出了地铁轨道的验收标准,轨道钢轨竣工验收要求应严格符合表 7-4、表 7-5 中的规定。

轨道钢轨竣工验收精度要求　　表 7-4

项目名称		精度要求
钢轨	轨道中心线	距基标中心线允许偏差 ±3mm
	轨道方向	直线段用 10m 弦量,允许偏差 ±2mm。曲线段用 20m 弦量,正矢允许偏差见表 7-3
	轨顶水平及高程	高程允许偏差 ±2mm,左右股钢轨顶面水平允许偏差 ±2mm。在延长 18m 的距离范围内应不大于 2mm 的三角坑
	轨顶高低差	用 10m 弦量应小于 2mm
	轨距	允许偏差为上 1mm,变化率不应大于 1‰
道岔	导曲线及附带曲线	导曲线支距允许偏差 ±2mm,附带曲线用 10m 弦量连续正矢允许偏差 2mm
	轨顶水平及高程	全场范围内高低差应小于 3mm,高程允许偏差为 ±2mm
	转辙机	尖轨与基本轨间隙不应大于 1mm,尖轨的尖端处轨距允许偏差 1mm
	里程位置	允许偏差为 ±20mm

轨道曲线竣工正矢允许偏差值(mm)　　表 7-5

曲线半径(m)	缓和曲线正矢与计算正矢差	圆曲线正矢连续差	圆曲线正矢最大最小值差
251 ~ 350	5	10	15
351 ~ 450	4	8	12
451 ~ 650	3	6	9
>650	3	4	6

第五节　用高速铁路 CPⅢ测量技术进行地铁铺轨控制网测量

一、高速铁路 CPⅢ控制网简介

高速铁路铁路列车运行速度高,为了达到安全性和舒适性,要求高速铁路必须具有非常高的平顺性、铺轨精度和几何线性参数,其精度达到了毫米级,传统的铁路测量方法和精度已不能满足高速铁路的建设和运营。为此高速铁路勘测、施工、运营过程中,在地面平面框架控制网 CP0 的基础上建立三级控制网。①CPⅠ:在 CP0 基础上布设,点间距 4km 左右,测量精度为 GPS B 级,在勘测阶段建立。②CPⅡ:在 CPI 上布设,点间距 800m 左右,测量精度为 GPS C 级或三等导线,在勘测阶段建立。③CPⅢ:主要为铺设无砟轨道和运营维护提供控制基准,铺轨前建立,在CPⅠ、CPⅡ上布设,点间距 60m 左右,采用测量机器人自由设站后方交会的原理进行施测,测量精度相邻点位精度小于 1mm。

现在高速铁路已经实现“三网合一”的测量体系。勘测控制网:CPⅠ、CPⅡ和水准基点;施工控制网:CPⅠ、CPⅡ、CPⅢ和水准基点;运营维护基准网:CPⅢ和加密维护基点(也叫 CPⅣ)。从而保证了高程坐标系统的统一、各阶段测量工作顺利衔接、施工精度高。通过十几年的高速铁路施工和 5 年来多条线路的运营,其安全性、舒适性得到了验证。

图 7-9 为高速铁路工程测量三级平面控制示意图。

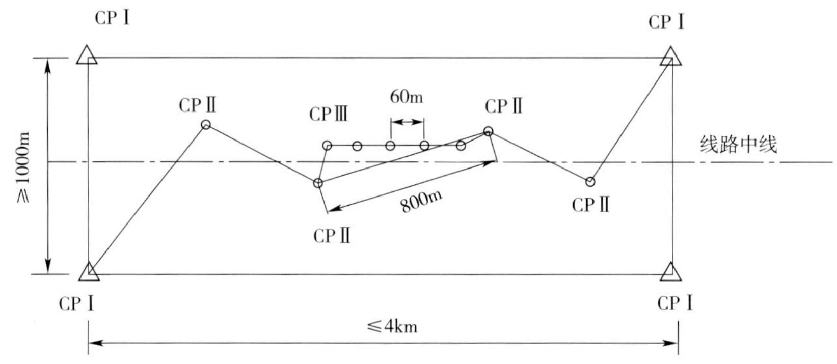

图 7-9　高速铁路工程测量三级平面控制网示意图

二、地铁轨道控制网与高速铁路 CPⅢ的区别

现在,我国地铁处在一个快速发展的时期,为了提高地铁铺轨精度,保证线路平顺性、轨道精度和列车运行的稳定性,开展高速铁路 CPⅢ控制网测量技术在地铁铺轨控制网测量领域的研究应用具有积极的意义。而地铁与高速铁路在环境、设计、施工、运营方面有显著的区别,将会对地铁铺轨测量精度造成影响,其区别主要如下:

(1)测量环境不同。高速铁路测量一般在地面,测量条件、环境好,而地铁一般在地下,受隧道内光线、温度、湿度、通视的影响,测量条件差。

(2)测量长度不一。高速铁路测量区段为 4km,有利于精度的提高,而地铁一般为两站一区间为单位,长度为 1km 左右,不利于精度的提高。

(3)起算精度不同。高速铁路 CPⅢ控制网起算在 CPⅠ、CPⅡ上,其精度都是卫星测量的方法,边长适中、精度高,而地铁起算点是隧道内控制点,受地面加密、竖井联系测量、地下控制测量、贯通测量等多级测量的影响,精度损失较大。

(4)运营速度不同。高速铁路运行速度为 250 ~ 350km/h,而地铁运营速度为 80 ~ 100km/h。速度不同,在施工误差、精度等方面要求也不同。

(5)变形要求不同。高速铁路经过的大都是野外,结构设计是按零沉降设计的,而地铁大都在繁华的闹市区,结构设计在运营期允许有一定的沉降和变形,需保留地下控制点、起算点并定期复测。

(6)曲线半径不同。高速铁路曲线半径在 7000 ~ 10000m,几乎接近直线。地铁最小半径 300m,且断面小、安装的设备多,通视长度受到限制,影响点位埋设和测量精度。

(7)隧道宽度不同。高速铁路大都是双线隧道,即使是单线隧道断面宽度也在 9 ~ 10m,每个自由设站点至少观测 8 个边长,而地铁隧道断面宽度 5 米多,观测边将会减少,影响精度和效率。

(8)线路条件不同。高速铁路上下行线在一起,可以做到一个控制网兼两条线,而地铁上下行大都分离,需要分开测量,存在测量工作量大和在联络通道左右线需要联测的情况。

(8)维修养护不同。高速铁路维修养护采用专门的轨检小车、测量机器人,而地铁铺轨控制网采用高速铁路 CPⅢ技术后,也需新配置相应的硬件、软件设备,人员培训也要跟上。

(9)点位保护不同。高速铁路 CPⅡ、CPⅢ点均在线路两侧埋设成立柱型点,在隧道内 CPⅡ点埋设在电缆槽边,CPⅢ埋设在隧道边墙内衬里,而地铁内受设备和限界的影响,无论是地下导线控制网 TL1(TL1 含义下节将作介绍)或是铺轨控制点 TL2(TL2 含义下节将作介绍)都要像高速铁路 CPⅢ一样埋设在隧道边墙内衬上。

(10)测量网型不同。高速铁路 CPⅡ用卫星测量或导线测量,CPⅢ的网型大都是一次观测 12 个点平面网型,而地铁受埋点的影响,TL1 网只能用自由设站后方边角交会法测量,受线路小半径的影响 TL2 大都是一次观测 8 个点平面网型,将会出现短边观测量大的现象。

(12)高程测量不同。高速铁路可采用传统的水准高程测量也可采用自由测站三角高程测量,而地铁铺轨控制点位于隧道边墙上,边墙曲率大,水准尺无法垂直放立,且点位距离隧道底部 2m 多高,水准仪无法架立,需采用全站仪自由测站三角高程方法测量。

三、地铁铺轨控制网的建议

地铁铺轨控制网测量与高速铁路 CPⅢ比虽然有一定的缺陷,但由于其精度高、自动化程度高、减轻劳动强度、提高施工信息化水平等优点,必然是今后地铁铺轨测量、运营养护的发展趋势。目前国内现行测量规范还没对地铁铺轨控制网进行具体的要求,但已在国内部分城市的部分线段进行试验且成功运用,还需对一些精度指标、测量方法作进一步改进和研究。对于今后地铁铺轨控制网测量,此处结合高速铁路 CPⅢ测量、地铁的特点、地铁部分线段的试验提出如下建议。

(1)控制网等级划分

建议划分两级:轨道铺设(英文为 Trcak Lay)建议分为 TL1 和 TL2 两级。

TL1:隧道部分为地下导线控制网。隧道贯通后,以两站一区间或以两个工作口为一测量段布设测量。因 TL1 点位要永久保存,隧道内空间狭小,埋设在隧道底部或强制对中点将在铺轨后覆盖或破坏,即使把强制对中托架埋设在边墙也会对限界和设备安装造成影响,且在盾构倾斜的边墙上也无法观测。隧道段建议埋设成与高铁隧道 CPⅢ测量类似的标志,但此点除棱镜之外,连接杆埋到隧道边墙固定不动(不需要套筒),以减少连接杆来回取出造成的误差,此点可兼顾 TL2 点。采用自由设站边角交会法测量。在高架桥、地面段 TL1 可采用与高速铁路CPⅡ一样的控制网型和点位埋设形式。

TL2:铺轨控制网。起闭于 TL1 网上,在隧道段、高架段、路基段埋设成与高速铁路 CPⅢ测量一样的标志,采用自由设站后方交会法测量。

(2)起算点要求

以两站一区间或以两个工作口为一测量段布设附合导线网,测量前须对地铁车站或工作口导线点及二等水准高程控制网进行加密、复测,等级按照现行地铁测量规范执行,平差后作为 TL1 测量的起算点。应至少通过 2 个连续的自由测站或 3 个 TL1 以上点进行联测。车站和工作口的点位需永久保存,以便为以后运营期 TL1 复测继续提供起算依据。建议竣工测量也以此为起算点,以确保竣工断面测量与铺轨测量的统一性、一致性,从而使地铁测量也做到施工控制网、竣工控制网、铺轨控制网“三网合一”。

应保证 1km 线路长度范围内至少有一个稳定可用的线路水准基点,等级为地铁二等,不满足间距条件时应加密水准基点。

(3)TL1 测量

隧道段均采用自由测站边角交会法施测,起算点为地下导线网,做到有条件时每个制点必连。根据观测视距的不同,网型分直线段、曲线段和曲线加强网型。

①直线段网型。

直线段网型根据 TL1 点间距有三种网型可选择,分别是 A、B、C,见图 7-10 ~ 图 7-12。

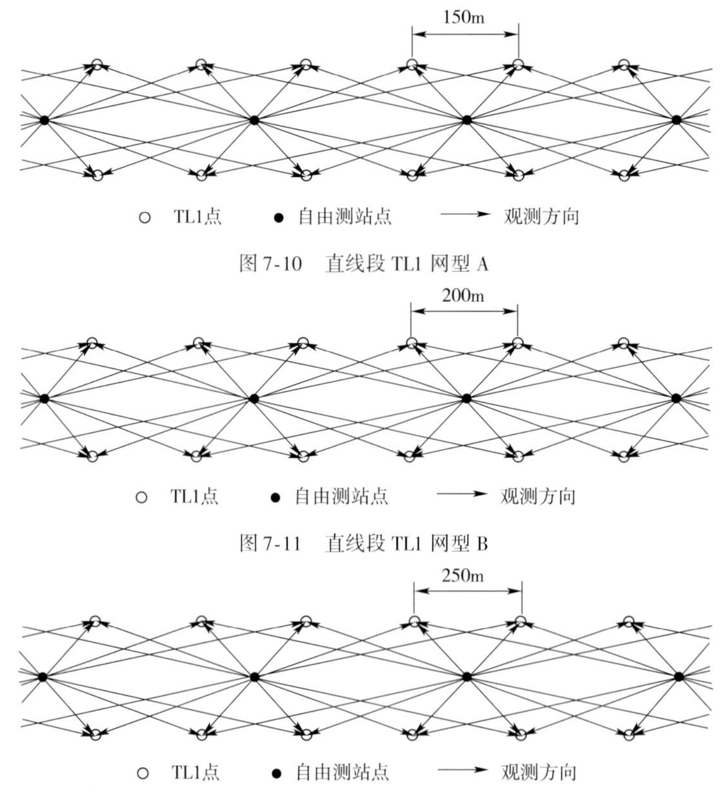

图 7-10　直线段 TL1 网型 A

图 7-11　直线段 TL1 网型 B

图 7-12　直线段 TL1 网型 C

三种网型的共同点:测站内均观测 12 个点,前后方各 3 对点,每个点至少应保证有三个自由测站的方向和距离观测量。

三种网型的不同点:点间距 150m、200m、250m 不等,自由测站间距 300m、400m、500m 不等,最远观测距离 375m、500m、625m 不等。

根据地铁隧道断面小和地下通视环境差,最远观测距离不宜太长以及 TL2 点在 TL1 间布设成单数对,有利于 TL2 观测时前后边长等长,所以建议采用网型 A。

②曲线段网型。

根据统计，按照5.4m盾构隧道内径，全站仪设在中线外侧1.5m处，观测曲线内侧的点的最大观测距离如下：曲线半径为2000m时为130m；曲线半径为1500m时为112m；曲线半径为1200m时为100m；曲线半径为1000m时为91m；曲线半径为800m时为82m；曲线半径为700m时为77m；曲线半径为600m时为71m；曲线半径为500m时为65m；曲线半径为300m时为51m。考虑到网型和点间距最大的原则，网型选择如下：

a. 700m以下半径网型选择。

半径300～400mTL1点间距为30m，半径400～500m点间距35m，半径500～600m点间距40m，半径600～700m点间距45m。图7-13所示为700m以下半径TL1网型。

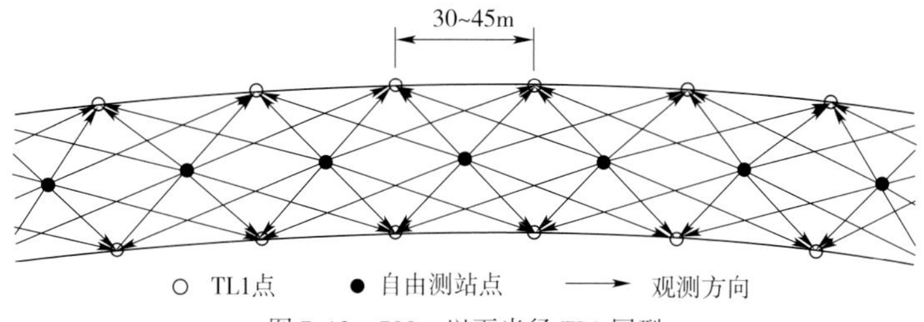

图7-13 700m以下半径TL1网型

b. 700m以上半径网型选择。

半径700～900m点间距30m，半径900～1200m点间距35m，半径1200～1500m点间距40m，半径1500～1800m点间距45m，半径1800m以上点间距50m。图7-14所示为700m以上半径TL1网型。

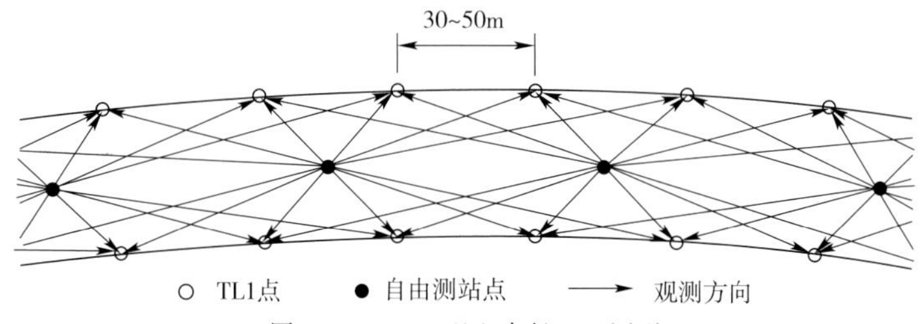

图7-14 700m以上半径TL1网型

③曲线段的加强网型。

在曲线段，特别是小半径曲线段，受最大通视距离的影响，在曲线内侧的方向观测点数少、短边多，会对精度造成一定的影响，为解决这一问题，可在观测时，每站前和后多观测曲线外侧1点，这样可以增加边长长度和多余观测，利于克服短边的影响，提高测量精度。图7-15所示为曲线段TL1加强网型。

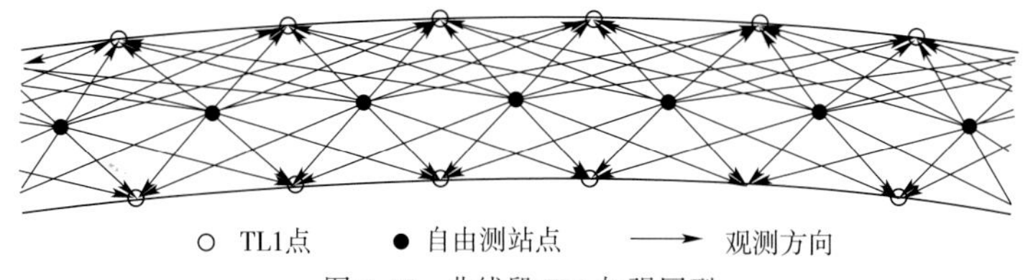

图7-15 曲线段TL1加强网型

在曲线各网型中，进入缓和曲线段，由于半径增大，根据通视情况，可以适当以5m的整倍数增大点间距。由于曲线网型点间距为30～50m，在曲线段TL1可以直接代替TL2测量。

(4)TL2 测量

高速铁路 CPⅢ测量当采用在自由设站置镜观测 CPⅠ、CPⅡ控制点时,应在不少于 2 个连续的自由测站上观测 CPⅠ、CPⅡ控制点的要求,而上述地铁 TL1 网型与高速铁路 CPⅡ相比在精度方面有很多增强的地方,如点密度大、布设形式上是成对布设等。理论上讲每两对 TL1 点就完全可以控制两对间的 TL2 点,但为了提高 TL2 网精度和增加多余观测,网型设计采用每个点至少应保证有两个自由测站的方向和距离观测进行测量。此网附合到 TL1 网点上,自由测站间距一般为 150m,测站内观测 12 个点,全站仪前后方各 3 对点,图 7-16 所示为 TL2 网型。

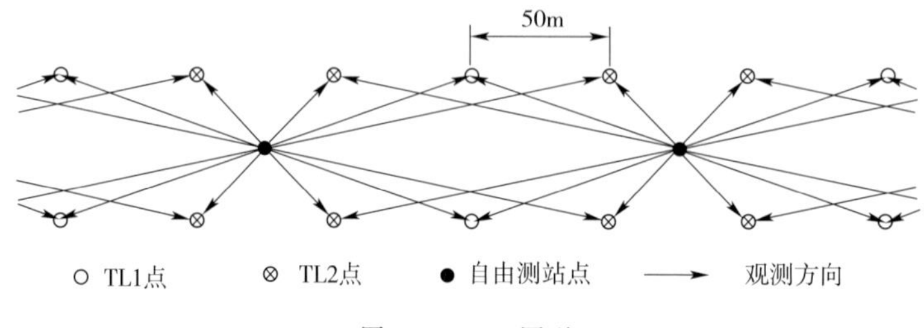

图 7-16　TL2 网型

(5)高程测量

TL1、TL2 点位于隧道边墙上,地铁边墙曲率大,水准尺将无法垂直放立;点位距离隧道底部 2m 多,水准仪将无法架立。所以高速铁路 CPⅢ水准测量的方法将不适用于地铁,需采用全站仪三角高程的方法测量,即在测量 TL1、TL2 平面网时,全站仪读取视线高、棱镜高,三角高程与平面同时观测。

①直线段 TL1 网型及 TL2 水准网型。

由单个测站 12 个测点可计算 16 段相邻点间的高差,图 7-17 所示为直线段单测站 TL1 网型及 TL2 水准网型。

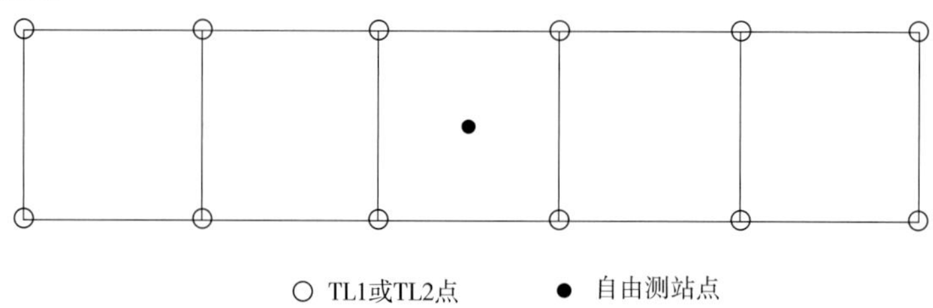

图 7-17　直线段单测站 TL1 网型及 TL2 水准网型

多个测站所形成的三角高程网如图 7-18 所示。

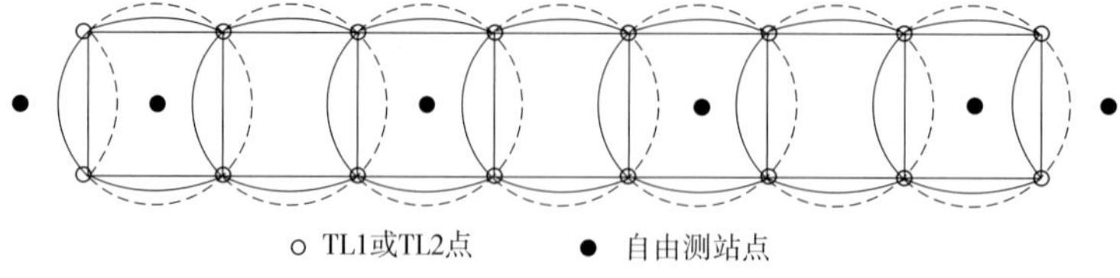

图 7-18　直线段多测站 TL1 网型及 TL2 水准网型

②曲线段网型。

同样由单个测站 8 个测点可计算 10 段相邻点间的高差,多个测站将形成更多段相邻点间的高差,这里将不再绘图说明。

(6)技术要求

从表7-2～表7-5可以看出,地铁轨道铺设精度与高速铁路类似。考虑到地铁的测量条件和实际情况,地铁技术要求在参照高速铁路的基础上,某些指标应有所提高。

①TL1网水平方向观测技术要求,见表7-6。

TL1水平方向观测技术要求 表7-6

铺轨网名称	仪器测角等级	测回数	半测回归零差	不同测回同一方向2C互差	同一方向归零后方向值较差
TL1网	0.5″	4	6″	9″	6″
	1″	6	6″	9″	6″

注:当观测方向的垂直角超过±3°的范围时,该方向2C互差按相邻测回同方向进行比较,其值应满足表中一测回内2C互差的限值。

②TL1网距离测量技术要求,见表7-7。

TL1距离观测技术要求 表7-7

铺轨网名称	半测回间距离较差	测回间距离较差
TL1网	±1 mm	±1mm

当平面网外业观测的各项指标不满足以上技术要求时,须重测。

③TL2网水平方向观测技术要求,见表7-8。

TL2网水平方向观测技术要求 表7-8

铺轨网名称	仪器测角等级	测回数	半测回归零差	不同测回同一方向2C互差	同一方向归零后方向值较差
TL2网	0.5″	2	6″	9″	6″
	1″	3	6″	9″	6″

注:当观测方向的垂直角超过±3°的范围时,该方向2C互差按相邻测回同方向进行比较,其值应满足表中一测回内2C互差的限值。

④TL2平面网距离测量与TL1相同。

⑤高程测量技术要求:

TL1、TL2控制点水准测量应附合于起算点,按精密水准测量技术要求施测,水准路线附合长度不大于1km。

TL1、TL2控制点水准测量应对相邻4个点所构成的水准闭合环进行环闭合差检核,相邻点的水准环闭合差不得大于1mm。

区段之间衔接时,前后区段独立平差重叠点高程差值应≤±3mm。满足该条件后,后一区段网平差应采用本区段联测的起算点及重叠段前一区段连续1～2对点高程成果进行约束平差。

TL1、TL2相邻点高差中误差不应大于±0.5mm。

高程观测主要技术要求见表7-9。

TL1、TL2网自由测站三角高程观测的主要技术要求 表7-9

全站仪标称精度	垂直角测回数	测回间距离较差	测回间竖盘指标差互差	测回间竖直角互差
≤1″,1mm+1ppm	≥3	≤1mm	≤9″	≤6″

第八章 设备安装及装修测量

第一节 概述

地铁设备安装和装修工程工作场地窄小、施工环境差，在区间作业时，区间较长，材料运输难度较大。机电设备安装工程与主体结构、牵引供电、通信、信号、接触网、自动售检票、扶梯、屏蔽门、公共区装修等系统和专业都有接口，存在接口的衔接和交叉施工的问题。除了作业工序间的协调工作之外，各专业接口位置的准确及本专业设备位置的准确定位亦非常重要。

如上所述，地铁设备安装及装修工程涉及专业广范、要求定位准确，尤其要保证相对位置关系，且在建筑限界的基础上必须保证设备限界。因此，做好该阶段的测量工作是确保设备准确安装的基础。

设备安装及装修测量的具体工作内容主要包括：

(1)屏蔽门(安全门)基准线测量；

(2)车站、区间设备安装测量；

(3)车站(含各房间内外)装修1m线测量；

(4)车站(含各房间内外)装修吊顶线、龙骨线测量；

(5)站台板平面和高程；

(6)区间人防隔断门测量等。

在进行测量之前，与安装、装修有关的水准点、轨道中线点等有关资料应交接给施工单位，并办理桩点交接手续。设备安装测量的内外业及成果精度，应按《城市轨道交通工程测量规范》(GB 50308—2008)第17章的有关要求执行。

第二节 屏蔽门基准线测量

屏蔽门是一项集建筑、机械、材料、电子和信息等学科于一体的高科技产品，普遍使用于地铁站台。屏蔽门将站台和列车运行区域隔开，通过控制系统控制其自动开启。地铁屏蔽门分为封闭式、开式和半高式，其中开式和半高式通常被称作“安全门”，只起到安全和美观的作用；封闭式才称为“屏蔽门”，是目前地铁车站最常用的一种。地铁站台安装“屏蔽门”有效地减少了空气对流造成的站台冷热气的流失，保障了列车、乘客进出站时的绝对安全，降低了列车运行产生的噪声对车站的影响。

屏蔽门设置在地下车站有效站台长度范围内，以有效站台中心线为中心，向站台两端对称布置。屏蔽门在站台边布置，其滑动门与列车每节车厢的乘客门一一对应；列车驾驶室门在正常停车的情况下处于屏蔽门端门以外，保证在列车停车精度为 ±300mm 的情况下，列车驾驶室门的全开不会受到阻碍。

屏蔽门安装施工测量的目的是为了保证屏蔽门安装相对位置准确，确保安装位置不侵入车辆限界，为屏蔽门专业提供可靠的工程设计现场数据，同时也为屏蔽门的非标结构设计提供基础数据。

一、控制基准线数据计算

屏蔽门控制基准线根据轨道专业提供的轨道铺设综合设计图、线路资料及铺轨基标成果，确定测量控制基准线控制基标及轨排的几何关系，并按照基准线与基标或者轨排的相对几何关系计算各点相对坐标。

计算资料应包括：基准线与设计线路中心线的几何关系、设置基准点的坐标及对应线路里程。此外，应绘基准线打孔示意图以方便现场放样测量使用。

二、控制基准点的测设

在测量工作实施前，应对基标成果进行复核。轨道铺设已完成地段应核实轨道参数；基标成果与轨道参数有误差时，其精度应在满足规范控制要求的前提下，以实际轨道位置为基准。

对应站台中心线里程处各侧站台垂直于线路固定距离各埋设一个控制基点；在各侧站台上，平行于线路固定距离的基准线两端各埋设一个控制基准点；必要时可根据现场施工要求在中间加测基线桩。

测量的控制基准点均应埋设永久性标志，并在对应车站侧壁明确标志。

三、测量方法及精度要求

以确定的铺轨控制基标为依据，根据已计算控制基准点的相对几何关系，使用不低于2″级全站仪进行控制基准点测量。

平面控制基线位置测量采用全站仪极坐标法进行放样测量，以屏蔽门一端确定的轨道中心线为置镜点，以另一端端头门区域测得的轨道中心点为方位控制基准，用全站仪按照偏角、偏距数值映射出与站台中心线相交的轨道中线点。放样后，要求基线与线路中线距离允许偏差为 0 ~ 3mm。

平面放样点位置确定后，按要求埋设点位。采用高程点和平面点共用的方式，在已埋设点的基础上进行高程测量。高程测量按精度要求采用精密水准仪及配套水准尺进行测量，其高程允许偏差为 ±3mm。

利用屏蔽门放样的控制基线及高程确定屏蔽门在底、顶板的位置，其实测位置与设计较差不应大于 10mm。

(1)控制基准点埋设完成后，应对其进行检测，检测控制基准点夹角左、右角各测 2 测回，左右角之和与 360°之差不大于 6″，边长往返各测 2 测回，测回差不大于 5mm。平差调线后，控制基准点之间折角与设计值比较一般不应大于8″(或横向偏差不大于5mm)。

(2)两控制基准点间距离测量相对误差,直线段不大于1/5000。

(3)高程测量按照《城市轨道交通工程测量规范》(GB 50308—2008)地铁二等水准测量技术要求作业,其闭合差应小于$8\sqrt{L}$mm(L为水准路线长度,以km为单位)。

第三节 车站、区间设备安装测量

车站、区间设备安装主要包括接触轨、接触网、隔断门、行车信号标志、线路标志等的安装。因此,测量工作主要针对这些安装工作进行。

一、测量依据

依据设备安装设计图进行测量。测量起算数据应从铺轨基标或者线路中线点进行。

二、测量方法及工作内容

(1)接触轨、接触网采用极坐标放样的方法确定接触轨(网)的平面位置,采用水准测量或者三角高程测量的方法确定接触轨(网)的支架高程。

(2)隔断门安装采用极坐标放样的方法确定隔断门中心位置及轴线,采用水准测量或者三角高程测量的方法放样隔断门中心高程。

(3)线路标志位置安装(如千米标、百米标、坡度标、竖曲线标、曲线元素标志、曲线要素标志和岔道警冲标等),根据设计提供的线路平面图、线路控制线,在车站、区间隧道内壁侧按照设计的线路坡度测设水平控制线,车站各侧壁测设站台中心线垂直控制线。

控制线需线条清晰、位置准确无误,并在里程百米桩等位置标明里程号、控制线高程等。

(4)行车信号(主要是指自动闭塞的信号灯支架和停车线标志)的安装位置测量,采用极坐标放样的方法确定其位置。

三、精度要求

1. 整体原则性要求

(1)设备安装测量精度及限差应按相关设备安装技术要求确定。

(2)各设备安装完成后,必须测量设备位置与轨道或已铺轨道线路中线的关系,防止设备施工误差等原因使设备侵入行车限界。

2. 安装控制测量精度

(1)精度满足《城市轨道交通工程测量规范》(GB 50308—2008)精密导线精度要求。

(2)高程测量精度要按照地铁二等水准测量的技术要求作业。

3. 接触轨(网)安装测量精度

(1)接触轨(网)安装后,其安装允许误差应满足《地下铁道工程施工及验收规范》(GB 50299—1999)的相关要求。

(2)接触轨安装包括底座和轨条安装,轨条与相邻走行轨道的平面距离测量允许偏差为±6mm,高程测量允许偏差为±6mm。

(3)隧道外接触网安装应包括支柱、硬横跨钢梁、软横跨钢梁的定位安装;隧道内接触网安装应包括支撑结构的底座、定位臂、弹性支撑以及接触悬挂等的定位安装,安装定位测量误差应为安装允许偏差的1/2。

4. 隔断门安装测量精度

(1)隔断门门框中心与线路的横向偏差为±2mm,门框高程与设计值较差不应大于3mm,平面放样测量中误差为±1mm,高程放样测量中误差为±1.5mm。

(2)隔断门导轨支撑基础的高程应采用水准测量方法测定,其与设计高程的较差不应大于2mm,高程放样测量中误差为±1mm。

5. 行车信号与线路标志安装测量精度

(1)行车信号(主要是指自动闭塞的信号灯支架和停车线标志)的放样测量,其里程位置允许误差为±100mm,放样测量中误差为±50mm。

(2)线路标志应测定在隧道右侧轨面1.2m高处边墙上或标定在钢轨的轨腰上。边墙上标志其里程允许误差为±100mm,轨腰上标志里程允许误差为±5mm;边墙上标志里程中误差为±50mm,轨腰上标志里程中误差为±2.5mm。

第四节　车站建筑装修测量

车站建筑装修测量包括站台沿、大厅地面和楼梯、顶板吊顶、照明灯和墙、柱面等的装修、装饰测量。上述各项测量工作均应按照施工设计图和有关施工规范要求进行。

车站建筑装修测量以施工平面、高程控制点或控制基标为依据,站台板、站台指向牌测量基准是轨面和轨道中线,其他测量按照《城市轨道交通工程测量规范》(GB 50308—2008)、《地下铁道工程施工及验收规范》(GB 50299—1999)和《建筑装饰装修工程质量验收规范》(GB 50210—2001)的有关标准进行。

一、测量方法及精度要求

1. 站台沿测量

根据车站站台两侧的线路中心线控制点或者铺轨控制基标测设两侧站台沿,其测量允许误差应在±3mm之内。站台沿外侧与线路中线间距和设计值的较差应在±10mm之内。

2. 站台大厅高程测量

站台大厅高程应根据施工控制水准点或控制基标,采用水准测量的方法测定,其施工方格网交点的高程测量允许误差应在±3mm之内。

3. 吊顶线、龙骨线测量

根据路轨中心高程确定龙骨线高程和设备限界线。

弹顶棚设备限界线:根据楼层高程,用尺竖向量至顶棚设计高程,沿墙、柱四周弹顶棚设备限界线,以限界线为准,弹出龙骨水平线。

划龙骨分档线:按设计要求的主、次龙骨间距布置,在已弹好的顶棚高程水平线上画龙骨分档线。

弹好顶棚高程水平线及龙骨分档位置线后,确定吊杆下端头的高程,按主龙骨位置及吊挂间距，将吊杆无螺栓丝扣的一端与楼板预埋钢筋连接固定，未预埋钢筋时可用膨胀螺栓。

4. 车站装修 1m 或 +50cm 水平线测量

在装修施工之前，按照车站装修设计图，根据装修 ±0 绝对高程，在墙面四周测设装修 ±0.000以上 1m 或 50cm 高程，然后用墨线在车站内四周墙上及柱上弹好 1m 或 +50cm 水平线。

多个 1m 或 +50cm 高程点的测设可以单独逐个测设，也可以先测设一个高程点，其他高程点利用连通器原理标注相同高程。其高程允许偏差为 ±3mm。

5. 装修基线测量

装修基线测量的目的是控制站台层或站厅层站台装修地板砖或大理石、花岗石板块的位置。装修基线一般为十字控制线的形式，十字控制线的一边平行于线路中心线（装修十字控制线的测设方法与屏蔽门控制基线测设方法相同）。然后在十字控制线的基础上"弹线"方格网，先"弹线"控制方格网，再在控制方格网的基础上"弹线"加密方格网。

弹线之前将弹线区域清理干净，弹在混凝土垫层上，并引至墙面底部，然后依据墙面 1m 或 +50cm 高程线找出面层高程，在墙上弹出水平高程线，弹水平线时要注意室内与楼道面层高程一致。

二、提交资料

设备安装及装修测量工作完成后，应提交如下资料：

(1)技术设计书；

(2)现场交桩记录表；

(3)测量检测成果表、成果图等；

(4)其他相关资料；

(5)检查验收总结；

(6)数据文件（光盘）。

第九章
监控量测

第一节　概述

地铁工程一般建于城市建筑密集区，为了保护地铁施工区域影响范围内既有建筑物、地下管线及周边环境的安全，必须对地铁工程施工引起的周围地层、建（构）筑物、地下管线、周边环境以及地铁结构自身变形量进行有效的监控量测，及时发现问题并采取相应措施。地铁建筑物处于岩土介质中，这使得地下建筑物在变形特性、物理结构、初始应力场分布、温度和水侵蚀效应等众多方面具有明显的非均质性、离散性、非连续性和非线性特点，使地铁在施工、使用阶段表现出相当独特和复杂的力学特性，需要精确的监控量测数据来分析结构的安全程度。

监控量测的任务是采用多种技术手段和方法对工程主体和周边环境实现三维空间全方位全过程监控量测，全面掌握建筑物的性态特征，为工程决策、设计修改及工程质量管理提供第一手的监控量测资料，所以监控量测工作在实际实施过程中的四个基本要求是：科学性、准确性、及时性和连续性。

一、监控量测的特点

监控量测与常规的测量工作相比较，既有共同点，又有各自的不同特点和要求。具体来说，监控量测具有以下几个特点。

（1）周期性重复观测

监控量测的主要任务是对工程主体和周边环境埋设的观测点进行周期性观测，求得其在观测周期内的变形量。重复性是指观测目标、方法和要求基本相同。为了减少量测仪器和外界条件等引起的系统性误差，观测人员、仪器、路线等都应相对固定。

（2）精度要求高

为了准确了解变形体在外部环境变化下的变形特征和变形过程，需要精确地测量变形体特征点的空间位置，因此，其监测精度一般比常规的工程测量精度要求更高。尤其是一些精密工程设备的安装，其变形精度要求达到 ±1 毫米级的精度甚至更高。

（3）多种手段综合运用

变形体的变形不仅反映结构外部特征的变化，如变形体沉降变形，倾斜、裂缝；同时也会因荷载、温度等的变化导致内部应力应变发生显著变化，如温度变化导致变形体热胀冷缩，外部荷载变化导致结构受力变化。因此，需运用多种手段综合、全方位监测，通过监测结果进行反演分析,从而真实、有效反映实际变形情况。

二、监控量测原则

监控量测是地铁工程设计和施工不可或缺的一项重要内容,是监测、判断建设和运营安全的重要手段。监控量测的设计和执行必须符合以下基本原则。

1. 系统性原则

(1)所涉及的各种监控量测项目有机结合相辅相成,测试数据能相互进行校验。

(2)发挥系统功效,对围护结构进行全方位、立体、实时监控量测,并确保监控量测的准确性、及时性。

(3)在施工过程中进行连续监控量测,保证监控量测数据的连续性、完整性、系统性。

2. 可靠性原则

(1)所采用的监控量测手段应是比较完善的或已基本成熟的方法。

(2)监控量测中所使用的监控量测仪器、元件均应事先进行率定,并在有效期内使用;监控量测点应采取有效的保护措施。

3. 与设计相结合原则

(1)对设计使用的关键参数进行监控量测,以便达到进一步优化设计的目的。

(2)对评审中有争议的工艺、原理所涉及的部位进行监控量测,通过监控量测数据的反演分析和计算对其进行校核。

(3)依据设计计算确定支护结构、支撑结构、周边环境等变形的警戒值。

4. 关键部位优先、兼顾全局的原则

(1)对支护结构体敏感区域增加测点数量和项目,进行重点监控量测。

(2)对岩土工程勘察报告中描述的岩土层变化起伏较大的位置和施工中发现异常的部位进行重点监控量测。

(3)对关键部位以外的区域在系统性的基础上均匀布设监控量测点。

5. 与施工相结合原则

(1)结合施工工况调整监控量测点的布设方法和位置。

(2)结合施工工况调整测试方法或手段、监控量测元器件种类或型号及测点保护方式或措施。

(3)结合施工工况调整测试时间、测试频率。

6. 经济合理性原则

(1)在安全、可靠的前提下,结合工程经验尽可能地采用直观、简单、有效的测试方法。

(2)在确保质量的基础上尽可能选择成本较低的国产监控量测元件。

(3)在系统、安全的前提下,合理利用监控量测点之间的关系,减少测点布设数量,降低监控量测成本。

三、监控量测分类

引起建(构)筑物变形的因素有很多,但主要可分为外部因素和内部因素两个方面。对这两个方面的综合判断,有利于科学合理地开展监控量测工作,对变形的机理及变形监测的数据进行有效分析和解释。

监控量测按监控量测阶段及监控量测对象可以分为施工阶段监控量测、工后监控量测和运营阶段监控量测。

第二节　施工阶段监控量测

一、监控量测目的

地铁的监控量测主要是指在地铁工程建设和运营期间，对工程和工程环境中可能对工程本身或周边环境产生安全威胁的对象和要素进行观测，并对观测数据进行处理和分析，根据分析结果提出有利于工程建设的建议。其目的主要有以下几个方面：

(1)判定地铁结构工程在施工期间的安全性及施工对周边环境的影响，验证基坑开挖方案和环境保护方案的正确性，并对可能发生的危险及环境安全的隐患或事故提供及时、准确的预报，以便及时采取有效措施，避免事故的发生。

(2)将监控量测结果用于优化设计，为设计提供更符合工程实际情况的数据依据。基坑工程设计方案的定量化预测计算是否真正反映了工程实际状况，只有在方案实施过程中才能获得最终的答案，其中现场监控量测是确定上述数据的重要手段。由于地质条件不同、施工工艺不同和周边环境不同，设计计算中未曾计入的各种复杂因素，都可能体现在支护施工过程和支护结构的稳定性结果中，表现形式为安全和不安全。通过对现场的监控量测结果进行分析、研究，可以对不安全的情况加以局部的修改、补充和完善。

(3)通过对周边环境的监控量测，评估工程施工对建(构)筑物安全及正常使用的影响程度，指导施工方采取正确的施工方法和对出现隐患的建(构)筑物采取保护措施，并为可能出现的法律纠纷提供依据。

(4)通过爆破监控量测，掌握爆破对需重点保护的既有建(构)筑物的影响程度，用以修改钻爆设计，保护建(构)筑物。

二、监控量测范围、等级及监控量测内容

1. 监控量测范围

工程影响分区应根据基坑、隧道工程施工对周围岩土体扰动和周边环境影响的程度及范围划分，可分为主要、次要和可能3个工程影响分区。

(1)基坑工程影响分区宜按表9-1的规定进行划分。

基坑工程影响分区　　表9-1

基坑工程影响区	范　　围
主要影响区(Ⅰ)	基坑周边0.7H或$H\cdot\tan(45°-\varphi/2)$范围内
次要影响区(Ⅱ)	基坑周边0.7～2H或$H\cdot\tan(45°-\varphi/2)$～2$H$范围内
可能影响区(Ⅲ)	基坑周边2H范围外

注：1. H为基坑设计深度(m)，φ为岩土体内摩擦角(°)。

2. 基坑开挖范围内存在基岩时，H可为覆盖土层和基岩强风化层厚度之和。

3. 工程影响分区的划分界线取表中0.7H或$H\cdot\tan(45°-\varphi/2)$的较大值。

(2)隧道穿越基岩时,应根据覆盖土层特征、岩石坚硬程度、风化程度及岩体结构与构造等地质条件,综合确定工程影响分区界线。隧道中线两侧监控量测范围不应小于 H_0+B,地表有控制性建(构)筑物时应适当加宽。其中 H_0 为隧道埋深,B 为隧道开挖宽度。

(3)工程影响分区的划分界线应根据地质条件、施工方法及措施特点,结合当地的工程经验进行调整。当遇到下列情况时,应调整工程影响分区界线:

①隧道、基坑周边土体以淤泥、淤泥质土或其他高压缩性土为主时,应增大工程主要、次要影响区范围。

②隧道穿越或基坑处于断裂破碎带、岩溶、土洞、强风化岩、全风化岩或残积土等不良地质体或特殊性岩土发育区域,应根据其分布和对工程的危害程度调整工程影响分区界线。

③采用锚杆支护、注浆加固、高压旋喷等工程措施时,应根据其对岩土体的扰动程度和影响范围调整工程影响分区界线。

④采用施工降水措施时,应根据降水影响范围和预计的地面沉降大小调整工程影响分区界线。

⑤施工期间发现严重的涌砂、涌土、管涌、较严重渗漏水、支护结构过大变形、周边建(构)筑物或地下管线严重变形等异常情况时,宜根据工程实际情况增大工程主要、次要影响区范围。

(4)监控量测范围应根据基坑设计深度、隧道埋深和断面尺寸、施工工法、支护结构形式、地质条件、周边环境条件等综合确定,并应包括主要影响区和次要影响区。

(5)采用爆破开挖岩土体的地下工程,爆破振动的监控量测范围应根据工程实际情况通过爆破试验确定。

2. 监控量测的对象

工程监控量测对象的选择应在满足工程支护结构安全和周边环境保护要求的条件下,根据不同的施工方法、支护结构设计方案、周围岩土体及周边环境条件综合确定。监控量测对象宜包括下列内容:

(1)基坑工程中的支护桩(墙)、立柱、支撑、锚杆、土钉等结构,矿山法隧道工程中的初期支护、临时支护、二次衬砌及盾构法隧道工程中的管片等支护结构。

(2)工程周围岩体、土体、地下水及地表。

(3)工程周边建(构)筑物、地下管线、高速公路、城市道路、桥梁、既有地铁线路及其他城市基础设施等环境。

工程监控量测项目应根据监控量测对象的特点、工程监控量测等级、工程影响分区、设计及施工的要求合理确定,并应直接或间接地反映监控量测对象的变化特征和安全状态。各监控量测对象和项目应相互配套,满足设计、施工方案的要求,形成有效、完整的监控量测体系。

3. 工程监控量测等级划分

(1)工程监控量测宜根据基坑、隧道工程自身风险等级、周边环境风险等级和地质条件复杂程度进行工程监控量测等级的划分。

(2)工程自身风险等级宜根据基坑、隧道工程支护结构发生变形或破坏、岩土体失稳等的可能性和后果的严重程度,采用工程风险评估的方法确定。

(3)周边环境风险等级宜根据周边环境发生变形或破坏的可能性和后果的严重程度,采用工程风险评估的方法确定,也可根据周边环境的类型、重要性、与工程的空间位置关系和对工程的危害性划分。

(4)地质条件复杂程度可根据场地地形地貌、工程地质条件和水文地质条件对工程的影响性划分。

(5)工程监控量测等级可按表 9-2 划分。

工程监控量测等级　　表 9-2

工程监控量测等级 / 风险等级 周边环境 / 工程自身风险等级	一级	二级	三级	四级
一级	一级	一级	一级	一级
二级	一级	二级	二级	二级
三级	一级	二级	三级	三级

注:工程监控量测等级应根据当地经验结合地质条件复杂程度进行调整,最高为一级。

4. 监控量测的内容

(1)明(盖)挖法基坑支护结构和周边环境监控量测项目应根据表 9-3 选择。

明(盖)挖法基坑支护结构和周边环境监控量测项目　　表 9-3

序号	监控量测项目	工程监控量测等级		
		一级	二级	三级
1	支护桩(墙)、边坡顶部水平位移	应测	应测	应测
2	支护桩(墙)、边坡顶部竖向位移	应测	应测	应测
3	支护桩(墙)体深层水平位移	应测	应测	宜测
4	支护桩(墙)结构应力	应测	宜测	宜测
5	立柱结构竖向位移	应测	应测	宜测
6	立柱结构水平位移	应测	宜测	可测
7	立柱结构应力	可测	可测	可测
8	支撑轴力	应测	应测	应测
9	顶板应力	可测	可测	可测
10	锚杆拉力	应测	应测	应测
11	土钉内力	宜测	可测	可测
12	地表沉降	应测	应测	应测
13	竖井井壁支护结构净空收敛	应测	应测	应测
14	土体深层水平位移	宜测	可测	可测

续上表

序号	监控量测项目	工程监控量测等级		
		一级	二级	三级
15	土体分层沉降	可测	可测	可测
16	坑底隆起(回弹)	宜测	可测	可测
17	支护桩(墙)侧向土压力	宜测	可测	可测
18	地下水位	应测	应测	应测
19	孔隙水压力	宜测	可测	可测
20	周边建筑物竖向位移	应测	应测	应测
21	周边建筑物倾斜	应测	宜测	可测
22	周边建筑物水平位移	应测	宜测	可测
23	周边建筑、地表裂缝	应测	应测	应测
24	周边管线变形	应测	应测	应测
25	桥梁墩台竖向位移	应测	应测	应测
26	桥梁墩台差异沉降	应测	应测	应测

(2)矿山法支护结构和周边环境监控量测项目应根据表9-4选择。

矿山法隧道支护结构和周围岩土体监控量测项目 表9-4

序号	监控量测项目	工程监控量测等级		
		一级	二级	三级
1	初期支护结构拱顶沉降	应测	应测	应测
2	初期支护结构底板沉降	应测	宜测	可测
3	初期支护结构净空收敛	应测	应测	应测
4	隧道拱脚竖向位移	宜测	可测	可测
5	中柱结构沉降	应测	应测	宜测
6	中柱结构倾斜	宜测	可测	可测
7	中柱结构应力	宜测	可测	可测
8	初期支护结构、二次衬砌应力	宜测	可测	可测
9	地表沉降	应测	应测	应测
10	土体深层水平位移	宜测	可测	可测
11	土体分层沉降	宜测	可测	可测
12	围岩压力	宜测	可测	可测
13	地下水位	应测	应测	应测
14	周边建筑物竖向位移	应测	应测	应测
15	周边建筑物倾斜	应测	宜测	可测
16	周边建筑物水平位移	应测	宜测	可测
17	周边建筑、地表裂缝	应测	应测	应测
18	周边管线变形	应测	应测	应测

续上表

序号	监控量测项目	工程监控量测等级		
		一级	二级	三级
19	城市道路路面沉降	应测	宜测	可测
20	桥梁墩台竖向位移	应测	应测	应测
21	桥梁墩台差异沉降	应测	应测	应测
22	既有地铁隧道结构竖向位移	应测	应测	应测
23	既有地铁隧道结构水平位移	应测	宜测	可测
24	既有地铁隧道结构净空收敛	宜测	可测	可测
25	既有地铁隧道结构变形缝差异沉降	应测	应测	应测
26	既有地铁轨道结构（道床）竖向位移	应测	应测	应测
27	既有地铁轨道静态几何形位（轨距、轨向、高低、水平）	应测	应测	应测
28	既有地铁隧道、轨道结构裂缝	应测	宜测	可测

5. 现场巡查

现场巡视作为监控量测的一项重要内容，在地铁工程监控量测方案设计阶段时，就应根据工程的具体情况和特点，制订巡视检查的内容和要求。巡视的频率应根据工程的等级、施工进度、周边环境的复杂程度决定，在遇到特殊的恶劣气象条件下，应加强巡视检查。

（1）明（盖）挖法基坑施工现场巡查宜包括下列内容：

①开挖后暴露的岩土体特征，基坑渗水及积水情况；

②开挖长度、深度及坡度，支撑是否及时架设；

③基坑周边有无堆放重物、支护桩（墙）后土体有无过大裂缝、明显沉陷，基坑侧壁或基底有无涌土、流砂、管涌；

④放坡开挖的基坑边有无滑坡、坡面开裂；

⑤盖挖法顶板有无明显变形和开裂，顶板与立柱、墙体的连接情况。

（2）盾构法隧道施工现场巡查宜包括下列内容：

①盾构始发井、接收井端头加固情况；

②盾构掘进位置（环号）；

③管片破损、开裂、渗漏水情况；

④联络通道施工情况。

（3）矿山法隧道施工现场巡查宜包括下列内容：

①开挖面岩土体有无坍塌及坍塌的位置、规模；

②开挖面岩土体特征、稳定性，地下水渗漏及积水情况；

③支护、挂网及混凝土喷射的及时性；

④初期支护的渗漏水情况；

⑤二次衬砌结构施作时临时支撑结构分段拆除情况。

（4）周边环境现场巡查宜包括下列内容：

①建（构）筑物、桥梁墩台或梁体、既有地铁结构等的裂缝、混凝土剥落等情况；

②地下构筑物渗水、开裂等情况，地下管线的破损、泄漏情况；

③路面或地表的裂缝、沉陷、隆起、冒浆的位置、范围等情况。

三、监控量测精度要求

各监控量测项目监控量测精度要求见表 9-5。

监控量测精度要求　　表 9-5

序号	监控量测项目	仪　　器	监控量测最小精度	备　　注
1	围护结构桩顶水平位移	全站仪或经纬仪	0.5mm	
2	围护结构桩顶沉降	精密水准仪	0.1mm	
3	围护结构变形	测斜管、测斜仪	0.02mm/500mm	明挖基坑
4	支撑轴力	轴力计	≤1/100(F·S)	
5	锚杆(锚索)拉力	锚杆拉力计	≤1/100(F·S)	
6	拱顶下沉	水准仪	1.0mm	浅埋暗挖隧道
7	周边净空收敛	收敛计	0.01mm	浅埋暗挖隧道
8	建(构)筑物沉降、倾斜	全站仪或经纬仪、水准仪	1.0mm	所有工程
9	道路及地表沉降(或隆陷)	精密水准仪	0.1mm	所有工程
10	地下水位	水位管、水位计	5.0mm	明挖基坑、浅埋暗挖隧道
11	地下管线沉降及差异沉降	精密水准仪	0.1mm	明挖基坑、浅埋暗挖隧道
12	桥梁墩柱沉降及差异沉降	精密水准仪	0.1mm	明挖基坑、浅埋暗挖隧道
13	管片隆沉	精密水准仪	0.1mm	盾构隧道
14	围岩压力	压力盒	≤1/100(F·S)	浅埋暗挖车站、隧道
15	土体分层沉降	分层沉降仪	1.0mm	浅埋暗挖车站、隧道

注:F·S 为元器件满量程。

四、监控量测周期与频率

各监控量测项目的监控量测周期及频率见表 9-6 ~ 表 9-8。

明挖法施工监控量测频率、周期　　表 9-6

施工阶段	监控量测频率(以二级基坑为例)		
围护结构施工	周边建(构)筑物沉降及倾斜监控量测、水位监控量测		1 次/3d
底板封闭之前	围护桩顶水平位移、周边建(构)筑物沉降及倾斜、周边管线、地表沉降、支撑立柱沉降、支撑轴力、测斜监控量测、水位监控量测等所有需监控量测项目		1 次/d
底板封闭后(视降水情况而定)	围护桩顶水平位移、周边建(构)筑物沉降及倾斜、周边管线、地表沉降、支撑立柱沉降、支撑轴力、测斜监控量测、水位监控量测等所有需监控量测项目	1 ~ 7d	1 次/d
		7 ~ 15d	1 次/2d
		15 ~ 30d	1 次/3d
		30d 以后	1 次/周
		经数据分析确认达到基本稳定后	1 次/月

矿山法施工监控量测频率、周期　　表 9-7

施工状况	监控量测频率
当开挖面到监控量测断面前后的距离 $L \leq 2B$ 时	1 次/d
$2B <$ 当开挖面到监控量测断面前后的距离 $L \leq 5B$ 时	1 次/2d
当开挖面到监控量测断面前后的距离 $L > 5B$ 时	1 次/周
基本稳定后	1 次/月

注：B 为隧道直径或跨度(m)。

盾构法施工监控量测频率、周期　　表 9-8

施工状况	监控量测频率
掘进面距监控量测断面前后≤20m 时	1 次/d
20m < 掘进面距监控量测断面前后≤50m 时	1 次/2d
掘进面距监控量测断面前后 > 50m 时	1 次/周
根据数据分析确定沉降基本稳定后	1 次/月

五、监控量测控制值与警戒值

监控量测控制值是指设计允许值，警戒值是指引起警戒措施的起始值，一般取控制值的 0.8 倍。各监控量测项目具体的控制值与警戒值见表 9-9。

监控量测控制值与警戒值　　表 9-9

监控量测项目	监控量测控制值	监控量测警戒值
支护结构桩(墙)顶水平位移	总位移 0.25% H(H 为基坑深度)和 30mm 的小值	控制值的 0.8 倍
支护结构变形	最大变形 30mm 或曲线上出现折点；或最大限值 0.25% H(H 为基坑深度)和 30mm 的小值	控制值的 0.8 倍
支撑轴力	设计轴力	控制值的 0.8 倍
锚杆(锚索)拉力	设计值	控制值的 0.8 倍
支撑立柱沉降	最大沉降 ±10mm，每天发展不超过 2mm	控制值的 0.8 倍
爆破振速	最大振速不超过 3cm/s	控制值的 0.8 倍
建筑(构)物沉降	根据建(构)筑物结构类型及基础类型并依据相关规范确定，且满足累积沉降≤20mm	控制值的 0.8 倍
建筑(构)物倾斜	根据建(构)筑物结构类型及基础类型并依据相关规范确定，且满足最大倾斜≤2‰	控制值的 0.8 倍
管片隆沉	设计值	控制值的 0.8 倍
支护结构内力	设计值	控制值的 0.8 倍

六、监控量测前期准备工作

1. 收集资料

监控量测任务确定后，收集各工点的监控量测设计图纸、勘察报告、工程设计图纸及最新设计变更资料、土建施工方案及各工点设计、施工负责单位具体联系方式等基本资料，此外还要尽可能多的收集沿线需要监控量测的重要建(构)筑物的详细设计资料，包括地形地貌、工程地质条件和水文地质条件、基础类型、基础埋深等，并做现场调查核实。

2. 现场踏勘

在对与监控量测相关的资料进行熟悉理解后，去各工点现场踏勘。了解施工现场条件、环境及交通状况，根据现场条件研究监控量测项目、监控量测控制网、监控量测点及监控量测测点埋设位置与量测方法，为编写具体的监控量测方案做好准备。

3. 编制监控量测方案

根据收集到的资料与现场踏勘情况，编制具体的监控量测方案。方案内容应涉及各个具体项目的实施组织、重难点解决方案。工程监控量测方案应根据工程的施工特点，分析研究工程风险及影响工程安全的关键部位和关键工序，有针对性地编制。监控量测方案一般包括下列内容：

(1)工程概况；

(2)监控量测目的和依据；

(3)监控量测范围和工程监控量测等级；

(4)监控量测对象及项目；

(5)基准点、监控量测点的布设方法与保护要求，监控量测点布置图；

(6)监控量测方法、精度和频率；

(7)监控量测控制值、预警等级、预警标准及异常情况下的监控量测措施；

(8)监控量测信息的采集、分析和处理要求，成果的上报(成果整理一般按照规范要求执行，以及满足建设单位的相关要求)；

(9)监控量测信息反馈制度，特殊条件下应急预案的实施；

(10)监控量测仪器设备、元器件及人员的配备。

七、监控量测点布设原则

明(盖)挖法、矿山法车站监控量测布点原则见表9-10。

明(盖)挖法、矿山法车站监控量测布点原则 表9-10

监控量测项目		明(盖)挖法	矿山法
建(构)筑物沉降	布点部位	建筑物的四角、拐角处及沿外墙；高低悬殊或新旧建(构)筑物连接处、伸缩缝、沉降缝和不同埋深基础的两侧；框架(排架)结构的主要柱基或纵横轴线上；受推载和震动显著的部位，基础下有暗沟、防空洞处	
	布点间距	建筑物四角，沿外墙10～20m处或每隔2～3根柱基上	
建(构)筑物倾斜	布点部位	在重要的高层、高耸建(构)物上垂直于基坑或隧道方向的结构顶部及底部	
	布点间距	同一断面顶部及底部各设置1个测点	
桥梁墩柱沉降及差异沉降	布点部位	桥梁墩柱上	
	布点间距	影响范围内每个墩柱上设1点	

续上表

监控量测项目		明(盖)挖法	矿山法
地下管线沉降及差异沉降	布点部位	测点宜布置在管线的接头处，或者对位移变化敏感的部位，隧道下穿范围内布置在管线管顶，其他情况布置在管线对应地表	
	布点间距	1 倍基坑开挖深度范围内测点间距 5～20m，1～2 倍基坑深度范围内测点间距 20～30m	
道路及地表沉降	布点部位	明挖基坑四周	导洞上方、拐角处
	布点间距	沿基坑边设 2 排沉降测点，排距 3m，点距 20m，明（盖）挖车站设置 2 个横断面，每侧横断面上 3～5 个点	沿导洞开挖方向，每个导洞上方每 30～50m 设一点，暗挖车站设置 2 个横断面，横断面点间距 5～10m

注：既有铁路、地铁按评估及轨道防护设计要求布置监控点。

明挖法、矿山法、盾构法区间周边环境监控量测布点原则见表 9-11。

明挖法、矿山法、盾构法区间周边环境监控量测布点原则　　表 9-11

监控量测项目		明挖法	矿山法	盾构法
建（构）筑物沉降	布点部位	建筑物的四角、拐角处及沿外墙；高低悬殊或新旧建（构）筑物连接处、伸缩缝、沉降缝和不同埋深基础的两侧；框架（排架）结构的主要柱基或纵横轴线上；受堆载和震动显著的部位，基础下有暗沟、防空洞处		
	布点间距	建筑物四角，沿外墙 10～20m 处或每隔 2～3 根柱基上		
建（构）筑物倾斜	布点部位	在重要的高层、高耸建（构）物上垂直于基坑或隧道方向的结构顶部及底部		
	布点间距	同一断面顶部及底部各设置 1 个测点		
桥梁墩柱沉降及差异沉降	布点部位	桥梁墩柱上		
	布点间距	影响范围内每个墩柱上设 1 点		
地下管线沉降及差异沉降	布点部位	测点宜布置在管线的接头处；或者对位移变化敏感的部位，隧道下穿范围内布置在管线管顶，其他范围布置在地表		
	布点间距	1 倍基坑开挖深度范围内测点间距 5～20m，1～2 倍基坑深度范围内测点间距20～30m		
道路及地表沉降	布点部位	明挖基坑两侧	隧道上方	隧道上方
	布点间距	沿坑边设 2 排沉降测点，排距 3m，点距 20m，每个区间设置 2～6 个横断面，每个横断面上 3～5 个点	沿中线监控量测点间距宜为 5～10m，横断面间距宜为10～30m，横断面宽度应大于 2 倍的埋深加开挖宽度，间距宜为 3～7m	沿中线监控量测点间距宜为 3～10m，横断面间距宜为 30～50m，横断面宽度应大于 2 倍的埋深加开挖宽度，间距宜为 3～5m

注：既有铁路、地铁按评估及轨道防护设计要求布置监控点。

车站、区间支护与结构监控量测布点原则见表9-12。

车站、区间支护与结构监控量测布点原则　　表9-12

序号	监控量测项目	位置或监控量测对象	测点布置	备注
1	围护结构顶部水平位移和沉降	围护结构顶部	边长大于20m的按间距20m布点(按四舍五入原则计),小于20m的按1点布置	明挖基坑
2	围护结构变形	围护结构内	边长大于20m的按间距20m布点(按四舍五入原则计),小于20m的按1点布置。同一孔测点间距0.5m	明挖基坑
3	支撑轴力	钢管支撑端部	车站基坑每层5个测点。通道、风道、出入口、施工竖井、区间风井、盾构井每层支撑道数超过5根的按2个测点计,5根以下的按1个测点计	明挖基坑
4	支撑立柱沉降监控量测(选测)	支撑立柱顶上	立柱总数超过25根的按20%计;总数大于10根、小于25根的按5根计;小于10根的按1根计	
5	拱顶下沉	隧道拱顶	每10~20m设1个断面,断面设置要有代表性,如进出洞口、地层变化等	矿山法隧道
6	周边净空收敛位移	隧道拱腰		
7	地下水位	基坑周边或区间隧道边线外	每个车站和区间4~6孔	明挖基坑、矿山法隧道

八、周边环境监控量测项目实施

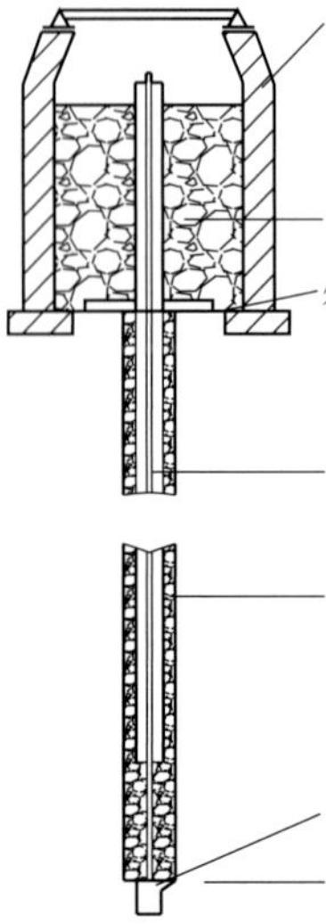

1. 建(构)筑物沉降

(1)基点及测点布置原则

①沉降基准点的布设。沉降监控量测范围至少要有3个稳固可靠的点作为沉降监控量测基准点,以便组成监控量测水准控制网。沉降监控量测基准点布设在受影响范围至少30m以外稳定可靠的地方,但也不宜过远,一般不宜超过100m,以保证监控量测精度,也可以利用地铁施工水准控制点作为沉降监控量测基准点。基准点埋设大样如图9-1所示。

图9-1　基准点埋设大样图

②沉降点埋设。建筑物测点埋设时施工单位需要与建筑物产权单位沟通,取得同意后方可埋设。

点位宜埋设在建筑物的四角、拐角处及沿外墙;高低悬殊或新旧建(构)筑物连接处、伸缩缝、沉降缝和不同埋深基础的两侧;框架(排架)结构的主要柱基或纵横轴线上;受荷载和震动显著的部位,基础下有暗沟、防空洞处。

对于混凝土结构墙体上的观测点,采用在结构上钻孔后埋设专用螺栓标志的方法:测点采用 ϕ20mm 不锈钢,先用冲击钻在墙柱上成孔,在孔中装入 ϕ20mm 不锈钢测点,然后在孔内灌注混凝土或锚固剂进行固定(测点固定部位做成螺纹)。

对于在钢结构上需布设观测点的,采用焊接式观测标志,如图 9-2 所示。

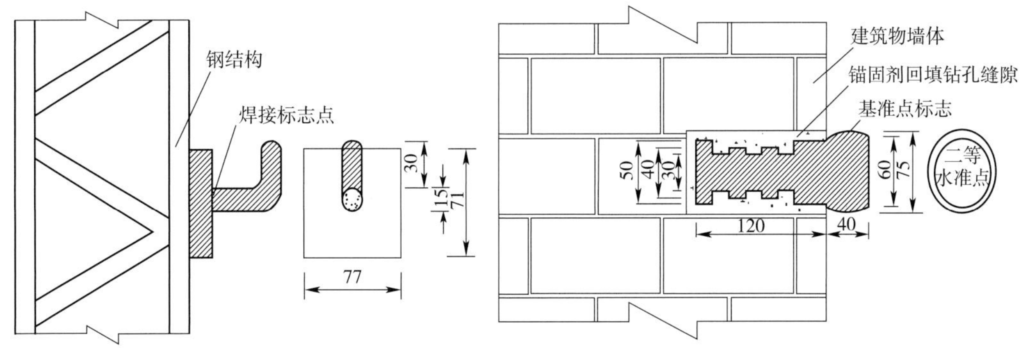

图 9-2 建筑物沉降监控量测埋点示意图(尺寸单位:mm)

(2)沉降变形监控量测技术要求

使用仪器及精度:沉降(垂直位移监控量测)观测选用 NA2 + CPM3 精密水准仪配合铟钢尺测量,仪器标称精度 ±0.4mm/km。在观测前对所用的水准仪和水准尺按照有关规定进行检定,在使用过程中不随意更换。

根据《工程测量规范》(GB 50026—2007)、《建筑变形测量规范》(JGJ 8—2007)等有关规范的要求,沉降监控量测观测方法按二等水准测量技术要求作业,按照先控制后加密的原则作业。垂直位移监控量测控制网的主要技术要求见表 9-13,垂直沉降监控量测主要技术要求见表 9-14。

垂直位移监控量测控制网的主要技术要求 表 9-13

等级	相邻基准点高差中误差(mm)	每站高差中误差(mm)	往返较差,附合或环线闭合差(mm)	检测已测高差之较差(mm)	使用仪器、观测方法及主要技术要求
Ⅱ	0.5	0.15	$0.30\sqrt{n}$	$0.4\sqrt{n}$	采用 DS05 水准仪,按国家二等水准测量技术要求作业

注:n 为测站数。

垂直沉降监控量测主要技术要求 表 9-14

等级	高程中误差(mm)	相邻点高差中误差(mm)	往返较差,附合或环线闭合差(mm)	主要监控量测方法
Ⅱ	±0.5	±0.3	$0.30\sqrt{n}$	二等水准测量

注:n 为测站数。

(3)沉降监控量测作业

①沉降观测遵循先控制后加密的原则,在观测前要检查维护监控量测控制网的可靠性。沉降监控量测严格按照国家二等水准测量要求进行作业,在作业过程中采用相同的观测路线和观测方法,使用同一套仪器,并尽量长期固定司镜人员。

当日沉降量绝对值大于1mm(包括1mm)时,则认为沉降监控量测点发生了变形或存在变形趋势;当累计沉降量绝对值大于2mm(包括2mm)时,则认为沉降监控量测点发生了沉降变形。

②计算沉降变形量。

③填写变形表格,绘制时间位移变形曲线,进行变形分析。

④数据分析与处理。

首先绘制时间—位移曲线散点图和距离—位移曲线散点图,如图9-3所示。

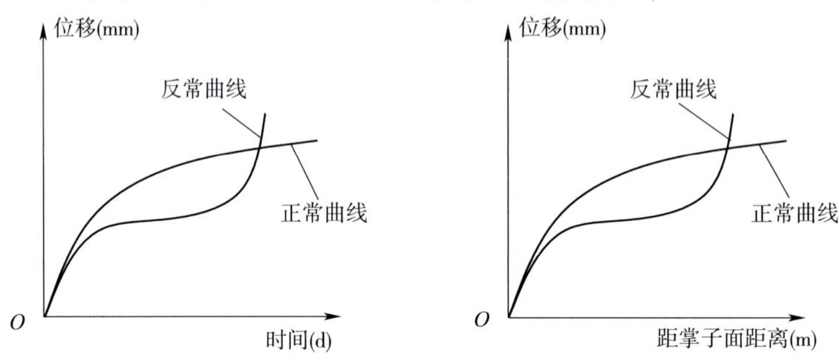

图9-3　时间—位移曲线图和距离—位移曲线图

其次,当位移—时间曲线趋于平缓时,可选取合适的函数形式进行回归分析。

图9-3所示正常曲线,反映位移的变化随时间和距掌子面距离向前推进而渐趋稳定,说明围岩处于稳定状态,支护系统是有效、可靠的;图9-3所示反常曲线中出现反弯点,位移出现反常的急剧增长现象,表明围岩和支护已呈不稳定状态,应立即采取相应的工程措施。

(4)注意事项

初始值的观测一般取2~3次数据的中值,每次初始值观测的时间要尽可能短。

在监控量测过程中发现异常现象,要及时通知有关各方,同时加密监控量测频率,防止突发事故,直至采取有效措施。

2. 建(构)筑物倾斜

(1)监控量测目的

基坑开挖产生不均匀沉降,引起周边建(构)筑物倾斜,计算其倾斜量,保证建筑物安全。

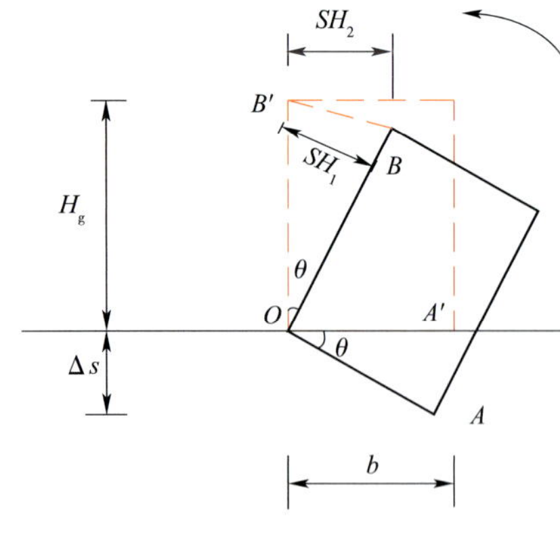

图9-4　建筑物倾斜示意图

(2)布点原则

在重要的高层、高耸建(构)筑物上垂直于基坑或隧道方向的结构顶部及底部,同一断面顶部及底部各设置1个测点。

(3)倾斜值计算

①根据差异沉降(不均匀沉降)计算倾斜值,即通过差异沉降量Δs计算建筑物的倾斜值SH_2,如图9-4所示。

图9-4中,SH_2即所求水平倾斜量,θ即为所求水平位移产生的倾斜角。

具体计算过程如下

$$\tan\theta = \Delta s / b \tag{9-1}$$

$$\tan\theta = SH_2 / H_g \tag{9-2}$$

$$SH_2 = H_g \cdot \Delta s / b \tag{9-3}$$

②也可用全站仪在建筑物上贴反射片的方法，测量并计算出建筑物的倾斜。

③根据所测房屋倾斜值，可以据以判断房屋倾斜是否超限。

3. 桥梁墩柱（台）沉降及差异沉降

（1）监控量测点布置原则

桥梁墩柱（台）沉降及差异沉降监控量测基点宜与建筑物沉降变形监控量测控制网共用，将桥梁监控量测网并入其中，形成闭合水准网或附合线路。监控量测点应在影响范围内每个墩柱上设 1 点，宜沿桥墩的纵横轴线布设在外边缘。

（2）点位埋设及技术要求

监控量测点埋设与建（构）筑物沉降点方法相同。

4. 地下管线沉降及差异沉降

（1）测点布设原则及技术要求

地下管线沉降及差异沉降监控量测基点宜与建筑物沉降变形监控量测控制网共用，形成闭合水准网或附合线路。

①测点布设原则：测点宜布置在管线的接头处，或者对位移变化敏感的部位；隧道下穿范围内布置在管线管顶，其他情况布置在管线对应地表。

②埋设技术要求：监控量测点埋设时应详细调查管线位置，确保监控量测点位能准确反映管线变形情况，如图 9-5 所示。

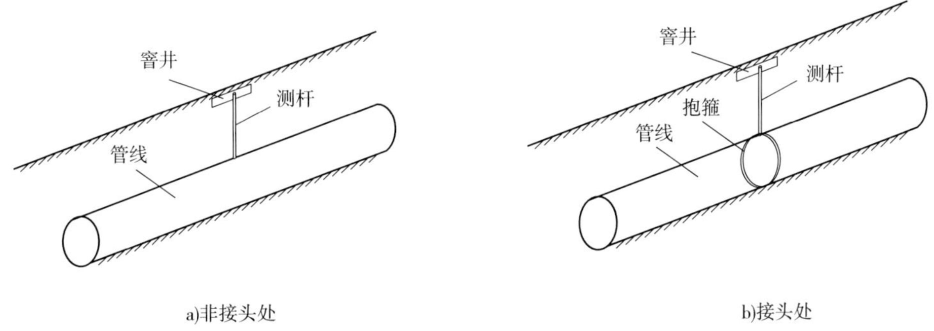

图 9-5　地下管线监控量测点位埋设图

（2）使用仪器及精度要求

①仪器选用精密水准仪配合铟钢尺测量，仪器标称精度 ±0.4mm/km。在观测前对所用的水准仪和水准尺按照有关规定进行检定，在使用过程中不得随意更换。

②管线沉降监控量测按《工程测量规范》（GB 50026—2007）二等垂直位移监控量测网技术要求观测，其观测要求及注意事项与建（构）筑物变形监控量测相关技术要求一致。

5. 道路及地表沉降

（1）测点布设原则

道路及地表沉降和差异沉降监控量测基点宜与建筑物沉降变形监控量测控制网共用，将桥梁监控量测网并入其中，形成闭合水准网或附合线路。

明挖基坑沿基坑边设 2 排沉降测点，排距 3m，点距 20 ~ 30m，明（盖）挖车站设置 2 ~ 6 个横断面，每侧横断面上 3 ~ 5 个点；矿山法隧道沿中线监控量测点间距宜为 5 ~ 10m，横断面间距宜为 10 ~ 30m，横断面宽度应大于 2 倍的埋深加开挖宽度，间距宜为 3 ~ 7m；盾构法隧道沿中线监控量测点间距宜为 3 ~ 10m，横断面间距宜为 30 ~ 50m，横断面宽度应大于 2 倍的埋深加开挖宽度，间距宜为 3 ~ 5m。

（2）测点埋设

①基点埋设。基点应埋设在沉降影响范围以外的稳定区域内；基点应埋设至少 3 个以上，以便基点互相校核；基点的埋设要牢固可靠，应和附近水准点联测取得原始高程。

②沉降点的埋设。沉降测点埋设时先用冲击钻在地表钻孔，然后放入沉降测点。测点一般采用 ϕ20 ~ 30mm、长 200 ~ 300 mm 半圆头钢筋制成。测点四周用水泥砂浆填实，并应埋设沉降点保护装置，做好标志牌，如图 9-6 所示。

图 9-6　沉降点埋设示意图

（3）使用仪器及精度要求

①仪器选用精密水准仪配合铟钢尺测量，仪器标称精度 ±0.4mm/km。在观测前对所用的水准仪和水准尺按照有关规定进行检定，在使用过程中不随意更换。

②道路及地表沉降监控量测按《工程测量规范》（GB 50026—2007）二等垂直沉降监控量测网技术要求观测，其观测要求及注意事项与建（构）筑物变形监控量测相关技术要求一致。

（4）观测计算

①沉降观测遵循先控制后加密的原则，在观测前要检查维护监控量测控制网的可靠性。沉降监控量测严格按照国家二等水准测量要求进行作业，在作业过程中采用相同的观测路线和观测方法，使用同一仪器，并尽量长期固定司镜人员。

②沉降观测按《工程测量规范》（GB 50026—2007）二等垂直位移监控量测网技术要求观测，其观测要求及计算方法与建（构）筑物变形监控量测相关技术要求一致。

6. 既有建（构）筑物形位监控量测

地铁施工过程中，需要对影响范围内的既有地铁、铁路的结构沉降、道床（路基）沉降等进行监控量测。

（1）监控量测点布置

①基准点的布设。根据规范，一般变形监控量测的基准点应布设在变形体之外。选择地面二等水准点作为基准点。

②监控量测点的布设。在轨道中间道床上，车站与区间接头处等设差异沉降点。点位埋设在道床中央，均用电钻埋设 ϕ18mm×60mm 的铜头，为了增加测点的稳定性，铜头埋入道床部分需带螺纹。铜头露出道床的高度为5mm，以便不防碍地铁在运营时紧急疏散乘客。埋设时用钢尺丈量测点距离，将工作基点和置镜点位置用油漆标记。变形测量点全线统一编号，点名分别用红油漆在道床中央和侧墙上标记。监控量测点埋设完成后，应根据点位埋设的实际里程绘制监控量测点位布置图。

(2)使用仪器及技术要求

使用仪器：沉降观测选用精密水准仪配合铟钢尺测量，仪器标称精度 ±0.4mm/km。在观测前对所用的水准仪和水准尺按照有关规定进行检定，在使用过程中不得随意更换。

监控量测方法：既有地铁、铁路的结构沉降、道床(路基)沉降监控量测采用二等水准测量技术要求进行。

监控量测精度：按照《工程测量规范》(GB 50026—2007)二等垂直位移监控量测网技术要求观测，其观测要求及注意事项与建(构)筑物变形监控量测相关技术要求一致。

7. 地下水位监控量测

(1)监控量测目的

基坑取土、降水对周边地下水的影响程度，根据水位变化值绘制水位随时间的变化曲线，以及水位随基坑开挖的变化曲线图，判断基坑及周边环境的稳定，预测土体变形和基坑稳定，指导施工、降水。

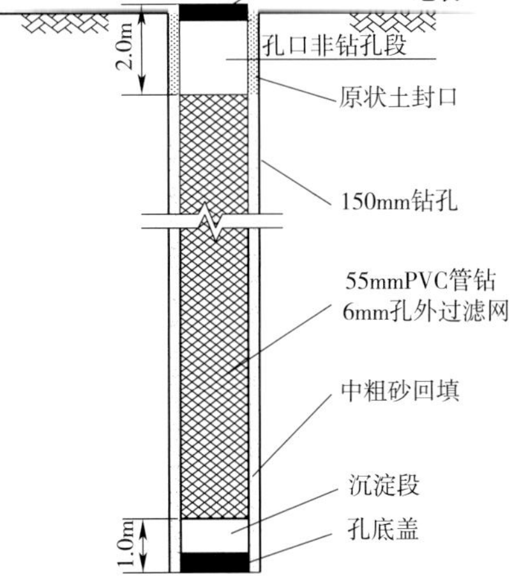

图 9-7　水位孔布设示意图

(2)监控量测方法

水位监控量测采用水位观测仪及水位观测管的方法来测试。

(3)监控量测仪器

电测水位计、PVC 塑料管、电缆线。

(4)精度要求

水位计的标尺最小读数为 0.5cm。

(5)地下水位监控量测技术要点

①水位管的埋设深度应在允许最低水位以下或根据不透水层的位置而定，如图 9-7 所示。

②埋设时应注意水位管周围良好的透水性，并防止地表水进入孔内。

③水位孔宜埋设在渗透系数大于 10^{-4}cm/s 的土层中。

④严禁雨天或雨天后 1～2d 测试初始值。

8. 爆破振速监控量测

(1)爆破振速监控量测目的

通过监控量测，掌握爆破对需重点保护的既有建(构)筑物的影响程度，用以修改钻爆设计保护建(构)筑物。

(2)设备预埋件埋设

测点埋设在需重点保护的建(构)筑物结构内。在需埋设测点预埋件的地方，用冲击钻成孔,在孔中插入预埋件并填充水泥砂浆,使预埋件轴线垂直于测量表面。预埋件留出少量螺栓,便于和传感器拧紧。

(3)爆破振速监控量测仪器

根据监控量测任务的性质和要求,使用由磁电式速度传感器、低噪声屏蔽电缆、数字式爆破振动记录仪、微型计算机和打印机组成的爆破振动监控量测与分析系统,用爆破振动分析软件对观测数据进行时域、频域的处理与分析,得到峰值质点振动速度、FFT 主振频率、振动持续时间 3 个评价爆破地震效应的重要参数。同时,利用计算机应用软件对观测数据作进一步的分析与处理。爆破振速监控量测系统框图如图 9-8 所示。

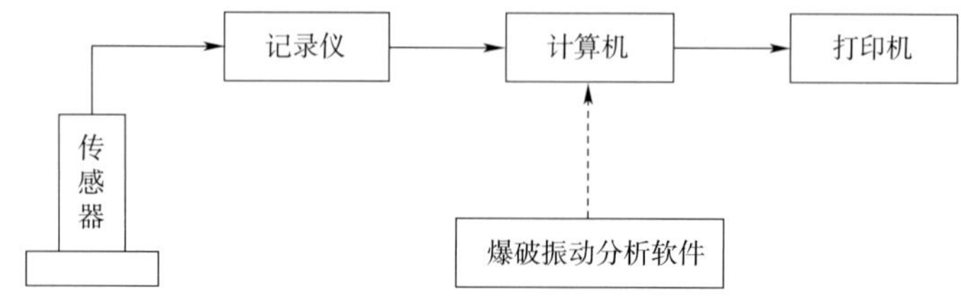

图 9-8 爆破振速监控量测系统框图

①传感器。磁电式速度传感器具有灵敏度高、失真度小,线性、参数一致性好,抗震、抗冲击等特点。

②记录仪。数字式爆破振动记录仪具有分辨率高(分辨率≤0.016mm/s,最小振动触发信号为 0.26mm/s)、抗震、抗电磁干扰、低噪声、高可靠性等特性。可记录 8 次爆破振动,能适应多施工单位、多次爆破的工程条件。

(4)监控量测数据采集

为获得准确和可靠的监控量测数据,现场监控量测工作除遵照有关规程进行操作外,要重点做好以下工作:

①测试前一天和施工单位或监理单位联系,了解爆破时间,提前到达爆破现场,收集有关爆破参数,根据现场条件估计振动速度范围,合理设置观测仪器的量程、采样速率、触发电平、记录时间。

采样速率取 1 ~2k;触发电平取 0.05 ~0.1cm/s;记录时间取爆破持续时间加 2s。

②监控量测前,将传感器编号,固定在爆破振动记录仪中,并配合固定的振子,然后在标定振子台上进行标定,作出振子跳高和速度的标定曲线。传感器、放大器槽路和振子在监控量测中不得互换,以提高量测精度。此外,做好现场记录。现场记录应包括:测点位置、记录仪编号、记录仪通道号和与之连接的传感器的编号、通道量程和触发电平、爆破时间、操作人员以及天气情况等。

③为保证观测工作的正常进行,应至少提前 15min 安装好观测仪器。

④传感器必须安装稳固,且不宜离测量面太远,以防发生相对运动,影响量测精度。起爆与测量仪器的同步通过同步电缆(一端连在掌子面起爆雷管上,另一端连在示波器上)实现。电缆必须连接可靠,放置平稳,不得自由晃动。电缆接头的绝缘、屏蔽效果要好。

⑤仪器安装和连接好以后,进行监控量测系统的测试工作,必须使整个观测系统处于良好的工作状态。

⑥与建设单位、施工单位保持良好的合作关系,对工作中出现问题及时进行协调和处理。

(5)数据处理及分析

及时向有关单位报告监控量测结果并对监控量测工作进行总结,以做好爆破工作的信息化施工。

①每次爆破振动监控量测后48h内向业主提交观测成果报告(报告内容包括峰值振动速度、主振频率和振动持续时间等),以指导下一次爆破的设计与施工。

②考虑到爆破振动的随机特性,以允许振动速度的80%作为爆破振动速度预警值。当振速达到预警值时,立即通知建设单位以及施工单位,提醒施工单位注意采取有效的振动控制措施。

③根据对监控量测结果的分析,及时与建设单位、施工单位交流工作情况,提供关于爆破振动控制的建议。

除提供监控量测数据外,对现场监控量测得到的数据用爆破振动分析软件进行时域、频域的处理与分析,得到峰值质点振动速度、主振频率、振动持续时间3个评价爆破地震效应的重要参数。通过分析峰值质点振动速度与比例药量的关系,可以控制每次爆破的最大一段装药量,从而达到控制爆破振动的目的。

9.裂缝监控量测

(1)监控量测目的

基坑开挖、降水等原因会产生不均匀沉降,引起周边建筑物开裂,量取其开裂值,可判断建筑物安全;指导土建承包人采取正确的施工方法和建(构)筑物保护措施,并为可能的法律纠纷提供证据。

此项监控量测根据建筑物沉降、倾斜监控量测的实际情况,在需要时进行。

(2)监控量测仪器

游标卡尺、读数显微镜、电子裂缝测宽仪。

(3)监控量测点布置

基坑、隧道施工前,对影响范围内的建(构)筑物进行裂缝调查,用数码相机对既有建(构)筑物裂缝进行拍照,并记录裂缝位置。基坑、隧道施工过程中,定期巡查影响范围内的建(构)筑物,发现新裂缝及时拍照并记录裂缝位置。

每条裂缝布置2~3组测点。

(4)裂缝观测方法

①一般在裂缝两侧锚固钢钉,使用游标卡尺直接量测钢钉间距,确定裂缝宽度。

②在不可锚固钢钉的地方,采用电子裂缝测宽仪进行监控量测:用电缆连接显示屏和测量探头,打开电源开关,将测量探头的两支脚放置在裂缝上,在显示屏上可看到被放大的裂缝图像,稍微转动摄像头使裂缝图像与刻度尺垂直,根据裂缝图像所占刻度线长度,读取裂缝宽度值。

③对于较大面积且不便于人工量测的众多裂缝则采用近景摄影测量方法。

九、围护结构体系监控量测

1.围护结构桩(墙)顶水平位移

(1)围护结构水平位移的产生原因及其不利的影响

围护结构顶水平位移主要指围护结构向基坑内的水平位移，主要由支撑施筑前挖土引起的变形和支撑杆件压缩带来的变形两部分组成。前者引起的变形位移量主要取决于围护结构本身的刚度和支撑施筑前的挖土深度，后者引起的变形位移量取决于作用在围护结构上的水土压力和支撑材料的刚度。围护结构过大的水平位移会影响到基坑内主体结构的施工空间及周围环境安全。

(2)围护结构水平位移监控量测的目的

①及时了解围护结构的最大水平位移量，必要时调整基坑开挖顺序和速度，确保基坑和周围环境的安全。

②验算支护结构的变形量，反算地层的水土压力。

③与围护结构深层水平位移相互校核，互相验证。

(3)测点布置和埋设

水平位移监控量测点分为基准点、工作基点、变形监控量测点3种。基准点和工作基点均为变形监控量测的控制点。基准点一般距离施工场地较远，应设在影响范围以外，用于检查和恢复工作基点的可靠性；工作基点则布设在基坑周围较稳定的地方，直接在工作基点上架设仪器对水平变形监控量测点进行观测。监控量测基准点和工作基点在有条件的情况下宜采用强制对中设备，以减少对中误差对观测结果的影响。

(4)平面控制网的建立和初始值的观测

水平位移监控量测控制网宜按两级布设，由控制点(基准点、工作基点)组成首级网，由观测点及所联测的控制点组成扩展网。对于单个目标的位移监控量测，可将控制点同观测点按一级布设。

监控量测埋设的监控量测点稳定后，应在基坑开挖前进行初始值观测，初始值一般应独立观测2次，2次观测时间间隔尽可能短，2次观测值较差满足有关限差值要求后，取2次观测值的平均值作为初始值，水平位移监控量测则以初始值为观测值比较基准。水平位移变形监控量测应视基坑开挖情况即时开始实施。

(5)监控量测方法

围护结构水平位移监控量测主要使用全站仪及配套棱镜组等进行观测。水平位移的观测方法很多，可以根据现场情况和工程要求灵活应用。常用的监控量测方法有：视准线法、小角度法、控制网法和极坐标法。

①视准线法。该方法适用于基坑直线边及直线支撑杆件的水平位移的观测，如图9-9所示。

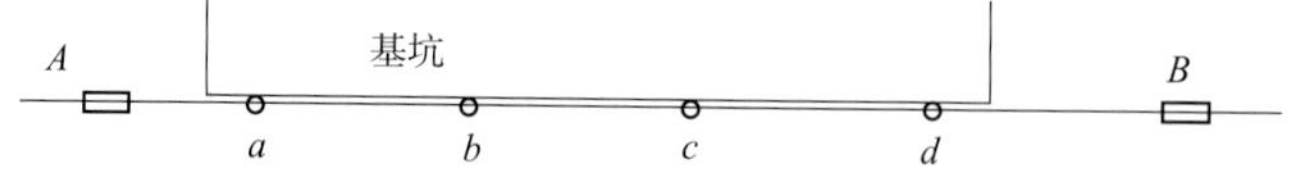

图9-9　视准线法观测示意图

A、*B*-基坑两端的工作基点；*a*、*b*、*c*、*d*-位移观测点

如场地有条件的话，可沿基坑某一测量边向后2倍开挖距离外设置测站(工作基点)。如果场地狭小，可将测站(工作基点)设在基坑围护结构的转角上，所测得的位移值是相对基坑转角处的位移值。全站仪架设调平后，照准与基坑相反方向的一工作基点作为后视方向，用带有刻划的读数站牌或T形尺，设置在观测点上，读取数值。一般用经纬仪/全站仪正倒镜读数

4 次,取中数作为一次观测值。初始值观测时要观测两遍,以保证无误。以后每次观测结果与初始值比较,求得测点的水平位移量。

②小角度法。该方法适用于观测点零乱、不在同一直线上的情况,如图 9-10 所示。在离基坑 2 倍开挖深度距离的地方,选设测站 A,若测站至观测点 T 的距离为 S,则在不小于 $2S$ 的范围之外,选设后方向点 A'。用经纬仪/全站仪观测 β 角,一般测 2 ~ 4 测回,并测量测站点 A 到观测点 T 的距离。为保证 β 角初始值的正确性,要 2 次测定。以后每次测定 β 角的变化量,按下式计算观测点 T 的位移量 ΔT

$$\Delta T = \frac{\Delta\beta}{\rho} \times S \tag{9-4}$$

式中:$\Delta\beta$——β 角的变化量($''$);

ρ——换算常数,$\rho = 3600 \times 180/\pi = 206265''$;

S——测站至观测点的距离(mm)。

如按 β 角测定中误差为 ±2″,S 为 100m,则位移中误差约为 ±1mm。

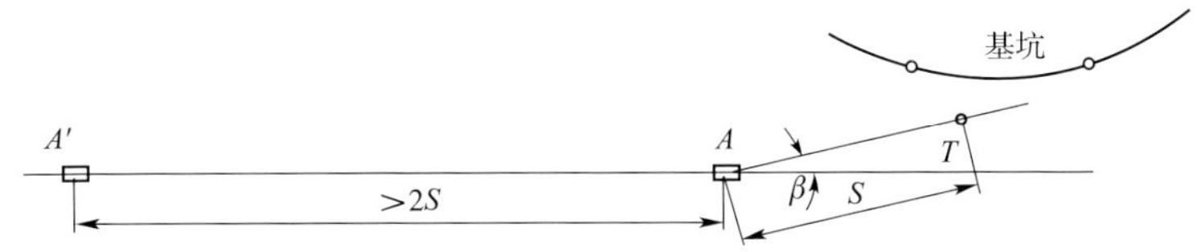

图 9-10 小角度法观测示意图

③控制网法。该方法适用于要求测出基坑整体绝对位移量的情况。控制网的建立可根据施工现场通视条件、工程精度要求,采用边角交会、附合导线法等。各种控制网均应考虑图形强度,长短边不宜悬殊过大。先采用平面控制网求出基坑各角点的位移量,再叠加用前述方法求得的各观测点的相对位移量,即是基坑的整体绝对位移量。但是此方法对仪器的要求较高,监控量测工作量较大。

④极坐标法。使用极坐标法直接在工作基点上观测变形点到测站的距离和该方向与某一基准方向的夹角,直接计算变形点的坐标。该方法通过坐标变化量来反映监控量测点的位移量。

(6)水平位移监控量测主要技术要求

对于一个实际工程,变形监控量测的精度等级应根据各类建(构)筑物的变形允许值进行估算或参考类似工程进行确定,该项目水平位移监控量测的精度等级确定为二等。其控制网主要技术要求参照《工程测量规范》(GB 50026—2007),见表 9-15。

水平位移监控量测控制网的主要技术要求 表 9-15

等级	相邻控制点点位中误差(mm)	平均边长(m)	测角中误差(″)	测弱边相对中误差	主要作业方法和观测要求
Ⅱ	3.0	150	1.8	≤1/100000	按二等测量进行

水平位移监控量测的主要技术要求参照《城市轻轨交通工程测量规范》(GB 50308—2008),见表 9-16。

水平位移监控量测的主要技术要求 表 9-16

等级	变形点的点位中误差(mm)	坐标较差或两次测量较差(mm)	主要监控量测方法
Ⅱ	±3.0	4	坐标法

监控量测采用二等水平位移标准测量,变形点的点位中误差≤±3mm。

(7)采用主要仪器

Ⅰ级全站仪及配套棱镜组。

(8)数据计算

采用严密平差计算各监控量测工作点和监控量测点坐标,与既有坐标比较即可知道围护体系是否发生了变形。

(9)注意事项

①测区的基准点不应少于3个,工作基点多少视监控量测情况而定。

②对埋设后的监控量测标志点(桩),应采取适当的保护措施,防止受到毁坏。

③使用仪器进行观测时,要尽量降低仪器的对中误差、照准误差和调焦误差的影响。

④监控量测基准点和工作基点在有条件的情况下宜采用强制对中设备,以减少对中误差对观测结果的影响。

2. 围护结构桩(墙)顶沉降监控量测

(1)沉降监控量测点的布置和埋设

沉降监控量测所布设的监控量测点分为基准点和变形监控量测点两种类型。

①监控量测点布设原则。基准点要求稳定可靠,远离变形区;变形监控量测点应设在变形体上能反映变形特征的位置;点位应稳固,避开障碍物,便于观测和长期保存。

②沉降基准点的布设。沉降监控量测范围至少要有3个稳固可靠的点作为沉降监控量测基准点,以便组成监控量测水准基准网。沉降监控量测基准点布设在受影响范围至少30m以外稳定可靠的地方,但也不宜过远,一般不宜超过100m,以保证监控量测精度。可以利用地铁施工水准控制点作为沉降监控量测基准点。

③沉降变形监控量测点的布设。沉降变形监控量测点布设的位置以能够准确全面反映既有建筑物沉降特征和便于分析为原则,同时要求布设的监控量测点能够突出反映结构控制部位的变形情况。

(2)沉降变形监控量测技术要求

与建筑物沉降变形监控量测技术要求相同。

(3)沉降监控量测作业

①沉降观测遵循先控制后加密的原则,在观测前要检查维护监控量测控制网的可靠性。沉降监控量测应严格按照国家二等水准测量要求进行作业,在作业过程中采用相同的观测路线和观测方法,使用同一仪器,并尽量长期固定司镜人员。

当日沉降量绝对值大于1mm(包括1mm)时,则认为沉降监控量测点发生了变形或存在变形趋势;当累计沉降量绝对值大于2mm(包括2mm)时,则认为沉降监控量测点发生了沉降变形。

②计算沉降变形量。

③填写变形表格,绘制时间—位移变形曲线,进行变形分析。

(4)注意事项

初始值的观测一般取2~3次数据的平均值,每次初始值观测的时间要尽可能短。

在监控量测过程中发现异常现象,要及时通知有关各方,同时加密监控量测频率,防止突发事故，直至采取有效措施。

3. 围护结构桩(墙)体变形监控量测

(1)概述

围护结构的测斜监控量测一般采用活动式测斜仪进行。在需要进行测斜监控量测的部位埋设与活动式测斜仪配套的测斜管，测斜管内部有两对互成90°的导向滑槽。把测斜仪的一组导向轮沿测斜管导向滑槽放入管中，一直滑到管底，每隔一定距离(500mm或1000mm，视工程需要而定)向上拉线(标有刻度的信号线)读数，测定测斜仪与垂直线之间的倾角变化，即可得出不同深度部位的水平位移。图9-11为测斜原理示意图。测斜仪的倾斜方向带有符号，即图中得出的Δi有正负号。

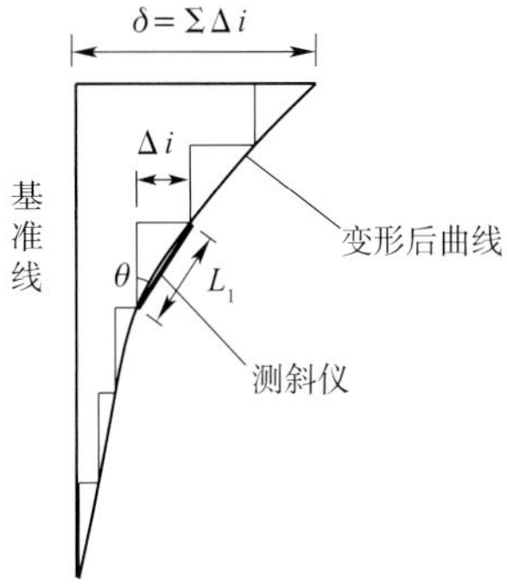

$\delta=\Sigma\Delta i$

Δi

基准线

变形后曲线

θ　L_1

测斜仪

图9-11　测斜原理示意图

(2)测斜管的布置和埋设

测斜管按照设计要求埋设，如图9-12所示。

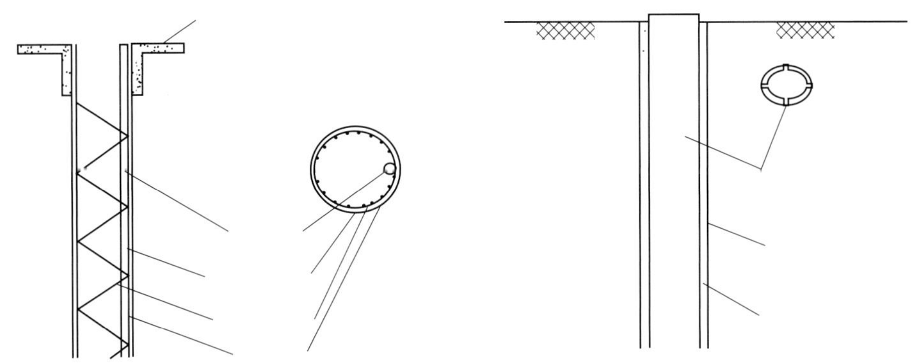

图9-12　测斜管埋设示意图

(3)测斜的方法、步骤

侧斜包括仪器连接、仪器检查、测量。

测斜步骤如下：

①将测头导轮卡置在预埋测斜导管的滑槽内，轻轻将测头放入测斜导管中，放松电缆使测头滑止孔底，记下深度标志。当触及孔底时，应避免过分冲击。将测头在孔底停置约5min，使测斜仪与管内温度基本一致。

②将测头拉起至最近深度标志作为测读起点，每0.5m测读一个数，利用电缆标志测读测头至测斜管顶端为止。每次测读时都应将电缆对准标志并拉紧，以防止读数不稳。

③将测头调转180°重新放入测斜导管中，将测头滑到孔底，重复上述步骤在相同的深度标志测读，以保证测量精度。通常采用正反测量的目的是为了提高精度，导轮在正反向滑槽内的读数将抵消或减小传感器的零偏和轴对准所造成的误差。

④将在围护结构中同一测斜管的不同深度处所测得的累计变位值点在坐标纸上连接起来，从而得到位移—历时曲线、孔深—位移曲线。水平位移速率突然过分增大是一种报警信号，当收到报警信号后，应立即对各种量测信息进行综合分析，判断施工中出现了什么问题，并及时采取保证施工安全的对策。

4. 支承轴力监控量测

支护结构的支撑体系根据支撑构件材料的不同可分为钢筋混凝土支撑和钢支撑两大类。这两类支撑在进行支撑轴力监控量测时,应根据各自的受力特点和构件的构造情况,选取适当的测试变量,埋设与测试变量相应的钢弦式传感器进行变量测试。混凝土支撑构件一般选择混凝土应变计进行测试,钢支撑轴力监控量测采用轴力计(亦称反力计)进行测试。下面以钢支撑为例介绍支撑轴力的测试。

(1)监控量测目的

监测支护结构的支撑轴力受力情况及趋势,查看是否在设计允许和安全范围内。

(2)钢支撑轴力测试

钢支撑轴力监控量测传感器在安装横撑时由承包人埋设,具体见图9-13。

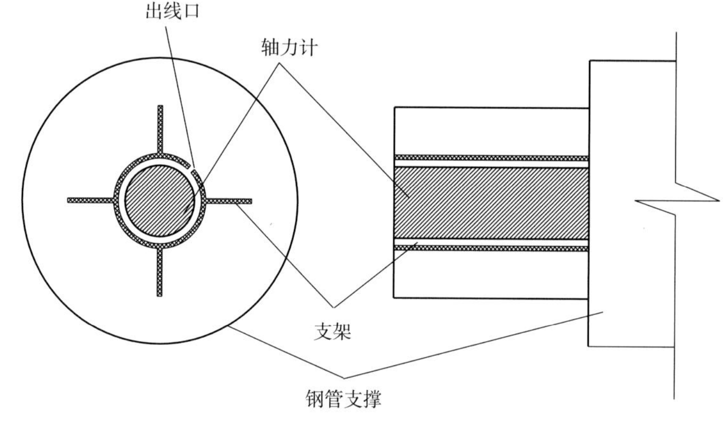

图9-13　钢支撑轴力测点布设示意图

钢支撑轴力计算可按式(9-5)进行

$$N_C = K(f_0^2 - f^2) \tag{9-5}$$

式中:N_C——钢支撑轴力值;

K——传感器的标定系数;

f_0——传感器在支撑受力前的初始自振频率;

f——轴力计在某一荷载时测量的自振频率。

(3)安全判断条件

$$N_C \leqslant [N]$$

式中:$[N]$——支撑杆件设计轴力。

(4)支撑轴力监控量测数据整理

支撑轴力在每次量测后,除提交被监控量测支撑轴力报表外,主要是绘制被监控量测支撑轴力的历程曲线,并指明施工工况,分析其轴力走势,查看是否在设计允许和安全范围内。

5. 锚杆(锚索)拉力监控量测

(1)监控量测目的

为掌握支护体系结构在施工过程中的最大弯矩和轴力是否在设计值允许范围内,以便必要时能及时采取措施。对于钢筋混凝土梁,可通过钢筋计的应力计算来监控量测弯矩变化,而对于钢结构,则可通过应变计进行监控量测。

(2)监控量测方法

锚杆拉力监控量测主要由锚索测力计测定。锚索测力计的基本原理是在承压筒体上安装高稳定性、高灵敏度的应变弦式传感器或力传感器。一般认为技术成熟的弦式传感器具有比应变片更好的零点稳定性以及更强的抗干扰能力,同时其信号输出是频率而不是电压,频率信号能够长距离传输而不会由于电缆电阻、接触电阻变化引起明显的衰减。由高强度合金钢制成的中空承压筒周边上沿均匀布置有多个弦式传感器,作用在承压筒上的荷载可由固定在筒体上的弦式传感器直接测出。

(3)监控量测仪器

锚索测力计、应变片、压力传感器。

(4)注意事项

①无论哪一种监控量测传感器,在埋设前都应进行严格标定,并观察其从埋设后至开挖前的稳定性,一般以开挖前的监控量测值作为初始值。

②连接监控量测传感器的信号线需用金属屏蔽线,减少外界因素对信号的干扰。

③由于地下工程的特殊性,选择监控量测传感器的量程时应比最大设计值大50%~100%。

④采用多个传感器可以减少或消除不均匀或偏心荷载的影响。为了确保传感器的可靠固定,应采用点焊或其他技术将传感器牢固焊接在筒体上。

6. 支撑立柱沉降监控量测

(1)测点埋设

在支撑立柱的顶部焊接加工件,样式如图9-14所示。

(2)监控量测方法

监控量测仪器采用水准仪和水准尺,采用二等几何水准测量技术要求进行监控量测。

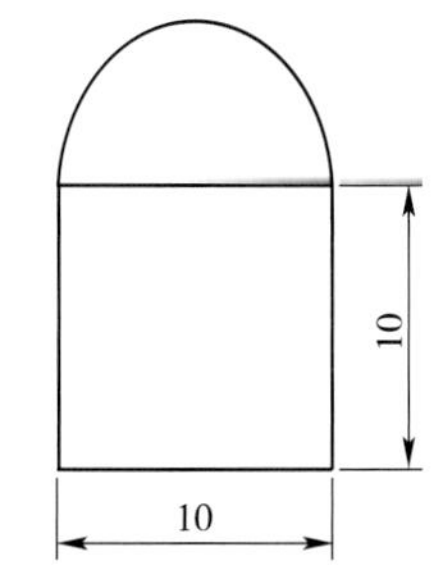

图9-14　支撑立柱沉降监控量测点样式图(尺寸单位:mm)

十、暗挖车站、暗挖区间及盾构区间监控量测项目

1. 拱顶下沉监控量测

(1)监控量测目的

拱顶下沉量测值是反映隧道安全和稳定的重要数据,是围岩和支护系统力学形态变化最直接、最明显反映,易于实现量测信息的反馈。

(2)监控量测仪器

精密水准仪及铟钢挂尺。

(3)监控量测实施方法

①测点埋设。拱顶测点预埋件的埋设主要为基点与测点的埋设,先在隧道拱顶中线部用电钻钻出$\phi 8 \sim 1$mm、深200mm的孔,然后在孔内填塞满水泥砂浆后插入预埋件并固定牢靠。埋设时应使预埋件轴线垂直拱顶,待砂浆凝固后即可进行量测。施工过程中,要保护测点,使量测数据不中断。

拱顶测点布设原则为:临近竖井及重要量测地段间距5m布设一组测点,一般地段10m设一测点，与地表沉降测点布设在同一断面上，特殊情况测点可适当加密。

②量测方法。拱顶下沉量测主要采用精密水准仪，量测各测点与基准点之间的相对高程差如图9-15所示；本次所测高差与上次所测高差相比较，差值即为本次沉降值，本次所测高差与初始高差相较，差值即为累计沉降值。

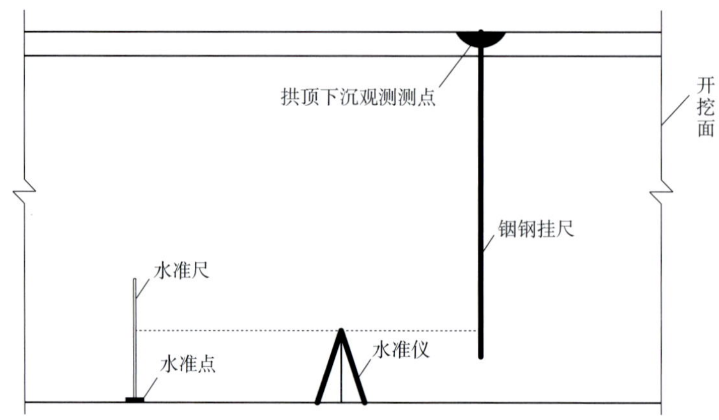

图9-15 拱顶下沉量测示意图

③数据分析与处理。监控量测数据的填写、处理与地表沉降相同。如果拱顶下沉超限，可采取以下方法控制拱顶的下沉：改良拱顶岩体或土体的稳定性；改善开挖方法以减小开挖对拱顶围岩的扰动；加强支护；或采取以上几种方法进行综合处理。

2. 周边(净空)收敛监控量测

(1)监控量测目的

暗挖隧道初期支护施作后，隧道周边的位移是围岩和支护力学形态变化最直接、最明显的反映，净空的变化(收缩和扩张)是围岩变形最明显的体现。

(2)监控量测仪器

收敛计，精度0.01mm。

(3)监控量测实施

①测点埋设。安装测点时，在被测结构面用凿岩机或人工钻孔径为40～80mm、深200mm的孔，在孔中填塞水泥砂浆后插入收敛预埋件，尽量使两预埋件轴线在基线方向上并使销孔轴线处于垂直位置，上好保护帽，待砂浆凝固后即可进行量测。收敛预埋件形状如图9-16所示。

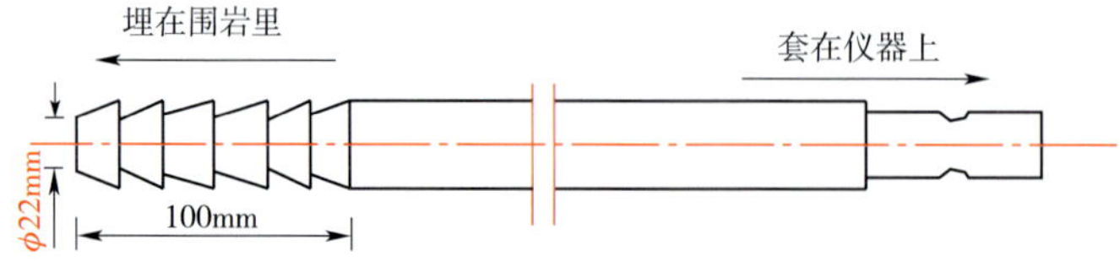

图9-16 收敛计预埋件示意图

在确定量测的断面隧道开挖或初期喷护后24h内，在隧道左边墙和右边墙部位分别埋设测桩，并进行初始读数。

监控量测方法：监控量测仪器采用隧道收敛计或全站仪。量测方法采用精度较高的全站仪非接触测量技术或水平基线量测方法，并进行温度修正。

②净空变化量测测线数见表 9-17。净空变化量测测线布置如图 9-17 所示。

净空变化量测测线数　　表 9-17

地段开挖方法	一般地段	特殊地段
全断面法	1 条水平测线	—
台阶法	每台阶 1 条水平测线	每台阶 1 条水平测线、2 条斜测线
分部开挖法	每分部 1 条水平测线	CD 或 CRD 法上部、双侧壁导坑法左右侧部，每分部 1 条水平测线、2 条斜测线，其余分部 1 条水平测线

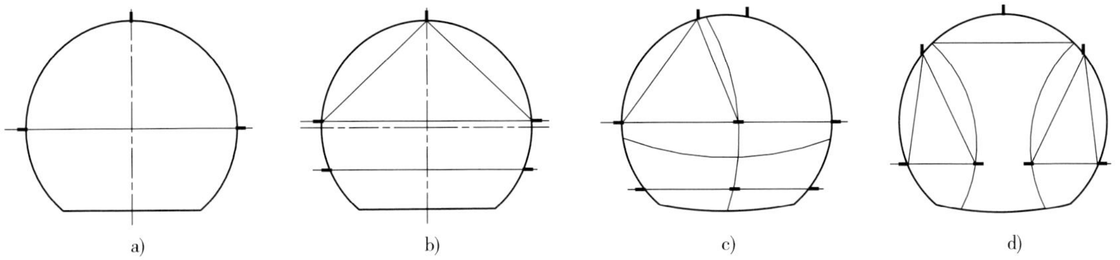

a)　b)　c)　d)

图 9-17　净空变化量测测线布置示意图

③收敛值计算。初次量测时在钢尺上选择一个适当孔位，将钢尺套在尺架的固定螺杆上。孔位的选择应能使得钢尺张紧时块能与百分表（或数显表）顶端接触且读数在 0～25mm 的范围内。拧紧钢尺压紧螺母，并记下钢尺孔位读数。

再次量测，按前次钢尺孔位，将钢尺套在支架的固定螺杆上，按上述相同程序操作，测得观测值 R_n。按下式计算净空变形值

$$U_n = R_n - R_{n-1} \tag{9-6}$$

式中：U_n——第 n 次量测时的净空变形值；

R_n——第 n 次量测时的观测值；

R_{n-1}——第 $n-1$ 次量测时的观测值。

④数据的分析与处理。首先作出时间—位移及距离— 位移散点图，对各量测断面内的测线进行回归分析，并用收敛量测结果判断隧道的稳定性；如果收敛值过大，应改善周围岩体或土体的稳定性，改变开挖方法或改变凿岩爆破参数及一次爆破的规模，尽量减小开挖对周围岩（土）体的扰动；加强支护；或采取以上几种方法进行综合处理，以确保其收敛值在规范允许的范围内。

3. 管片隆沉监控量测

(1) 监控量测目的

隧道衬砌管片安装后，在四周水土压力的同时作用下，管片可能出现上浮或者下沉，如果上浮或者下沉量过大，将会造成管片错台或者对其防水性能造成破坏，因此，需要对该变形量进行监控量测。

(2) 监控量测仪器

精密水准仪、铟钢尺，精度 0.1mm。

(3)监控量测实施

①测点埋设。在已经安装好的管片上钻孔埋设短螺栓或者短钢钉,埋设时注意钻孔尽量使螺栓或钢钉固定牢固即可,避免钻孔太深,对管片造成破坏;也可选择管片的连接螺栓头,在上面喷油漆作标记,作为管片隆沉观测点。

②数据读取与处理。同地表和建筑物沉降。

4. 围岩(土)压力监控量测

(1)监控量测目的

暗挖法隧道施工过程中,有时需要了解围岩(土)压力的变化情况,为施工设计积累经验。

(2)监控量测仪器

①土压力盒:土压力盒有钢弦式、差动电阻式、电阻应变式等多种。目前基坑工程中常用的是钢弦式。土压力盒又有单膜和双膜两类,单膜一般用于测量界面土压力,常配有沥青压力囊。双膜式一般用于测量自由土体土压力。

②测试仪器、设备:数显频率接收仪。

(3)监控量测实施

①测试方法。土压力测试方法相对比较简单,用数显频率仪测读、记录土压力计频率即可。

②土压力计算方法。土压力计算公式为

$$P = k(f_i^2 - f_0^2) + b(T_i - T_0) \tag{9-7}$$

式中:P——土压力(kPa);

k——标定系数(kPa/Hz²);

f_i——测试频率;

f_0——初始频率;

b——温度修正系数(厂家给定);

T_i——温度事实值;

T_0——温度初始值。

(4)注意事项

①选择合适量程的土压力计。土压力计的量程通常应满足下式要求

$$P = P_0 + P_g(\text{或 } P_p) + P_s \tag{9-8}$$

式中:P——选择的土压力盒量程;

P_0——理论静止土压力;

P_g——打(压)入或夯土填实引起的挤压力;

P_p——挡土结构位移引起的被动土压力增量;

P_s——施工工艺引起的附加应力增量。

②选用构造合理的土压力盒,即受压板直径 D 与板中心变形 S 之比大的土压力盒,以减小应力集中的影响。根据研究发现:D/S 的下限,对土中土压力盒为 2000,对接触式土压力盒为 1000。监控量测土中土压力,应采用直径与厚度之比较大的双膜土压力盒;监控量测接触面土压力,可采用直径与厚度之比较小的单膜土压力盒。

③一定要注意保护压力盒的电缆线,如在施工过程中发现电缆被扯断,应及时进行修复,接口处应用防水胶布仔细缠扎。

5. 土体分层沉降监控量测

(1)监控量测目的

暗挖车站或暗挖隧道施工过程中,通过监控量测土体分层沉降可以了解施工过程对上方地层的扰动情况,研究不同深度的土体垂直位移变化规律,确保施工及周边环境安全。

(2)监控量测仪器

分层沉降仪。

(3)监控量测实施

①测点(分层沉降仪)埋设。

方法一:用钻机在预定孔位上钻孔,孔深由沉降管长度而定,孔径以能恰好放入磁环为佳。然后放入沉降管,沉降管连接时要用内接头或套接式螺纹,使外壳光滑,不影响磁环的上、下移动。在沉降管和孔壁间用膨润土球充填并捣实,至底部第一个磁环的高程再用专用工具将磁环套在沉降管外送至填充的黏土面上,施加一定压力,使磁环上的 3 个铁爪插入土中,然后再用膨润土球充填并捣实至第 2 个磁环的高程,按上述方法安装第 2 个磁环,直至完成整个钻孔中的磁环埋设。

方法二:在沉降管下孔前将磁环按设计距离安装在沉降管上,磁环之间可利用沉降管外接头进行隔离,成孔后将带磁环的沉降管插入孔内。磁环在接头处遇阻后被迫随沉降管送至设计高程。然后将沉降管向上拔起 1m,这样可使磁环上、下各 1m 范围内移动时不受阻,然后用细砂在沉降管和孔壁之间进行填充至管口高程。

②测试方法。监控量测时应先用水准仪测出沉降管的管口高程,然后将分层沉降仪的探头缓缓放入沉降管中。当接收仪发生蜂鸣或指针偏转最大时的位置,就是磁环的位置。捕捉响第一声时测量电缆在管口处的深度尺寸,每个磁环有两次响声,两次响声间的间距为十几厘米。这样由上向下地测量到孔底,称为进程测读。当从该沉降管内收回测量电缆时,测头再次通过土层中的磁环,接收系统的蜂鸣器会再次发出蜂鸣声。此时读出测量电缆在管口处的深度尺寸,如此测量到孔口,称为回程测读。磁环距管口深度取进、回程测读数的平均值。

③计算方法。分层沉降标(磁环)位置应以绝对高程表示,计算公式如下

$$D_c = H_c - h_c \tag{9-9}$$

式中:D_c——分层沉降标(磁环)绝对高程(m);

H_c——沉降管管口绝对高程(m);

h_c——分层沉降标(磁环)距管口的距离(m)。

由式(9-10)、式(9-11)可以分别算出磁环前后两次位置变化,即本次垂直位移量和累计垂直位移量

$$\Delta h_{c_i} = D_{c_i} - D_{c_{i-1}} \tag{9-10}$$

$$\Delta h_c = D_{c_i} - D_{c_0} \tag{9-11}$$

式中:D_{c_i}——第 i 次水位绝对高程(m);

$D_{c_{i-1}}$——第 $i-1$ 次水位绝对高程(m);

D_{c_0}——水位初始绝对高程(m);

Δh_{c_i}——本次垂直位移(mm);

Δh_c——累计垂直位移(mm)。

④数据的处理与分析。绘制孔深—沉降对应关系曲线图,根据不同深度的土体垂直位移变化规律,可以了解施工对不同土层的扰动情况。

(4)注意事项

①深层土体垂直位移的初始值应在分层标埋设稳定后进行,一般不少于一周。每次监控量测分层沉降仪应进行进、回两次测试,两次测试误差值不大于1.0mm,对于同一个工程应固定监控量测仪器和人员,以保证监控量测精度。

②管口要做好防护墩台或井盖,盖好盖子,防止沉降管损坏和杂物掉入管内。

第三节　工后监控量测

土建施工阶段,各施工标段分期分批开工,其所处的地质条件、周边环境、工法工艺均相同,依据设计及规范要求,各施工单位即时开展相应施工阶段的监控量测作业。随着工程建设的推进,土建工程后期的洞通、轨通、电通、车通、试运营直至正式运营相继展开,由于地铁建设后期的各专业交叉施工、降水水位恢复、地质条件差异、线路周边建设施工影响等,工程后期对地铁工程进行工后监控量测是非常必要的。工程后期的监控量测工作按照铺轨阶段划分为轨道铺设前的监控量测工作及轨道铺设后的监控量测工作。

一、工后监控量测目的

(1)全面验证工程设计及施工质量,掌握工程各主体部分的关键性指标,确保项目能按照预定的要求完成。

(2)掌握和了解地铁工程工后变形情况,为地铁正常运行和设备安全提供可靠依据。

(3)为地铁工程检修和维护使用提供依据。

(4)及时预报沿线地段发生的变形趋势,以便即时采取有效措施,确保地铁工程后期安全。

(5)作为地铁工程环境评价及保护的一种尝试,为后续工程建设的管理模式积累经验。

二、轨道铺设前的监控量测

因土建施工期间已进行监控量测作业,已按照原定施工阶段的监控量测方案实施,大部分地段随着主体结构的竣工等施工项目的完成,监控量测项目的变化趋势趋于稳定或收敛。已竣工地段已按照设计及相关规范要求编制监控量测总结,申请监控量测停测报告。这些地段如周边环境无影响基本上不用实施轨道铺设前的监控量测作业,可以停测。但由于各种条件的影响,如监控量测数据表明未稳定地段(指本身未稳定、地质条件影响、施工赶进度等情况)或线位周边进行基坑施工(周边环境影响)的情况下,必须对该地段跟踪监控量测。

监控量测项目可参照施工阶段监控量测内容,如监控量测数据表明仍为未稳定地段,应会同设计等相关单位分析原因,增加监控量测项目、测点埋设及频率,直至稳定收敛。

三、轨道铺设后的监控量测

轨道铺设至试运营、试运营至正式运营均需要经过一段时间施工及测试调试。该阶段轨道工程施工进度快,交叉作业项目多;线路上往往会有几个关键土建节点工期,为赶施工进度,轨道铺设作业连续进行,这些地段稳定与否尚需监控量测;道床施工、施工车辆运行、列车的试运行等情况均会对既有洞体产生影响。为确保结构的稳定和正常运营,需对铺轨后轨道结构工程进行变形监控量测。该阶段变形监控量测工作具有作业量大、作业时间短(必须遵守轨行区作业安全条款等要求)、精度要求高等特点,监控量测项目组必须制订完善的监控量测方案,精心组织实施,做好监控量测点位埋设及第一次监控量测项目初始值的采集工作。

1. 监控量测频率

全线监控量测一个年度内共计 3 ~ 4 次,监控量测周期为 3 个月一次。特殊情况,如地质不良地段、发现变形或变形趋势地段,可适当增加监控量测频率数。

2. 监控量测项目及测点布设

(1)监控量测项目

在满足地铁现状及其后期维护使用的前提下,一般监控量测项目指对正线范围内的地铁隧道结构进行变形监控量测,监控量测项目包括以下三个方面。

①轨道线路沉降监控量测:测定隧道结构的沉降量、沉降差、沉降速度等。

②轨道线路水平位移监控量测:测定隧道结构的位移量及变化速度等。

③隧道断面收敛监控量测:测定隧道结构断面的变化量及变化速度。

(2)测点布设方法

①基准点的布设。监控量测基准点的布设包括沉降监控量测基准点和水平位移监控量测基准点。

变形监控量测基准点应布设在变形区之外。地铁车站所处的地质条件一般较好,遇不良地质皆进行地基处理,可将车站看做一个相对稳定刚体,地铁隧道内的变形监控量测基准点一般布设于车站内。

每个车站左右线按要求分别埋设 3 个点作为基准点、边(高程、平面共用),基准点间距离 60 ~ 70m,每个车站埋设 6 个基准点。

②监控量测点的布设。监控量测点应根据地铁经过的地质条件和平面设计图布设。地质条件好时,变形测量点间距离可大些;地质条件差时,变形测量点间距离可小些;小半径曲线地段因通视要求间距也要小些。

下列监控量测点布设间距可供参考。

a. 轨道线路沉降监控量测:区间隧道平均每隔 30m 埋设 1 个测点。

b. 轨道线路水平位移监控量测:区间隧道平均每隔 60m 埋设 1 个测点。

隧道断面监控量测:仅在盾构施工段布设。间距参照平面监控量测点间距,每横断面上布设 4 个监控量测点。

③监控量测点的埋设方法。轨道线路沉降、水平监控量测点埋设:测点拟埋设于隧道道床面位置。

埋设的轨道线路沉降监控量测点和水平位移监控量测点均用电钻埋设 $\phi12\text{mm} \times 60\text{mm}$ 的铜头,为了增加测点的稳定性,铜头埋入道床部分均带螺纹。铜头露出道床的高度约为 5mm,不妨碍地铁的安全运营及检修人员行走。水平位移测点中心标志为约 $\phi1.0\text{mm}$ 的小孔。埋设时用钢尺丈量测点距离,工作基点、置镜点位置均用油漆标记。

断面测点：采用专用反射片布设。

变形监控量测点全线统一编号，点名分别用油漆在道床中央和侧墙上标记。监控量测点埋设完成后，绘制监控量测点位布置图。

3. 监控量测等级及变形的警戒值

根据《城市轨道交通工程测量规范》（GB 50308—2008）第18章变形监控量测中的有关要求（表9-18），结合地铁自身特点，为达到变形监控量测最高精度为标准，采用高精度的测量仪器和技术，按照高等级导线网的测量方法进行作业。

变形监控量测的等级划分、精度要求和适用范围 表9-18

变形监控量测等级	垂直沉降监控量测		水平位移监控量测，即变形点的点位中误差（mm）	适用范围
	变形点的高程中误差（mm）	相邻变形点的高差中误差（mm）		
Ⅱ	±0.5	±0.3	±3.0	结构收敛和运营阶段结构、轨道和道床以及有中等精度要求的监控量测对象

水平位移监控量测控制网的主要技术要求见表9-19。

水平位移监控量测控制网的主要技术要求 表9-19

等级	相邻基准点的点位中误差（mm）	平均边长（m）	测角中误差（″）	测边相对中误差	主要作业方法和观测要求
Ⅱ	±3.0	150	±1.8	≤1/70000	按三等导线网的观测要求进行作业

垂直位移监控量测控制网的主要技术要求见表9-20。

垂直位移监控量测控制网的主要技术要求 表9-20

等级	相邻基准点的高差中误差（mm）	测站高差中误差（mm）	往返较差、附合或环线闭合差（mm）	检测已测高差之较差（mm）	使用仪器、观测方法及主要技术要求
Ⅱ	±0.5	±0.15	$\pm0.30\sqrt{n}$	$0.4\sqrt{n}$	采用DS05水准仪，按国家二等水准测量技术要求作业

注：表中 n 为测站数。

（1）轨道线路平面位移监控量测

《城市轨道交通工程测量规范》（GB 50308—2008）第18章变形监控量测18.1及18.2章节中规定：二级水平位移监控量测，测角中误差为±1.8″，平均边长150m，坐标较差或两次测量较差为4.0mm。则同一个角，两次测量的误差为 $2\times1.8''\times\sqrt{2}=5''$，取边长约120m距离计算的横向位移为2.9mm，满足规范要求。因此，平面位移监控量测的变形警界值，控制角度按5″计。因隧道变形一般发生在横向与竖向上，故实施中仅在第一次位移沉降监控量测中进行边长测量。

（2）轨道线路沉降位移监控量测

根据《建筑变形测量规范》（JGJ 8—2007）中的相关规定，（二级竖向沉降监控量测每公里往返测高差中数偶然中误差 M_{Δ} 为0.5mm），同时依据地铁结构对竖向沉降的敏感性，取2倍 M_{Δ} 即1mm的竖向沉降不会危及地铁结构的安全，采用二等水准测量的方法能高精度测出地铁发生的大于1mm的变形。

(3)盾构段断面监控量测

警戒值参照甲方或设计提供要求实施。

4. 变形监控量测施测

(1)平面位移监控量测

①坐标系统的选择。水平位移监控量测基准网采用独立坐标系统,并进行一次布网。以两个车站和一个区间为一个监控量测单元,使基准点和区间的监控量测控制点形成附合导线进行监控量测,测相应的边和角。即从车站一基准边出发,经区间水平位移控制点,闭合于另一站的基准边,测设成附合导线:基准边—控制监控量测点—基准边。比较相应的边角和总角度,以此判断监控量测点是否发生了平面位移。

②外业初始值(首次)观测。监控量测时遵循"以基准点为基础,先控制,后加密"的原则。监控量测时控制网以每一区间为一测段,平面控制均按附合导线进行观测,从一个车站附合至另一车站。水平角方向观测法的技术要求见表9-21。

水平角方向观测法的技术要求　　表9-21

等　级	仪器型号	半测回归零数(″)	测回内2C互差(″)	同一方向值各测回较差(″)
Ⅲ	DJ1	6	9	6

(2)后续监控量测

为了能更客观地反映变形的实际情况,每次监控量测采用的仪器、设备、观测人员及观测程序均相同。每次作业前先检查基准点间夹角、边长,确认基准点稳定的情况下,才进行变形监控量测。

采用附合导线观测,与上一次观测值相比较,在监控量测过程中若与上一次观测值相差较大,对该站或某一测段重测,以确认该地段是否发生平面位移。

(3)垂直沉降监控量测

沉降监控量测以每个区间为一个测段。监控量测前先对基准点间的高差进行检测,在确认该基准点稳定后,方可进行监控量测。监控量测时按附合水准进行,由一个车站基准点附合到下一车站基准点,其限差满足二等水准,$f_{h测} \leq f_{h限} = \pm 4\sqrt{L}$($L$以km计)。

①观测程序。往测:后—前—前—后。返测:前—后—后—前。

每测站前后视距在±1m内,每一测段前后视距累计差在±3m内(第一次监控量测时,已在侧墙或道床中央用红油漆做好水平仪置镜标记,为后续观测提供方便)。

②后续沉降监控量测。监控量测作业程序与第一次基本相同:监控量测前对基准点进行检测;按第一次水准路线,置同一置镜点位置;采用附合水准观测,与上一次观测值相比较,在监控量测过程中若与上一次观测值相差较大,对该监控量测点或某一测段重测,以确认该地段是否发生竖向位移。

每次作业前先检查基准点间高差,确认基准点稳定的情况下,才进行变形监控量测。

(4)断面收敛监控量测

①在断面位置上相应高度宜施测位置处埋设标准反射贴片,贴片埋设须牢固稳定。

②工作基点埋设:宜利用埋设的平面或高程监控量测控制点作为监控量测工作基点。

③在工作基点上架设仪器，采集监控量测点至基点平面距离，每次进行比较，判断断面变化量。

5. 监控量测成果整理

(1)平面控制网角度和边长的精度统计分别用《导线观测角测量精度统计表》、《边长测量精度统计表》。

(2)根据第一次变形监控量测资料绘制《平面观测示意图》及《沉降监控量测示意图》。目的在于为后续观测提供方便，且能保证后续观测能按此顺序进行。

(3)监控量测作业结束后，其成果由以下内容组成：

①本次变形监控量测说明及变形原因分析；

②基准点成果表；

③沉降监控量测精度统计表；

④沉降监控量测成果比较表；

⑤区间总角度较差统计表；

⑥平面监控量测成果比较表；

⑦控制角测量精度统计表；

⑧边长测量精度统计表；

⑨断面收敛监控量测成果比较表；

⑩观测示意图。

第四节　保护区监控量测

已建成或已通车运营的地铁结构也可能因为交通线路环境的变化或运营列车的振动而产生变形，影响结构主体安全。因此，有必要通过监控量测工作的实施，掌握在该项目施工过程中既有地铁工程结构的变化，为建设方及地铁相关方提供及时、可靠的数据和信息，评定施工或运营对既有地铁工程结构的影响，及时判断既有地铁工程的结构安全，对可能发生的事故提供及时、准确的预报，避免恶性事故的发生。

一、监控量测范围及内容

1. 监控量测范围

(1)地下车站和隧道结构外边线外侧 50m 内，地质条件较差地段其监控量测保护区范围应为地铁结构外边线 100m 内。

(2)地面车站和地面线路、高架车站和高架线路结构外边线外侧 30m 内。

(3)出入口、通风亭、冷却塔、主变电所、残疾人直升电梯等建筑物、构筑物外边线和车辆基地用地范围外侧 10m 内。

(4)地铁过江、过河隧道结构外边线外侧 100m 内。

(5)监控量测点设置范围为项目建设的基坑边线对应的地铁线路里程区域及沿线路方向前后外放 60m。

2. 监控量测内容

根据地铁结构形式和项目建设的具体情况，主要实施以下内容的监控量测。

(1) 车站及附属设施：水平和垂直位移、垂直度、收敛、断面、裂缝、渗漏等。

(2) 矿山法隧道：水平和垂直竖向位移、收敛、断面、裂缝、渗漏等。

(3) 盾构隧道：水平和垂直竖向位移、收敛、断面、裂缝、渗漏、管片接缝和管片挤压等。

(4) 高架桥：水平和垂直位移、垂直度、裂缝等。

(5) 地面线：水平和垂直位移、滑坡等。

(6) 地面荷载要求：地面堆载面积、地面堆载大小等。

(7) 地下水位监控量测：监控量测井、地下水水位高度及变化等。

(8) 施工工法要求：施工时间、施工机械、施工影响范围等。

二、监控量测方法及测点布设

1. 沉降(差异沉降)监控量测

沉降监控量测采用精密水准测量方法。根据《城市轨道交通工程测量规范》(GB 50308—2008)变形监控量测要求，沉降监控量测基准网按二等垂直位移监控量测控制网的技术要求(表9-17)，布设附合或闭合水准路线进行观测。变形沉降监控量测点按二等垂直位移监控量测网技术要求(表9-18)，布设附合或闭合水准路线进行观测。基准点应定期进行检核。

沉降基准点作为沉降监控量测的起始依据，其稳定性十分重要。基准点要求稳定可靠，远离变形区100～120m；对隧道内设有联络通道的距离可适当减短。一般在地铁左右线变形区外各布设4点，共计8个点。

(1) 车站、区间隧道及附属结构(出入口、通风亭、冷却塔等)沉降点布设在基坑边线对应的地铁线路里程区域范围内，每10m布设1个点；在该范围沿线两侧每20m布设1个点，各布设3个点(外放60m)。附属结构与车站连接处两侧0.5m处各布设1～2个点，附属结构另一端头处布设1～2个点。

(2) 车站与区间连接处差异沉降

因车站整体刚性强度大，且有抗拔桩基础，绝对沉降量变化不大。车站与区间连接缝处两侧0.5m处各布设1个点，分析两侧监控量测点沉降量的差值，从而计算出车站与区间的差异沉降量。监控量测点布设如图9-18所示。

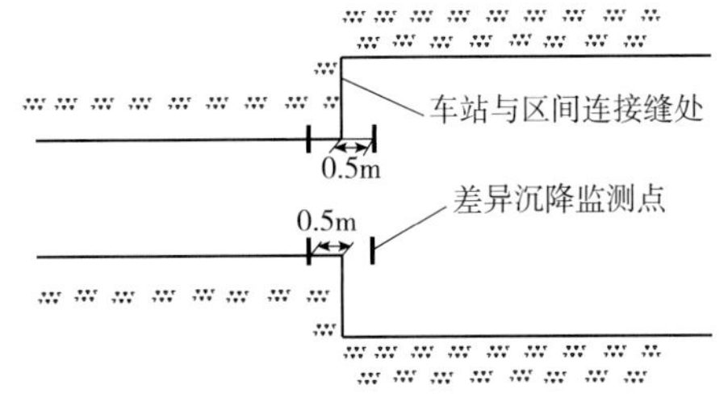

图9-18　车站与区间连接处监控量测点布设示意图

2. 水平位移监控量测

一般水平位移基准点与沉降监控量测基准点共用。水平位移监控量测控制网采用二等导线测量方法，水平位移监控量测点采用视准线法。根据《城市轨道交通工程测量规范》(GB 50308—2008)变形监控量测要求，水平位移观测点坐标中误差为±3.0mm。基准点应定期进行检核。水平位移监控量测控制网采用二等导线测量方法，水平位移监控量测点采用视准线法。根据《城市轨道交通工程测量规范》(GB 50308—2008)变形监控量测要求(表9-22)，水平位移观测点坐标中误差为±3.0mm。

水平位移监控量测控制网的主要技术要求　表 9-22

等级	相邻基准点高差中误差(mm)	平均边长(m)	测角中误差(″)	最弱边相对中误差	全站仪标称精度	水平交观测测回数	距离观测测回数	
							往测	返测
Ⅱ	±3.0	150	±1.8	≤1/70000	±1″ 1+2ppm	9	3	3

左右线布设的水平位移监控量测点应与对应沉降监控量测点重合。

3. 隧道断面变形监控量测

采用具有无棱镜测距功能的全站仪(一般使用 LeicaTCRA1101 测量机器人)收集断面测量的相关数据,并(用 TMS 隧道测量软件)计算相关参数的变化值,判断断面的变形情况,绘制断面主要特征点变化图(图 9-19)。左右线布设的断面应与对应沉降监控量测点所在断面重合。

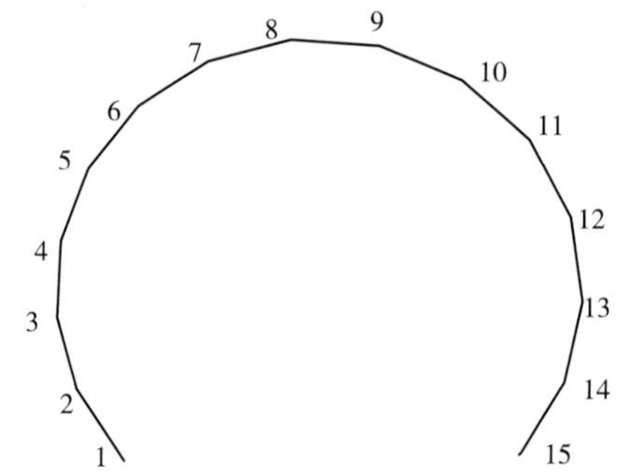

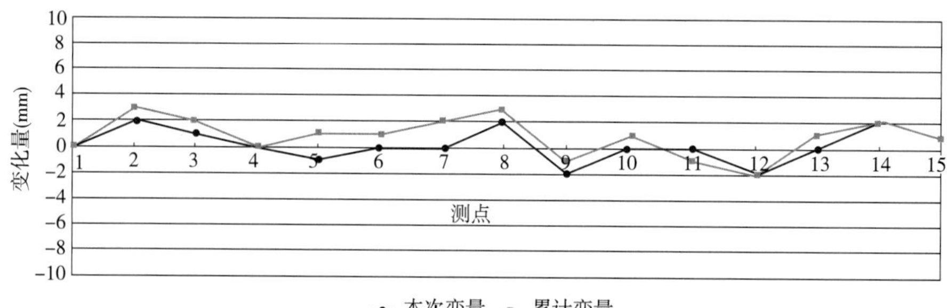

图 9-19　断面主要特征点变化图

4. 隧道收敛监控量测

在隧道两侧腰线上布设一条水平基线,利用收敛计进行隧道断面收敛测量。左右线各布设的收敛断面应与对应沉降监控量测点所在断面重合。

5. 盾构管片接缝、挤压监控量测

使用读数显微镜在管片的 45°、135°、225°、315°处竖向接缝上,测量出环缝值,求出两次的变化量。根据盾构管片尺寸和地铁保护所允许的变形曲率,计算管片张开允许值。左右布设的管片接缝监控量测断面应在对应沉降监控量测点所在断面附近,便于合理科学地进行变形数据分析。

6. 侧墙垂直度监控量测

对在影响区域内的侧墙(间隔 10～15m 及拐角处)进行垂直度监控量测,一般在侧墙上下及与基坑等高处各设1个监控量测点，然后在底板上固定基准站用全站仪测量各点至侧墙水平距离，根据水平距离变化量和侧墙高度，计算侧墙倾斜度或挠度，其变化倾斜度不大于2‰。

7. 裂缝、渗漏监控量测

隧道以及车站的裂缝、渗漏监控量测的具体步骤如下：

(1)现场踏勘、记录并观测已有裂缝的分布位置，裂缝的走向、长度和深度。

(2)对于新发生的裂缝及时观测，分析裂缝形成的原因，判断裂缝的发展趋势。

(3)观测时使用读数显微镜(可精确到0.02mm)量出每条裂缝的距离及裂缝长度，求得裂缝的变化值。定期对监控量测范围内的所有裂缝进行巡视，对于新发现的裂缝，做好记录，及时埋设观测标志进行量测。

(4)对于发现有渗漏的地方进行观测，测量出渗漏面积和渗漏程度，并对渗漏原因作出分析。

三、监控量测控制标准及信息反馈、标准制度

1. 监控量测控制标准

监控量测控制标准见表9-23。

监控量测控制标准　　表9-23

序号	监控量测对象	监控量测项目	报警值(mm)	警戒值(mm)	允许值(mm)
1	隧道、车站及其附属结构	结构沉降变形	±3.3，且速率≤0.5mm/d	±6.7，且速率≤0.5mm/d	±10.0，且速率≤0.5mm/d
		结构水平变形	±5.0，且速率≤0.5mm/d	±10.0，且速率≤0.5mm/d	±15.0，且速率≤0.5mm/d
		隧道断面变形	±5.0	±10.0	±15.0
2	盾构管片	盾构管片接缝	±1.0	±2.0	±3.0
3	附属结构侧墙	侧墙垂直度	倾斜度≤0.7‰	倾斜度≤1.4‰	倾斜度≤2‰

2. 信息反馈制度

为确保监控量测成果的质量，加快信息反馈速度，每次监控量测必须有监控量测成果，并及时进行监控量测成果的分析，当天内向有关单位提交监控量测成果及分析报告，对当前的施工及既有监控量测对象状态进行评价和提出建议。发现超出警戒值的情况，即时书面或电话通知有关单位，以便及时采取措施，确保地铁结构安全。监控量测信息反馈流程见图9-20。

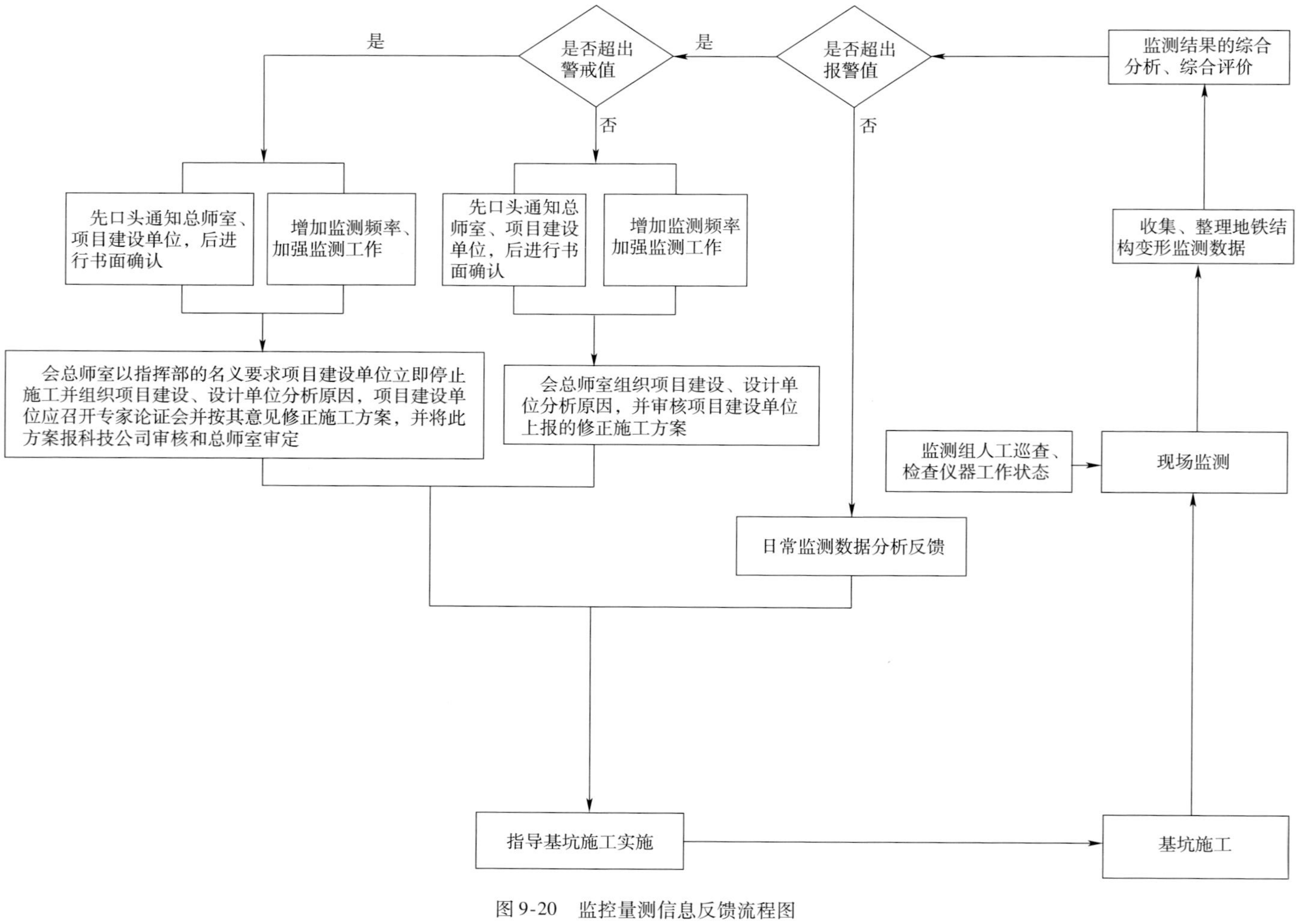

图 9-20 监控量测信息反馈流程图

四、成果整理

监控量测成果整理,就是通过对每次测量成果进行比较、分析,根据变形监控量测的警戒值来判断监控量测对象是否发生了变形(垂直位移、差异沉降、水平位移、断面变形、管片接缝挤压变形和隧道收敛及裂缝发展),并分析发生变形的原因,对变形趋势进行预测、预报等。

监控量测成果书主要有以下内容:

(1)监控量测说明及分析报告等。

(2)沉降监控量测、水平位移监控量测、断面变形、管片接缝挤压变形和隧道收敛成果表(图)及裂缝观测成果。

第五节　自动化监控量测

由于运营隧道处于全封闭状态,在运营期间不允许监测人员进入隧道作业,因此在保护区内对地铁隧道进行安全监测,尤其是在已运营的地铁线路内进行安全监测,目前越来越多地采用自动化监测系统代替人工监测。与传统的人工监测相比较,自动化监测具有连续、实时、精确等优势。现代的自动化监测技术已实现数据的实时采集、处理、传输、成果预警的计算机管理。

目前国内外远程自动化香油系统主要有全站仪自动测量系统、静力水准仪系统、电水平尽系统和三维雷达扫描系统,其中全站仪自动测量系统在我国广州、南京、上海、沈阳、西安等城市地铁运营线路上应用较为广泛,取得了很好的监测效果。

一、ADMS 测量机器人监控量测系统构成

由徕卡公司推出的 TCA 系列全站仪,采用发动机驱动和软件控制的 TPS(Total Station Positioning System)系统,是智能型全站仪结合激光、通信及 CCD 技术,集自动目标识别、自动照准、自动测角、自动测距、自动跟踪目标、遥控、自动记录数据于一体的测量系统。TCA 系列智能全站仪又称“测量机器人”,它以其独特的智能化、自动化性能应用于地铁变形监控量测中,使用户轻松自如地获取变形观测数据,及时进行监控量测预报。地铁自动变形监控量测系统由系统硬件和系统软件两部分构成。

1. 系统的硬件构成

变形监控量测系统如图 9-21 所示,由 5 部分组成:监控量测站、控制计算机房、基准点、变形点和测量机器人,下面分别予以介绍。

(1)监控量测站:根据现场条件,选择自动变形监控量测系统监控量测站。该站需建观测墩,安置测量机器人,并保证有较好的通视条件。

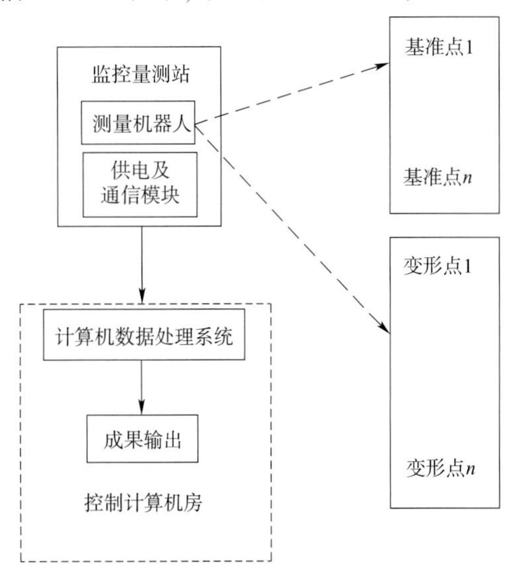

图 9-21　变形监控量测系统

(2)控制计算机房:一般选设在办公区附近,有较好的供电等条件。机房内的计算机通过通信电缆或数据电台和监控量测站全站仪相连。在控制机房能实时了解监控量测站全站仪的运行情况。另外,通过埋设于机房与监控量测站间的专用电缆给全站仪供电并通信。

(3)基准点:在变形区以外,需建至少3个稳定的基准点。

(4)变形点:根据实际需要,在变形体上选择若干变形监控量测点,每个监控量测点上安置有对准监控量测站的单棱镜。

(5)自动化全站仪:以布设徕卡TCA2003智能全站仪为例,其标称测角精度为0.5″,测距精度为1mm+1ppm×D(D为被测距离)。测程范围:单棱镜可达2500m,三棱镜可达3500m。该全站仪由发动机驱动,在望远镜中安有同轴自动目标识别装置ATR(Automatic Target Recognition),能自动瞄准普通棱镜进行测量。可采用电子气泡精确整平仪器,并采用图形和数字形式显示垂直轴的纵、横向倾斜量,只需将仪器整平至10″即可,具有纵、横轴自动补偿器,提高了仪器整平精度。数据可用通信电缆或数据电台与计算机连接,由计算机存储同时由计算机在线控制全站仪。

2. 系统的软件构成

变形监控量测系统主要由InADMS智能变形监控量测系统的联机测量模块、数据管理分析及三维显示模块组成。InADMS(Intelligent Automatic Deformation Monitoring System)系统将自动完成周期测量、实时评价测量成果、实时显示变形趋势等智能化的功能合为一体。

采用InADMS系统进行地铁变形监控量测,具有以下特点:

(1)建立高精度的基准点,采用实时差分式的测量方案,可以最大限度地减弱多种误差因素,从而大幅度地提高测量精度。

(2)对所要测量的点位进行初始测量后,即可按预先设定连续自动测量。

(3)当遇有故障时,软件可自动处理,如目标被遮挡、测量超时、误差超限即可智能化地处理,无需人工干预。

(4)具有"小视场"功能,可以最大限度地加密监控量测点。

(5)简化了气象等附加设备,为系统在计算机的控制下实现全自动、高可靠的变形监控量测,创造了有利条件。

(6)在无人值守的情况下,可以实现全天24h连续地自动监控量测,节约了大量的人力、物力。

(7)实时进行数据采集、数据处理、数据分析、报表输出及提供图形等。

(8)自动预警、报警。

(9)在短时间内同时求得被测点位的三维坐标,可作全方位的预报。

(10)系统维护方便,运行成本低。

3. InADMS联机测量模块

InADMS联机测量模块是基于徕卡TCA系列全站仪,通过GeoCOM在线控制模式开发的自动测量模块。该模块可实现完全由计算机来控制全站仪,操作人员可自由灵活地设定各项限差,超限后仪器自动进行处理,确保采集到的数据符合要求,具有一定的智能性。同时,外业采集的数据直接进入系统软件,中间无需任何环节。

InADMS联机测量模块的工作流程为:

(1)联机,定向。

(2)导入监控量测点初值。

(3)对所要测量的点位进行初始测量。

(4)计算监控量测点的水平角和天顶距。

(5)打开全站仪 ATR 功能。

(6)发动机驱动仪器至目标点理论位置,自动寻找目标并精确照准。

(7)测量获取监控量测点的三维坐标。

以上各测量步骤可以连续进行,中间不需人工干预。

4. InADMS 数据管理分析及三维显示模块

数据采集结束,软件即可进行网的平差处理,获得控制网及监控量测点的最终成果,并以各种直观的图形、报表输出,从而轻松实现从外业数据采集到内业最终成果输出的内外业一体化,极大地降低了测量人员的劳动强度,显著地提高了测量的工作效率。该系统能自动评价测量成果、显示变形趋势,由数据库完成本期观测值与基准值及上一期观测值的对比分析后,输出变形点成果表、位移量成果表、位移量图和变化趋势图等。

二、ADMS 测量机器人系统数据处理方法及原理

为了充分发挥 TCA 系列智能全站仪的优越性,减少作业人员的工作量,测距时不进行温度和气压的测定,直接得到变形点的三维坐标。采用极坐标法进行施测,然后对施测结果进行差分处理。即按极坐标的方法测量测站点(基准点)至其他基准点和变形点的斜距、水平角和垂直角,将测站点至具有代表性气象条件的基准点测量值与其基准值(基准网的测量值)相比,求得差值。由于变形观测采用同样的仪器和作业方法,并且基准点均埋设在稳定地段,认为基准点是稳定的,故将这一差值认为是受外界条件影响的结果。每站观测可以在短时间内完成,并且是基准点和变形点同时观测,可以认为外界条件对基准点和变形点的影响是相关的,从而把基准点的差异加到变形点的观测值上进行差分处理,计算变形点的三维位移量。

1. 距离的差分改正

在极坐标变形监控量测系统中,必须考虑大气条件的变化对距离测量的影响。一般情况下,为了准确求得距离的大气折射率改正,需要测定大气中的气象元素。但是,如果利用监控量测站与各基准点间的已知距离信息,可实现无需测定气象元素,就得到距离的实时差分改正。

设监控量测站至某基准点的已知斜距为 d_{J}^{0},在变形监控量测过程中,某一时刻实测的斜距为 d_{J}',两者间的差异可以认为是因气象条件变化引起的,按式(9-12)可求出气象改正比例系数 Δd

$$\Delta d=\frac{d_{\mathrm{J}}'-d_{\mathrm{J}}^{0}}{d_{\mathrm{J}}'} \tag{9-12}$$

如果同一时刻测得某变形点的斜距为 d_{P}',那么经气象差分改正后的真实斜距为

$$d_{\mathrm{P}}=d_{\mathrm{P}}'-\Delta d\cdot d_{\mathrm{P}}' \tag{9-13}$$

为了保证距离气象改正比例系数 Δd 的可靠性和准确性,可取多个基准点测定的距离气象改正比例系数 Δd 的中数,用于变形点距离测量的差分气象改正,但要特别注意"代表性"问题。

2. 球气差的改正

为了准确测定变形点的三维坐标,在极坐标的单向测量中,必须考虑球气差对高差测量的

影响。监控量测站与各基准点之间经精密水准测量,高差 Δh_0 是已知的。如上述的距离测量一样,如果某一时刻测得监控量测站与某基准点间的单向三角高差 h_J 为

$$h_J = d_J \cdot \sin\alpha + i_J - a_J \tag{9-14}$$

式中:α——垂直角;

i_J——仪器高;

a_J——棱镜高。

那么,根据式(9-15)可求出球气差改正系数 c

$$c = \frac{\Delta h_0 - h_J}{d_J^2 \cdot \cos^2\alpha} \tag{9-15}$$

因监控量测站至基准点的视线范围覆盖整个变形监控量测区,故取多个基准点按式(9-15)求得球气差改正系数 c 的中数,能较好地得到变形监控量测区域的大气垂直折光模型。

在每周期变形点的监控量测过程中,由于测量时间较短,可以认为 c 值对基准点与变形点的影响是相同的,故按式(9-16)可求出变形点与监控量测站之间经球气差改正的三角高差 Δh_P

$$\Delta h_P = d_P \cdot \sin\alpha + c \cdot d_P^2 \cdot \cos^2\alpha + i_P - a_P \tag{9-16}$$

求得监控量测站与各变形点间的斜距 d_P 和高差 Δh_P 后,按式(9-17)可求出监控量测站至变形点间的平距 D_P

$$D_P = \sqrt{d_P^2 - \Delta h_P^2} \tag{9-17}$$

3. 方位角的差分改正

在长期的变形监控量测过程中,难以保证仪器的绝对稳定。因水平度盘零方向的变化和大气水平折光等因素的影响,需考虑水平方位角差分改正。在实际变形监控量测中,所求的变形量一般是相对第一周期而言的,故可把基准点第一次测量的方位角 H_{ZJ}^0 作为基准方位角,其他周期对基准点测量的方位角 H'_{ZJ} 与基准方位角相比,有一差异 ΔH_Z

$$\Delta H_Z = H'_{ZJ} - H_{ZJ}^0 \tag{9-18}$$

这一差异主要是因仪器不稳定引起的水平度盘零方向的变化、大气水平折光等对方位角的影响而引起的。此差异对变形点的测量有同等的影响,故在变形点每周期的方位角测量值 H'_{ZP} 中,实时加入由同期基准点求得的 ΔH_Z 改正值,可准确求得变形点的方位角 H_{ZP}

$$H_{ZP} = H'_{ZP} - \Delta H_Z \tag{9-19}$$

4. 变形点三维坐标和变形量的计算

综合以上各项差分改正,按极坐标计算公式可准确求得每周期各变形点的三维坐标

$$\left.\begin{aligned} X_P &= D_P \cdot \cos H_{ZP} + X^0 \\ Y_P &= D_P \cdot \sin H_{ZP} + Y^0 \\ Z_P &= \Delta h_P + Z^0 \end{aligned}\right\} \tag{9-20}$$

式中:X^0、Y^0、Z^0——分别为监控量测站的坐标值。

若以变形点第一周期的坐标值(X_P^1,Y_P^1,Z_P^1)作为初始值,则各变形点相对于第一周期的变形量为

$$\left.\begin{aligned} \Delta X_P &= X_P - X_P^1 \\ \Delta Y_P &= Y_P - X_P^1 \\ \Delta Z_P &= Z_P - Z_P^1 \end{aligned}\right\} \tag{9-21}$$

三、ADMS 测量机器人系统特点

TCA 系列全站仪用于地铁变形监控量测可以实现全自动化，具有以下明显的特点和优势：

（1）无人值守，完全自动

系统能对各个监控量测点进行全自动（定时或连续）长期监控量测，无论白天黑夜从不间断，不丢失信息。

（2）监控量测精度高

系统能以目前大地测量方法所能达到最高精度——毫米级精度测定监控量测点的位移。如此高的精度对尽早发现异常，分析变形规律，将灾害消灭在萌芽状态以及确切进行预警和预报非常必要。

（3）实时处理，可视化显示

系统经计算机采集的数据是实时处理和可视化显示的——测边和监控量测点三维坐标测量的结果是实时处理，而不是多少个小时的数据处理结果。这保证真实再现现场情况，便于洞察变化趋势，能给领导决策提供科学依据。

（4）可靠性高，运行成本低

系统构成主要由全站仪、计算机和它们之间的通信、供电电缆组成。控制软件按“傻瓜”要求设计的，可以按无人值守长期连续工作方式，还可以按半自动、人工操作方式运行。因此故障率低，维护比较方便，运行成本较低。仪器可自动处理停电后续测、数据永久存储等。

（5）变形点增减灵活，成本低廉

监控量测项目的加减，变形点的取舍，监控量测重点和频率的改变可根据需要随时灵活处置。

四、ADMS 测量机器人系统监控量测布点方案

1. 工作基站及基准点设置

为方便 TCA 系列测量机器人自动搜寻目标，以及保证各监控量测点精度均匀，工作基站拟设置于监控量测范围中部的隧道侧墙上，托架伸出长度约 400mm（以施工现场限界要求为准），基准点布设在远离变形区以外，最外观测断面以外 40m 左右的车站或隧道结构中部。左右线各设置 1 个观测基站，各设置 4 个基准点。基站网点可与地铁原洞内测量控制系统联测或采用独立坐标系统。

2. 变形监控量测点设置

变形监控量测点设计要求的断面按区间隧道监控量测范围内每 5m 一个布设，每个断面在施工平台两侧布设两个沉降监控量测点，拱腰位置布设两个水平位移监控量测点，隧道拱顶布设一个拱顶沉降监控量测点，即每个监控量测断面布设 5 个监控量测点，则左右线隧道内共布设 $5 \times 12 \times 2 = 120$ 个监控量测棱镜点。各观测点用连接件配小规格反射棱镜，用膨胀螺丝及云石胶锚固于监控量测位置的侧壁的混凝土中，棱镜反射面指向工作基点，各观测点位的布设见点位布设图。布设监控量测点应严格注意避免现场施工设施影响。

TCA 系列测量机器人安装断面如图 9-22 所示。

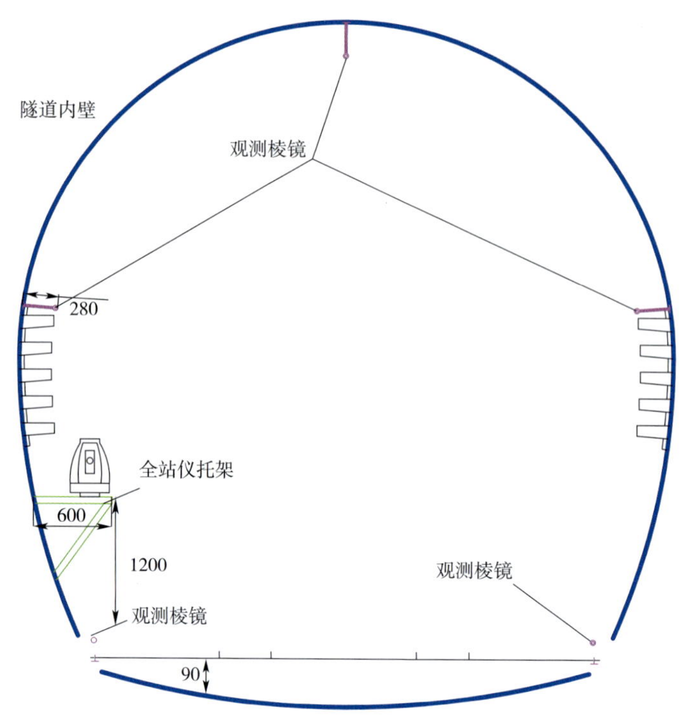

图 9-22　布点断面图(尺寸单位:mm)

五、ADMS 测量机器人系统投入仪器

采用 ADMS 测量机器人系统方案投入本项目主要仪器设备见表 9-24。

ADMS 测量机器人系统方案主要仪器设备　　表 9-24

序号	仪器设备名称	规格型号	单位	数量	精度
1	TCA2003 全站仪	徕卡 TCA2003	台	2	0.5″,1mm+1ppm
2	供电模块		套	2	
3	山特 UPS		台	1	
4	专用 GPRS 通信模块		块	2	
5	棱镜	徕卡	个	128	
6	数字温度气压传感器	STS	套	1	
7	程控开关盒		套	1	
8	InADMS 联机测量软件		套	1	
9	InADMS 数据分析软件		套	1	

第十章

测量项目管理

第一节 工程项目管理

工程项目管理是指从事工程项目管理的企业,受工程项目业主方委托,对工程建设全过程或分阶段进行专业化管理和服务的活动,它是企业在工程项目建设过程中的一项重要管理内容。从外延来说,就是指整个工程项目开发建设的管理,从内涵来说,就是通过工程项目的管理工作,实现工程项目预定的目标,即项目要达到的经济效益、社会效益和环境效益等。工程项目管理的主要工作内容包括项目的投资管理、质量管理、合同管理、工程技术资料管理、安全管理,以及在工程项目实施过程中对可能出现的各种问题或情况的调整处理等。主要的工作手段是通过计划、指挥、检查、调整和控制、组织、协调来做好上述管理。

项目管理的意义在于通过对有限资源的有效计划、组织和控制,实现项目管理的目的,最终保证项目目标实现,这个目标可以是组织的阶段性计划,也可以是整体计划。项目目标的实现,可以是企业组织的管理行为,也可以是项目管理的组织行为。

可以说工程项目管理的核心内容是:利用组织的、经济的、技术的和合同的等措施,对工程项目实行三项目标控制——投资控制、质量控制、进度控制,三项管理——合同管理、信息管理、安全管理,以保证建设项目的圆满实现。

第二节 地铁测量项目管理

地铁测量项目管理是工程项目管理的一个分支,是一项繁重的工作。地铁测量项目管理利用组织、经济、技术、激励和合同等措施,对测量项目实行质量控制、进度控制等,保证了建设项目的顺利实现。地铁测量项目管理普遍实行由有资质的测量单位担当“测量中心”(有的地方称“业主测量队”、“第三方测量”或其他名称,本文统一简称“测量中心”)进行集中统一管理,并由不同的测量责任主体共同完成,不同责任主体之间分级管理,各级管理分工明确、密切配合、各司其职,独立完成测量工作。地铁测量责任主体除了测量中心外还包括业主、地面控制测量单位、监理单位、承包人等。

本节主要从地铁测量项目组织、测量程序、职责分工等方面阐述地铁测量项目管理,而具体的测量精度、质量、方法、技术标准等不再叙述。

一、地铁项目集中管理的必要性

(1)地铁施工标段、工法多

一条地铁线分为若干个施工标段(每个标段可能由多个车站与区间组成),每个标段的开工时间、施工方法、结构形式不尽相同。既要保证各标段内正确贯通,还要保证与邻接标(区)段的准确衔接与贯通,因此需要对测量工作进行统一协调,即控制测量不但要关心本标段的贯通,还要关心与相邻标(区)段的贯通。因此实行控制测量集中管理,就能保证专业的队伍和人员参与到使标段内和标(区)段间的贯通的工作中;同时能保证参与人员、使用仪器设备在工程建设期的稳定,方便测量工作即时开展,方便业主在第一时间掌握测量情况。

(2)多级复核得以建立

施工控制测量一般应坚持三级复核制。测量中心对施工单位多级复核制进行督促和指导,对其方案、方法进行审查,对其控制测量成果进行最后一次检测,确保用于指导地铁施工的测量控制点万无一失。

(3)降低测量质量风险

地铁施工涉及的专业多,技术复杂,国内地铁盾构出不来或出来后盾构隧道改明挖隧道等与测量有关的问题不断出现。地铁测量要综合测量和施工的需要,合理安排测量作业,满足不同专业施工需要。因此需要有丰富地铁施工测量经验的测量队伍来保证地铁测量质量,对全线施工控制测量进行统一管理。否则,一旦出现测量问题,将造成重大经济损失和社会影响。同时,地铁工程建筑限界调整的余地有限,即使局部进行了调坡调线处理和结构铲除处理,也会降低线路质量。

(4)地铁测量精度要求高、专业性强

长区间隧道的贯通、小半径曲线隧道施工对测量的影响、联系测量、铺轨控制基标测量均对控制测量提出了高精度要求;施工队伍测量水平参差不齐、人员的不稳定、投入的不足等因素增大了控制测量工序的控制风险。一支专业的驻现场的测量队伍,在配置了高精度的测量仪器设备后,结合丰富的处理地铁工程测量复杂问题的经验,最大限度地降低了地铁控制测量风险。

(5)不间断维护地面控制网统一性

施工期间地面控制网的破坏导致施工测量困难,及时恢复破坏控制点,并确保恢复精度,保证统一性,能方便和满足施工需要。考虑每个标段的需要,不仅要统一管理,集中考虑,及时测量,也需要专业的驻现场的测量队伍才能完成。

(6)地铁施工测量执行标准不容易统一

每个施工单位对地铁测量理解程度可能不同,执行标准也可能不统一。测量中心应协助业主建立科学的测量管理制度,制订合理、可行的测量作业标准,尤其在施工过程中,应不断宣讲、培训、检查、指导,这有利于地铁施工又好又快地顺利开展。

(7)工序之间测量交接频繁

地面控制网、土建、铺轨、信号、机电设备、装修、屏蔽门、接触网等施工方在土建前后测量交接工作频繁。统一集中管理后,所有的测量交接工作汇总于测量中心,统一协调,避免交叉作业的错误和矛盾。

二、地铁项目集中管理的特点

(1)通过招投标形式委托专业测量单位承担测量中心工作。

(2)测量中心单位受业主统一管理,从体制上明确对施工测量的管理职能,便于集中资源为业主提供专业的服务,以及为建设单位测量管理工作提供咨询。

(3)地铁项目集中管理强化了测量中心的管理及技术体系的建设。管理上通过明确测量管理职责及流程,技术上通过测量中心推动测量技术标准化,确保了测量工作的正常开展。

(4)测量中心根据其在测量工作中的职责及合同要求,为项目部配置项目负责人、技术负责人,同时配置测量工程师。测量管理人员的专业、资质必须满足测量管理及技术能力。项目部按项目管理层、测量管理层、现场测量层3级进行管理。

三、各主体的主要工作及流程

1.业主

业主一般是指地铁公司或其合法继承关系的子公司等建设单位,是地铁工程建设的主要管理和执行主体。业主作为地铁工程建设的主要管理和执行主体,应严格按照国家相关法律、法规,建立健全工程测量管理体系,建立工程测量管理规章制度,规范工程测量工作。

业主的职责包括:

(1)通过招标选择具有相应资质的承包人、监理单位、地面控制网测量单位、测量总体、测量中心,明确各方职责,建立健全测量工作管理体系。

(2)制订相应的测量管理办法,根据工程的进展,及时调整测量内容,完善测量管理工作。

(3)在工程开工前及时组织地面控制网的交接和督促相关单位定期进行复测。

(4)组织对重大工程、特殊工程的施工测量方案的专家论证。

(5)对各单位的测量人员、仪器和测量成果进行检查和抽查,并提出整改意见。

(6)组织对测量事故的调查和处理,追究相关单位和人员的责任。

2.测量中心

目前国内每个城市的地铁建设中都设有测量中心,有的叫业主测量队、测量监理、第三方测量、测量检测单位等,但都是由业主聘请的、具有相应资质的专业测量队伍,无论怎么称呼,其形式和内容均大体相同。

(1)测量中心的技术工作。

①复测和维护地铁地面控制网(首级GPS网,一、二等水准网,精密导线网),并保证其在施工期间的完整性、正确性。

②复测各工点承包人布设的施工加密平面、高程地面控制点。

③在地铁明挖段、高架段,对承包人测量引测的中线控制点、精密导线、精密水准进行及时检测。

④在地铁暗挖段,进行竖井联系测量的复测,确保从竖井传递的平面、高程成果的正确性,确保隧道贯通精度。

⑤在地铁暗挖区间,随着隧道的延伸,按有关规范规定在适当长度及时进行精密导线、精密水准的引测、复测。

⑥盾构隧道两端的盾构环中心坐标的高程测量。

⑦地铁暗挖隧道的贯通测量检测。

⑧全段中线点的调整测量。

⑨车站及隧道的断面测量检测。

⑩限界紧张、可疑地段的限界检测。

⑪铺轨控制基标检测。

⑫完成与地铁施工有关的其他测量任务。

(2)测量中心的管理工作

①代表业主交接桩,直接接管设计院或其他部门应移交给业主的地面控制网、桩点及测量资料,在地铁施工阶段前后工序之间的交接桩;协助业主编制地铁测量技术要求、作业细则、管理办法等技术管理文件。

②接受业主的管理,并对各承包人、监理单位的测量工作进行管理和监督,协调监理单位、承包人的测量工作。

③对全线各标段承包人测量技术方案进行审核,组织对承包人、监理单位进行测量检测技术交底。

④建立畅通的信息反馈渠道,编制全线测量检测月报并定期上报业主。

⑤协助业主做好与全线测量有关的工作,检查监理单位、承包人测量人员的数量、技术水平、仪器设备情况和测量规范、标准的执行情况。

⑥检查、监督、指导承包人测量工作,帮助承包人对施工测量中发生的问题进行分析和处理。

⑦督促承包人根据施工需要、规范、管理办法等要求及时进行施工测量工作。

⑧协助业主对测量事故的调查,分析事故发生的原因。

⑨参加全线各标段的关键节点、(子)分部及子单位工程等的验收会议,根据测量检测情况对工程质量做出评定,并出具书面测量检测验收总结。

(3)测量中心的工作流程(图10-1)

(4)测量中心检测频率

①地面三网复测:分为定期全面复测和不定期局部复测。根据当地地质和控制网稳定性情况定期复测,一般安排三次,首次安排在施工开始前完成,第二次安排在工程进展过半后实施,第三次安排在铺轨前完成。当平面或高程控制点附近有影响其点位稳定的因素,如降水、爆破、拆迁、控制点间距离或夹角检测超限等,需立即进行局部复测,提供中间成果,方便施工,在定期完成全网复测后,提供全网统一平差成果。

②控制点检测:每个车站、区间、停车场、车辆段、联络线不少于3次,主变电站不少于2次,在特殊地段根据工程需要,宜按业主要求加大控制点检测频率。

③在各车站、区间、停车场、车辆段、联络线、主变电站进行施工控制测量检测和第一次施工放样检测。

④矿山法区间按下列施工进度及时进行检测:在隧道掘进(含联络通道)至50m处时、至100~150m处时、至距离贯通面150~200m处时分别进行一次包括联系测量在内的地下控制测量(平面、高程);若单向开挖长度超过1km时,掘进至150m后每600m须增加一次包括联系测量在内的地下控制测量,并加测陀螺定向以校核坐标方位角;在进行上述每次联系测量时,

须增加开挖面处距掌子面最近处已成形的10m范围内的初支断面测量,每2m测量一个断面。

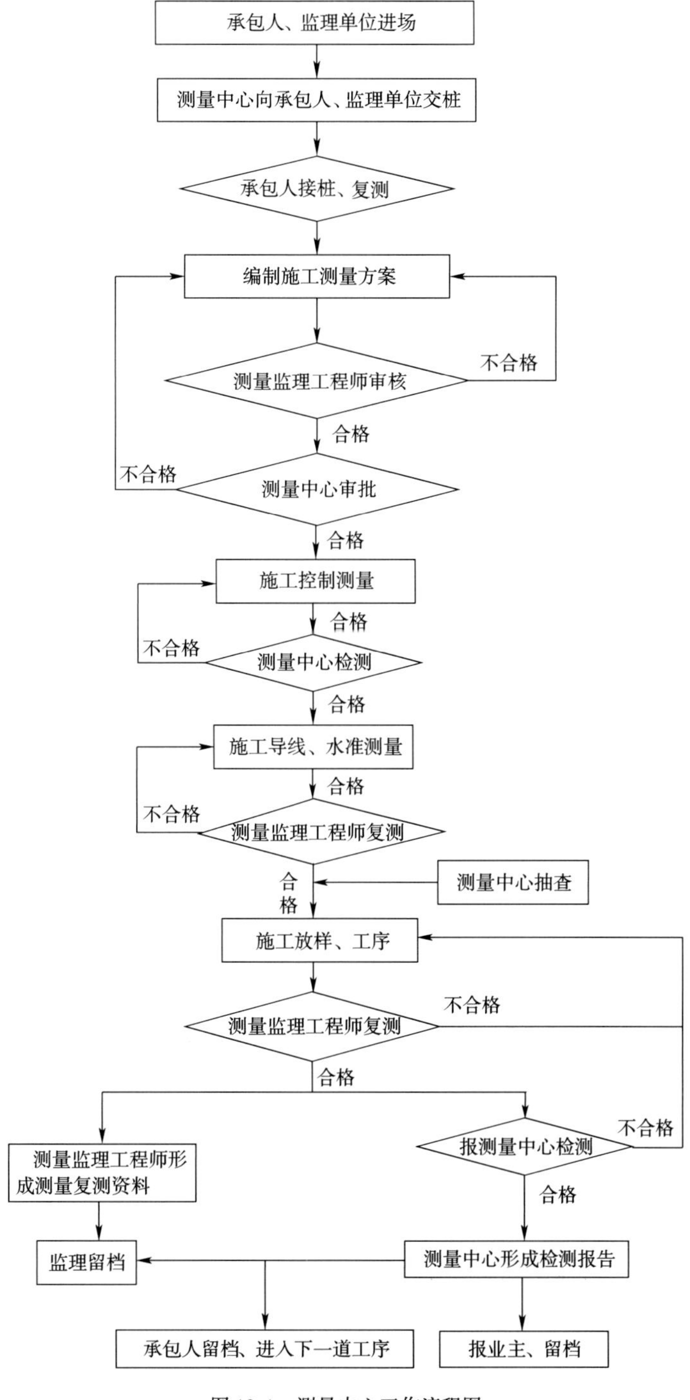

图10-1 测量中心工作流程图

⑤盾构法区间按下列施工进度及时进行检测:始发井或吊出井(含中间风井)洞门环中心检测;始发前进行包括联系测量在内的基线测量及地下水准点检测;在隧道掘进至150m处时、至300~400m处时、至距离贯通面150~200m处时分别进行一次包括联系测量在内的地

下控制测量（平面、高程）；掘进至600m后每500m须增加一次包括联系测量在内的地下控制测量，并加测陀螺定向以校核坐标方位角；如果盾构区间有中间风井，在与中间风井贯通后，且中间风井处管片有拆除的，必须在始发井与中间风井之间进行“两井定向”，予以修正地下控制点坐标成果；在进行隧道掘进150m及以后每次检测工作时，须增加盾尾后20环环片姿态（或断面）测量。

⑥对车站进行围护结构、各层施工放样主控制点、主要轴线、线路中线及高程的抽测。

⑦对高架段进行施工控制桩，桥梁纵横轴线（或中心线），墩台（成形）中心坐标、轴线及高程，梁板支座、安装等的检测。

⑧根据施工需要，进行工程重要部位（车站柱点位、车站轴线等）测量工作的检测。

3. 监理单位

监理单位是指业主委托的承担各类工程监理服务任务并具有相应工程监理资质等级证书的单位。监理单位在项目监理部一般配有多名不同专业的监理工程师，一般要求至少配备一名测量专业监理工程师。测量专业监理工程师分管监理单位各标段测量工作。

监理单位的职责与工作要求一般包括：

（1）按有关规范及本管理办法的要求，督促承包人认真做好测量工作。

（2）应独立配备测量仪器和设备，并做好维护、保养、校正和定期检验、鉴定等工作。

（3）应配备测量专业监理工程师，负责测量管理和抽检等工作。

（4）认真复核施工图设计中的坐标、高程、几何尺寸及承包人的各种施工放样数据，并与邻近工程设计资料进行一致性验算。

（5）按有关规范和本管理办法的要求，认真、及时地复测承包人的测量成果。应复测测量中心移交的控制点及承包人布设的施工加密控制点。复测时不得使用承包人的测量仪器。

（6）督促承包人做好合同段内各种控制点的保护工作。发现控制点遭破坏时，应立即通知并会同测量中心监督承包人完成控制点的恢复。

（7）检查承包人专职测量人员的数量、岗位证书、技术水平及测量仪器设备和相关的检定证书，其数量应能满足施工需要。

（8）按《城市轨道交通工程测量规范》（GB 50308—2008）的规定，督促承包人按时进行测量作业，并积极协助测量中心进行检测。

（9）审核承包人上报的单位工程测量方案，并报测量中心复审，经业主批准后实施。

（10）完成简单的施工导线（加密点不超过两个）、单一水准（加密的水准点不超过两个）测量的复测，施工放样及各道工序的复测，并按职责分工要求上报测量中心检测。

（11）编写所监理工程的施工测量监理细则，并报业主审批。

（12）配合业主、测量中心加强对承包人测量工作的管理，定期参加测量工作会议。

（13）建立测量台账及测量报告制度，检查督促承包人建立完整的施工测量档案。

（14）当发现异常数据时，应立即向测量中心反映，并通知承包人停止使用异常数据，待核实修正后方可使用修正后的正确数据。

（15）完成业主要求的其他相关的测量工作。

4. 承包人

承包人是指在各类工程施工承包合同中约定，被业主接受的具有工程施工承包主体资格的当事人。承包人对工程测量质量负第一责任,测量中心、监理单位的复测和检测均不减轻或免除承包人对工程测量质量的责任。各承包人应做好与后续工序测量接口、衔接工作,做好控制点位和数据的移交。

承包人的职责与工作要求一般包括:

(1)建立完善的测量管理制度

①承包人应建立测量工作质保体系,完善施工测量管理制度。

②承包人应指定至少一名主要领导负责管理测量工作。

③承包人应根据标段规模、复杂程度和性质的不同,组建测量队。测量队应由测量工程师或有工程测量经验的工程师、技术人员、测量技师、技工等相关人员组成。

④承包人必须建立健全测量台账制度,完整、准确地记录测量部位、项目、数量、结果及参与的相关测量人员。

⑤承包人应建立测量设备和仪器管理制度。明确管理人员的职责,制定设备和仪器的维护、校正和检验等措施与方法的制度。

(2)土建施工测量主要工作

①承包人对所承包工程项目的测量工作质量负全责,必须完成所承包工程项目需要的一切施工控制测量性质的和细部放样性质的测量、测绘工作。

②承包人必须认真复核施工图设计中的坐标、高程及几何尺寸;必须建立健全的、行之有效的多级复核制度,以保证测量成果的准确;在进行测量放样时,应注意与相邻工程的衔接;相邻工点必须进行联测,以保证相关位置的准确衔接。

③在进行施工测量时,承包人必须遵守“先检查、后使用”的原则,即在确保所采用的控制点准确无误后(平面控制点不少于3个,高程控制点不少于2个),方可进行下一步的测量工作,并把检查结果记录在测量手簿中。

④承包人应根据工程特点认真编制施工测量方案,经监理单位审核后报测量中心复审,经业主批准后实施。施工测量方案重点应放在控制性测量工作,以及工程空间位置和结构尺寸的正确放样上,保证与相邻工程正确贯通。

⑤按业主统一的格式填写测量成果。测量成果须完整、真实、清楚;应完好保存所有纸质或电子原始记录数据;所测量成果和资料的人员签字手续应齐全、清楚,且必须手写。

⑥承包人应独立复测由测量中心交接的控制点。为保证工程顺利进展,承包人可根据工程需要按技术规范要求适当加密或改善地面控制,以增加“多余观测条件”,保证施工测量精度。

⑦承包人应按规范要求埋设测量控制点,并做好控制点的保护和标记工作。当发现控制点被破坏时,应立即告知监理和测量中心,并配合做好控制点的恢复和重测工作。控制点标记应明显、清楚,不得遗漏。

⑧明挖法工程的平面细部放样以中线控制为主,也可以直接起算于导线控制点,控制办法应在测量方案中予以确定。

⑨暗挖法工程的施工控制测量任务主要是平面和高程的联系测量和地下控制测量。承包人应独立完成3次以上联系测量工作,优化地下平面控制网和地下高程控制网。在施工过程中承包人应按规范和贯通误差的要求进行施工导线和施工高程测量,控制好导线测角、测距和水准测量的精度。区间贯通后,承包人应及时复测测量中心统一的地下控制网,并在此基础上

进行中线测量和断面测量。

⑩施工放样应保证行车隧道(含车站和区间)的空间位置,以确保不修改线路设计,满足限界净空要求,保证测量中心、监理单位的一次检测合格率达到95%以上。

⑪承包人测量队应对结构形式(包括装配、现浇、多层等)和施工误差的积累等进行分析,根据承包人施工管理和施工控制的实际情况,应对结构尺寸预留误差富余量,以使结构不侵入限界。

⑫承包人所有的测量工作必须按要求进行,每道关键工序须经监理单位和测量中心检测合格后,才能进入下一道工序的施工。

⑬承包人测量队应接受和配合监理单位、测量中心、业主的测量检查和检测工作。

⑭承包人测量队应接受业主、测量中心、监理单位的监督和指导,参加测量工作会议,编写测量月报。

⑮标段工程完工后,承包人测量队必须按业主要求移交足够数量的经测量中心检测合格的控制点,以便后续工序使用。

⑯承包人测量队应与自己的结构、建筑、设备安装工程师一起做好竣工资料的积累、归档工作。

(3)装饰装修和设备安装阶段施工测量

装饰装修和设备安装阶段,承包人的1m线和基线放样、装饰装修工程站台层距轨道面的高度和距轨道中心线距离的放样点或灰线、与设备安装相关的轴线、高程、垂直度、坡度等,在得到测量监理工程师复核认可,并经测量中心检测确认合格后方可施工。

四、测量项目管理考核

测量项目管理考核是进行管理控制,评价阶段性工作完成与总体管理目标的实现情况的有效手段。制订专门的考核标准,明确考核时间和考核内容,对于考核过程中发现的问题及时提出整改意见,做到持续改进。测量项目管理考核可分为基础工作管理和日常工作管理,主要内容见表10-1、表10-2。

地铁工程测量项目基础工作考核表　　表10-1

项　　目	考 核 内 容	存在问题
组织管理	测量组织机构是否建立,测量管理制度是否健全	
	施工测量人员、仪器和设备是否报请监理、测监单位审核通过	
方案管理	测量方案在施工前,是否经监理单位、测量中心等审核、批准通过	
	测量方案审核意见是否闭合	
仪器设备台账	仪器设备台账建立;及时更新	
测量技术交底	对标段测量技术交底;交底内容准确	
测量管理实施	加密控制点经过监理、测量中心验收,控制网是否进行定期复核	
	重大节点验收前,必要的施工测量复核是否已上报,并经过监理单位、测量中心的复核(盾构钢环环心位置复核、始发定向复核、出洞前的联系测量复核)	
	测量中心对盾构区间施工过程中的3次停检点进行联系测量时,是否按要求停工待检	
	区间隧道贯通后,是否按要求及时进行贯通控制测量;布设工后沉降点,是否经过了监理、测量中心复核	

续上表

项　目	考核内容	存在问题
资料归档	资料(测量报告、控制网复测、施工控制和放样测量、盾构及管片姿态测量等)完整,程序闭合	
	建立测量档案管理制度,是否分类归档,是否统一编号	
安全教育	对每一位施工测量人员及时开展有针对性的安全教育培训,培训记录齐全或考核合格	

地铁工程测量项目日常工作考核表　　表 10-2

项　目	考核内容	存在问题
人员管理	测量主要人员与上报人员相符,施工测量主管在岗	
仪器设备	现场使用的仪器与上报的型号相符、在检定有效期内	
	对测量仪器定期自检,各项参数满足规范要求	
方案的执行性	施工测量程序符合管理要求,过程控制满足规范精度指标	
施工测量控制	地铁工程控制网包括精密导线网、二等水准网。施工单位定期对控制网进行复测,保证其完整性、正确性	
	每个井(洞)口或车站附近是否布设不少于3个平面控制点;每个井(洞)口或车站附近是否布设不少于2个高程控制点	
	测量控制点埋设应符合规范要求,设立明显标志,采取有效保护措施	
	按照施工进度进行不少于3次联系测量;地下定向边不少于2条;地下近井高程点不少于2个	
	车站底板完成后是否埋设不少于6个底板控制点,埋设规格是否满足规范要求	
	隧道贯通后,进行平面、高程的贯通误差测量	
成果资料	原始记录数据是否齐全;记录表格是否符合要求、是否清晰无涂改;签署是否完整	
	成果报告编制完整,精度满足要求	
信息反馈	信息反馈是否及时,签收记录是否齐全	

第三节　地铁远程测量管理系统简介

地铁施工工期长、标段多,各参建单位测量技术水平参差不齐。常规的人工管理方法程序繁杂,而且容易出错,无法适应当前管理需要。近年来,随着科学技术的迅猛发展,信息技术被广泛地应用于工程测量领域,越来越多的测量资料的数字化对管理人员提出了新的、更高的要求。Internet 的不断发展,使人们越来越迫切地希望利用 Internet 在 Web 上发布和管理数据,并提供数据的添加、查询、计算、分析等操作。为此,有必要开发地铁远程测量管理系统,实现对相关参建单位的统一管理。通过系统全面地了解地铁测量信息以及相关文档的电子传阅,并在系统进行测量平差,可以使工作程序统一化、规范化,节约大量的人力物力,架设起业主管理单位、测量中心、承包人测量队以及标段监理单位之间沟通的网络桥梁,从而实现测量信息的科学管理、动态管理和及时有效管理,全面提高测量单位的测量管理水平、工作质量和工作效率,保证施工质量安全。

地铁远程测量管理系统在地铁测量行业尚属先例,它的开发将带动整个测量领域的变革,使得测量管理向更高效、更快捷、更精确的方向转变,从而推动整个测量项目管理的科学发展。

一、远程测量管理系统特性

1. 应用的广泛性

任何可以连接到网络节点的用户,在通用浏览器下都可以通过访问 Internet 来获取服务器提供的服务。

2. 操作的便捷性

用户无需在客户端安装任何软件,只需访问通用的浏览器即可享受服务,减轻了终端用户经济和技术上的负担;远程测量管理系统界面简洁清晰,便于用户进行快速熟练的操作。

3. 良好的可扩展性

远程测量管理系统易跟其他服务进行无缝集成,从而使用户在享受该系统服务的同时尽可能满足用户的其他需求;系统功能模块的独立性便于系统的升级与维护,以满足用户不断增长的新需求,有利于不断完善系统主体功能。

4. 数据更新的实时性

由于采用分布式管理,终端用户上传的数据能够实时地在服务器上更新,从而所有访问该服务器的用户都可以查看最新数据,从而保证了工程测量项目的安全性和可靠性。

5. 数据管理的统一性

管理部门能够查看各个职能部门上传的数据,从而实现不同数据之间的共享;并能对其进行统一管理,提高数据的使用效率。

6. 权限分配的明确性

业主管理单位、测量中心、承包人测量队和第三方监测单位之间具有清晰的权限分配。所有的权限设置由系统管理员进行管理,避免了不同单位之间发生数据混淆以及数据泄密等情况。

7. 地图显示的形象性

采用 ArcGIS Server 的地图发布功能,可显示出整体线路图,包括控制点的信息以及点之记,直观反映出工程的进展状况。

二、远程测量管理系统的组织结构

远程测量管理系统分为 3 个子系统,分别是测量子系统、监测子系统和管理子系统,如图 10-2所示。

管理系统是业主管理单位对各个单位职能、权限的管理。其主要包括 7 个部分:城市管理、线路管理、标段管理、单位类型管理、文档类别管理、单位管理和用户管理。

测量系统是负责测量任务的业主测量队和承包人测量队用以上传各自的测量数据的系统,如图 10-3 所示。

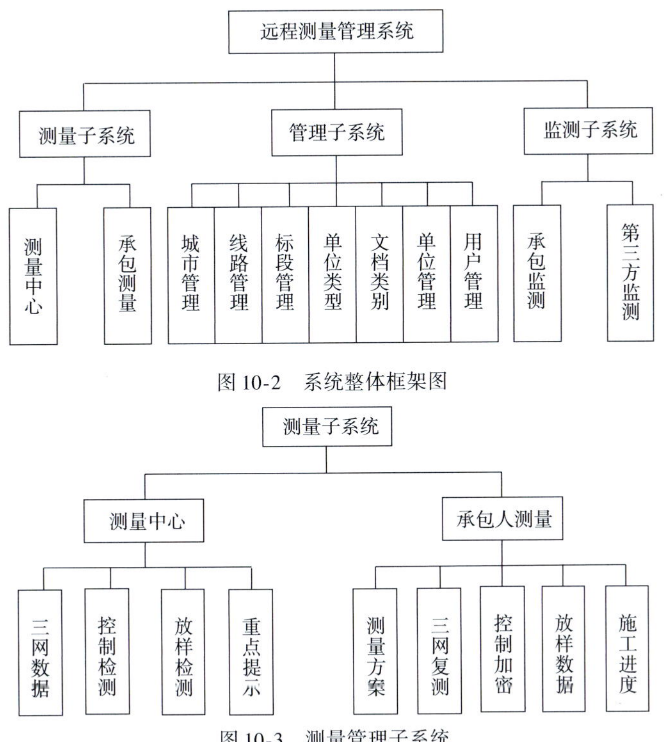

图 10-2　系统整体框架图

图 10-3　测量管理子系统

三、远程管理系统的功能

用户使用初始设置的登陆用户名和密码进入到管理系统、测量系统和监测系统中，如图 10-4所示。其中管理系统和测量系统包括的主要内容如下。

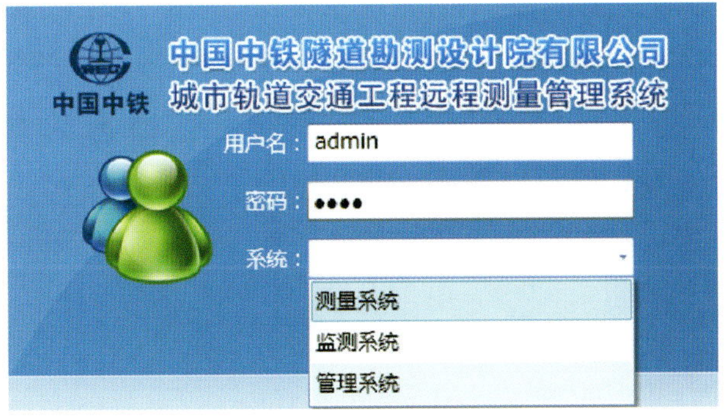

图 10-4　登录界面

1. 管理系统

(1)城市管理

在城市管理菜单中，用户可以实现对全国各城市测量项目信息的管理，包括城市的新建、编辑、删除等操作，如图 10-5、图 10-6 所示。

(2)线路管理

在线路管理菜单中，用户可以实现对指定城市中线路的管理，并对地理位置坐标和线路进行概要描述，如图 10-7 所示。

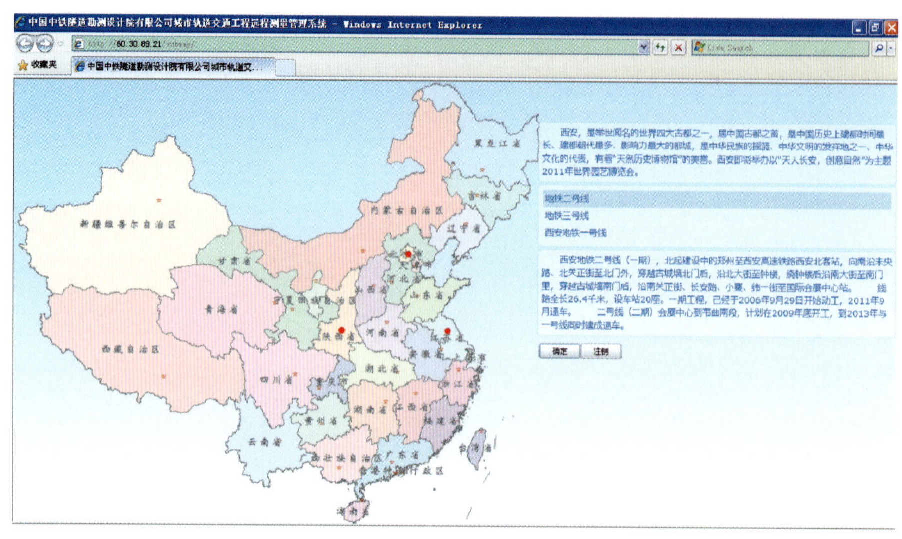

图 10-5　城市管理界面 1

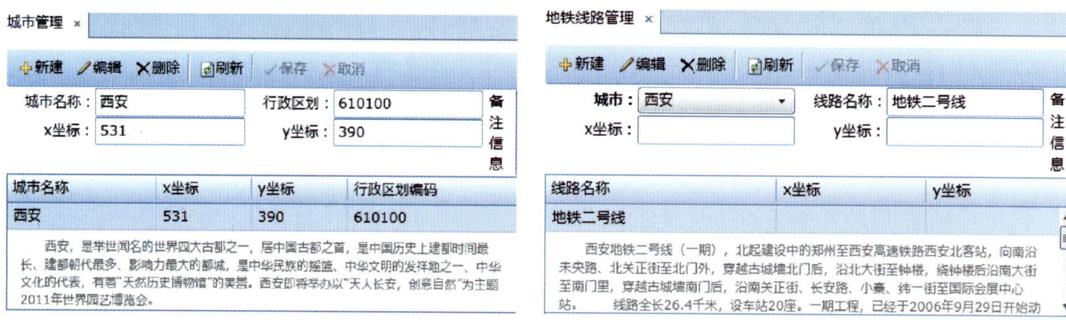

图 10-6　城市管理界面 2　　图 10-7　线路管理

(3)标段管理

在标段管理菜单中，用户可以实现对指定城市的指定线路中标段的管理，并对标段包含的区间以及里程、全长进行简要描述，如图 10-8 所示。

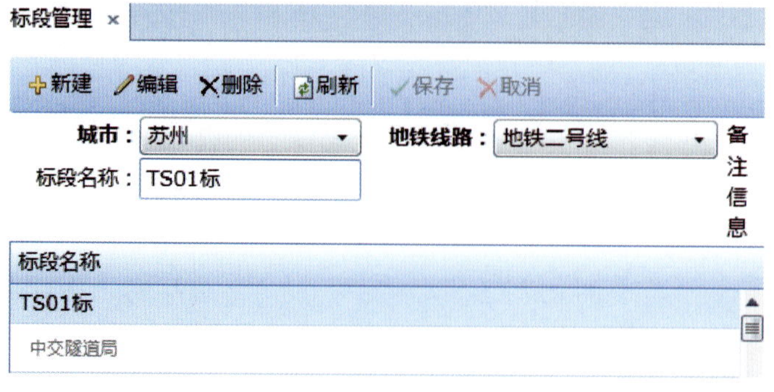

图 10-8　标段管理

(4)文档类型管理

在文档类型管理菜单中，用户可以根据单位类型的不同，对文档大类以及涉及的文档小类进行编辑，对涉及的测量数据类型进行管理，如图 10-9 所示。

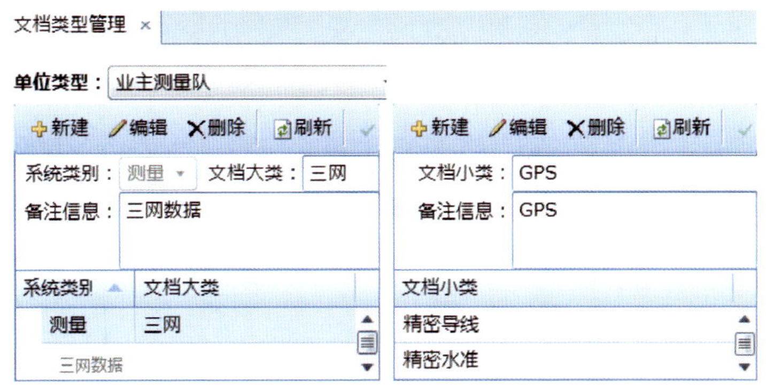

图 10-9　文档类型管理

(5)单位类型管理

在单位类型管理菜单中，用户可以实现对单位类型信息的管理。在远程测量管理系统中，主要分为 4 种单位类型，即业主管理单位、测量中心、承包人测量队和第三方监测单位。业主管理单位具有最高权限，能够登陆管理系统并完成对管理系统中各个模块的管理；测量中心负责上传中心的数据；承包人测量队负责上传各个承包人的测量数据和监测数据；第三方监测单位负责上传第三方监测单位对整个线路的监测数据，如图 10-10 所示。

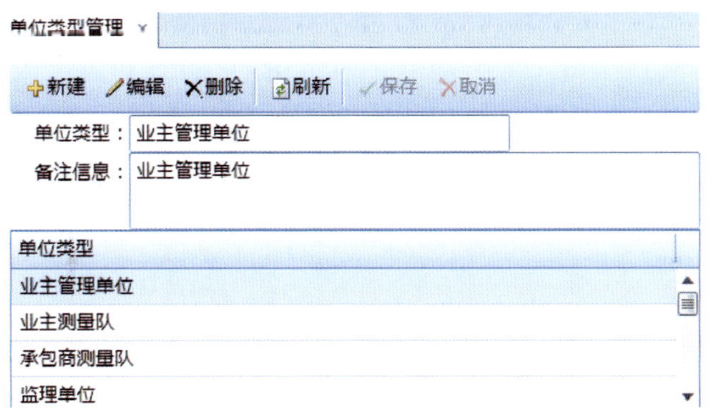

图 10-10　单位类型管理

(6)单位权限管理

在单位管理菜单下，用户可以在某一单位类型中建立具体的单位，并对其进行权限设置，如图 10-11 所示。

单位类型		
承包商测量队	☑ 管理	☑ 查看
公告	☐ 管理	☑ 查看
监理单位	☐ 管理	☐ 查看
三网数据	☐ 管理	☐ 查看
信息中心	☐ 管理	☑ 查看
业主测量队	☐ 管理	☐ 查看
业主管理单位	☐ 管理	☐ 查看
测量系统		
监测系统		

图 10-11　单位权限管理

(7)用户管理

在用户管理菜单中,用户可以对其基本信息进行编辑和修改。其中用户类别包括系统管理员、数据管理员、数据录入员和普通用户。系统管理员主要负责整个系统的管理工作,通过登录管理系统来实现对系统的管理。数据管理员主要负责上传测量数据和监测数据,并能实现对数据的修改和删除操作。数据录入员主要负责数据的上传工作。普通用户只能以浏览的方式来查看数据而不能对数据有任何操作,如图 10-12 所示。

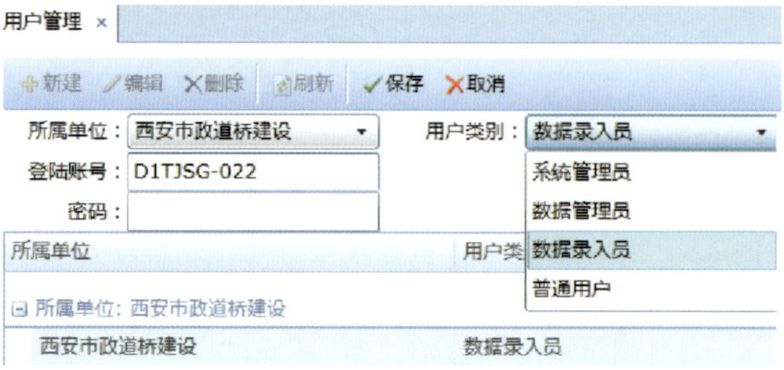

图 10-12　用户管理

2. 测量系统

进入该系统后,首先出现一幅全国地图,其上显示中国的大中城市,对所有目标城市给予红色高亮显示,用户可以在图上点击目标城市,在右侧的窗口中可以选择目标线路,同时会显示用户选择的城市和线路简单描述,然后点击确定即可进入测量系统。

进入测量系统界面,在页面上方能够显示用户所选择的城市、线路以及用户名称和所在单位等信息。用户可以点击切换,重新进行城市、线路的选择。点击线路图,可以浏览整条线路的概况信息,能够实现整幅图的放大、缩小、平移、点距量算,查看控制点的属性信息以及控制点点之记。

对于测量中心,用户可以实现对四大类数据类型的管理,分别为三网数据、控制检测数据、放样检测数据以及重点提示。其中三网数据分为 GPS、精密导线、精密水准三小类数据。控制检测数据分为导线加密检测数据、水准加密检测数据以及联系测量三小类数据。重点提示是指由业主、中心发布的公告、注意事项等。

用户可以根据设定的权限进行数据的新建、删除、查看以及下载、打印等操作。对于新建的数据,用户可以浏览其上传的单位、所属标段、文档名称、文档的类型以及上传的日期等内容。

下面介绍测量系统的主要功能。

(1)文档录入

用户能够录入各种测量数据,并可以在线查看、下载上传到系统中的数据,还可按照所属单位、标段、日期等关键字对其进行排序,并动态统计数据量,如图 10-13 所示。

(2)平差计算

测量系统内安装有平差程序,可提供多种测量数据平差处理功能,如简易平差,附合导线、闭合导线、三角网、三角边、水准等功能平差。使用时,用户点击页面“平差计算”,然后就可以直接进入到“平差计算”网页内,按照所需功能输入数据格式即可进行平差计算,如图 10-14、图 10-15 所示。

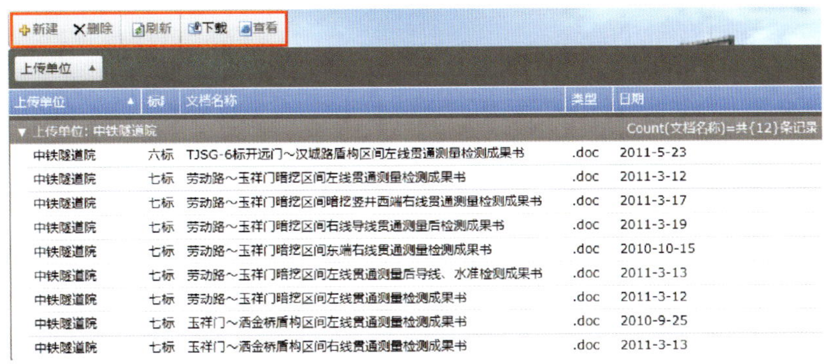

新建 删除 刷新 下载 查看

上传单位

▼ 上传单位：中铁隧道院 Count(文档名称)=共(12)条记录

上传单位	标	文档名称	类型	日期
中铁隧道院	六标	TJSG-6标开远门～汉城路盾构区间左线贯通测量检测成果书	.doc	2011-5-23
中铁隧道院	七标	劳动路～玉祥门暗挖区间左线贯通测量检测成果书	.doc	2011-3-12
中铁隧道院	七标	劳动路～玉祥门暗挖区间暗挖竖井西端右线贯通测量检测成果书	.doc	2011-3-17
中铁隧道院	七标	劳动路～玉祥门暗挖区间右线导线贯通测量后检测成果书	.doc	2011-3-19
中铁隧道院	七标	劳动路～玉祥门暗挖区间东端右线贯通测量检测成果书	.doc	2010-10-15
中铁隧道院	七标	劳动路～玉祥门暗挖区间左线贯通测量后导线、水准检测成果书	.doc	2011-3-13
中铁隧道院	七标	劳动路～玉祥门暗挖区间左线贯通测量检测成果书	.doc	2011-3-12
中铁隧道院	七标	玉祥门～洒金桥盾构区间左线贯通测量检测成果书	.doc	2010-9-25
中铁隧道院	七标	玉祥门～洒金桥盾构区间右线贯通测量检测成果书	.doc	2011-3-13

图 10-13 文档录入

图 10-14 平差总界面

(3)帮助文档

用户在使用测量系统的过程中如果遇到问题可以查看帮助文档。

(4)在线交流

在线交流模块是一个类似 QQ 软件的聊天工具，测量人员可以交流经验，管理人员可以发布公告通知以及其他资料，界面如图 10-16 所示。

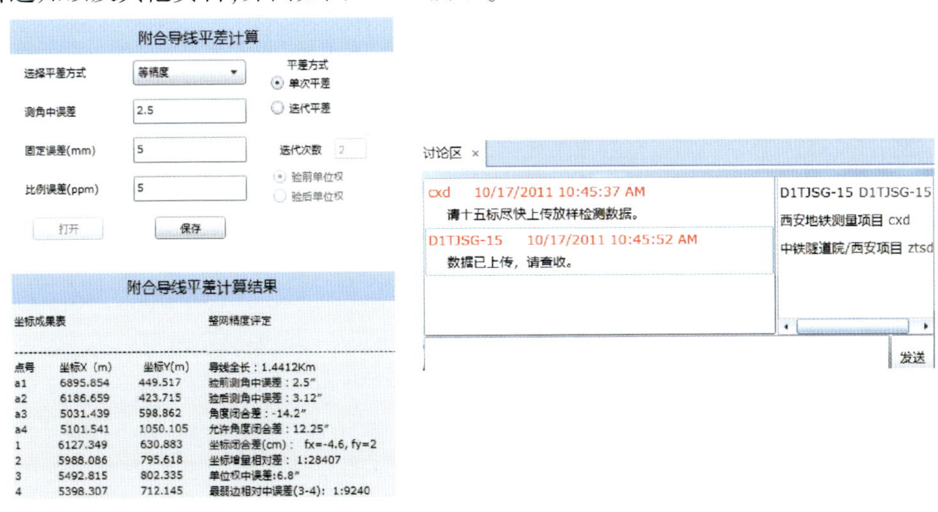

图 10-15 附合导线坐标成果及平差精度

图 10-16 在线交流界面

参考文献

[1] 张先锋. 建筑物下大跨度浅埋地铁隧道的施工技术[J]. 隧道建设,2003,23(3):32-34,39.

[2] 张正禄. 工程测量学 [M]. 武汉:武汉大学出版社,2002.

[3] 秦长利. 城市轨道交通工程测量[M]. 北京:中国建筑工业出版社,2008.

[4] 杜道龙. 地铁建设控制测量的集中管理 [J]. 隧道建设,2004,24(3):75-78.

[5] 李青岳,陈永奇. 工程测量学[M]. 北京:测绘出版社,1995.

[6] 肖书安. 国外隧道施工测量技术的现状和发展[J]. 隧道建设,2007,27(1):76-79,86.

[7] 杜道龙. 长距离贯通隧道的洞内平面控制测量[J]. 隧道建设,2007, 27(3):65-66,114 .

[8] 中华人民共和国国家标准. GB 50308—2008 城市轨道交通工程测量规范[S]. 北京:中国建筑工业出版社,2008.

[9] 杜道龙. 竖井联系测量在地铁建设中的应用 [J]. 铁道勘察,2006(3):1-2.

[10] 中华人民共和国行业标准. CJJ/T 8—2011 城市测量规范[S]. 北京:中国建筑工业出版社,2011.

[11] 中华人民共和国行业标准. CJJ/T 73—2010 卫星定位城市测量技术规范[S]. 北京:中国建筑工业出版社,2010.

[12] 中华人民共和国国家标准. GB/T 18314—2009 全球定位系统(GPS)测量规范[S]. 北京:中国标准出版社,2009.

[13] 中华人民共和国国家标准. GB 50026—2007 工程测量规范[S]. 北京:中国计划出版社,2007.

[14] 中华人民共和国国家标准. GB 50299—1999 地下铁道工程施工及验收规范[S]. 北京:中国计划出版社,1999.

[15] 中华人民共和国国家标准. GB/T 12897—2006 国家一、二等水准测量规范[S]. 北京:中国标准出版社,2006.

[16]中华人民共和国行业标准. TB 10601—2009 调整铁路工程测量规范[S]. 北京:中国铁道出版社,2009.

[17]注册建造师继续教育必修课教材编写委员会. 铁路工程[M]. 北京:中国建筑工业出版社,2012.

[18]刘永中. 地下铁道与轻轨交通工程测量的实施 [J]. 城市轨道交通,2005 (2).

[19] 哈尔滨铁路局教育处. 铁路测量[M]. 2 版. 北京:中国铁道出版社,2006.

[20] 岳建平,田林亚.变形监测技术与应用[M].北京:国防工业出版社,2007.

[21] 中华人民共和国行业标准. CJJ 61—2003 城市地下管线探测技术规程[S].北京:中国建筑工业出版社,2003.

[22] 中华人民共和国国家标准. GB 50490—2009 城市轨道交通技术规范[S].北京中国建筑工业出版社,2009.

[23] 注册测绘师资格考试教材编审委员会.测绘综合能力[M].北京:测绘出版社,2009.

[24] 刘礼刚,秦想娇.徕卡 TCRA1101 全站仪在隧道断面测量中的应用[J].山西建筑,2009,35(6):356-357.

[25] 路伯祥,许提多,张项铎,等. GPS 在铁路隧道平面控制测量中的应用 [J].铁道学报,1995,17(2):60-66.

[26] 杜道龙,王文通.德黑兰—查路斯高速公路一期工程路线方案研究与设计[J].中外公路,2005, 25(4):8-11.

[27] 张项铎.隧道工程测量[M].北京:测绘出版社,1998.

[28] 张项铎,张文廷,杜道龙,等. 秦岭隧道洞外精密高程控制测量 [J].铁道勘察,1996(4):34-39.

[29] 赵吉先,吴良才,周世健.地下工程测量[M].北京:测绘出版社,2011.

[30] 张项铎.城市地铁施工控制测量技术浅谈:以广州地铁一号线工程为例[J].铁道勘察,1999 (1):29-33.

[31] 黄腾,孙景领,陶建岳,等.地铁隧道结构沉降监测及分析[J].东南大学学报:自然科学版,2006(2):262-266.

[32] 王文通,张项铎.城市地铁车站监控量测技术设计[J].铁道勘察,2005(3):25-28.

[33] 刘永中.地铁设备限界的检测方法[J].隧道建设,2005, 25(4):70-71.

[34] 刘永中.地铁工程第三方监测实施//第十三届中国科协年会第 12 分会场——测绘服务灾害与应急管理学术研讨会论文集[C].天津:[出版者不详],2011.

[35] 陈燚.联系测量在地铁工程测量中的应用 [J].西部探矿工程,2011(3):206-207.

[36] 肖利,王海生.铁路工程测量 [M].成都:西南交通大学出版社,2011.

[37] 于来法.陀螺定向测量 [M].北京:解放军出版社,1988.

[38] 姜雁飞,胡荣明,杨联安.陀螺经纬仪在地理空间定向中的应用研究——以西安地铁工程为例[J].西北大学学报:自然科学版,2011(1):145-149.

[39] 万朋,李宗春,李广云,等.陀螺经纬仪的读数方法比较研究[J].海洋测绘,2005(5):75-78.

[40] 秦洪奎.陀螺经纬仪定向精度的研究[J].测绘信息与工程,2009(3):49-50.

[41] 陈方敏.吊钢丝联系三角形法在隧道测量大型深竖井定向中的应用[J].城市勘测,2010(2):135 -137.

[42] 吴彰森.变形监测技术及发展趋势研究[J].科技咨询,2008(35):1.

[43] 王昌洪.轨道交通工程精密导线网布设[J].西部探矿工程,2010(3):148-150.

[44] 王昌洪.测量监理信息管理系统设计与实现[J].测绘与空间地理信息,2011(1):89-91.

[45] 王昌洪,广深港客运专线福田站基坑第三方监测方案设计[J].城市勘测,2011(4):147-165.

[46] 陈燚,张洪.可编程计算器在测量中的应用 [J].西部探矿工程,2009(9):189-191.

[47] 杨祝华. 城市轨道交通施工期间 GPS 控制网检测与分析[J]. 科学技术与工程,2009(23):7204-7209.

[48] 崔晓,李伟. 地铁盾构隧道施工江底沉降监测技术[J]. 铁道勘察,2012(1):9-12.

[49] 闫文斌,李鸿铁,徐顺明. 测斜距选取对基坑监测结果的影响研究[J]. 工程建设与设计,2011(10):121-123.

[50] 王建. 城市轨道交通工程第三方测量检测若干问题探讨[J]. 隧道建设,2011,31:(5)547-549.

[51] 汪博,王建. 城市轨道交通工程控制测量建网策略[J]. 隧道建设,2012,32(3):346-349.

[52] 王建. AFS 自动陀螺定位定向系统在地铁中的应用[J]. 工程勘察,2006(12):69-71.